Vad de inte lär dig på Lärarutbildningen

JOHAN STENEBO

Vad de inte lär dig på Lärarutbildningen

En bok om Undervisningens DNA

Sättning och omslagsutformning: BoD – Books on Demand
Förlag: BoD – Books on Demand, Stockholm, Sverige
Tryck: BoD – Books on Demand, Norderstedt, Tyskland
ISBN: 978-91-8007-221-2

Innehållsförteckning

Förord

Det är drygt tio år sedan jag gav ut min förra bok, den internationella bästsäljaren Sanningen om IKEA. Boken, som var avslöjande och kritisk till sitt innehåll, författade jag efter tjugo år som affärsman och hög chef inom företaget. Det var denna bok som fick mig att helt byta profession mitt i livet och bli lärare.

Naturligtvis tog det mig några år att ta mig genom lärarutbildningen och lära mig hantverket att undervisa. Det som inspirerade mig att skriva var viljan att förstå. Jag upplevde – och upplever alltjämt – diskussionen om och i skolan som förvirrad. En vanligt förekommande uppfattning är att det inte finns någon dålig undervisning, att all undervisning är bra, bara lite olika. Ju mer jag har lärt mig om undervisning under åren, desto mer inser jag hur befängd den åsikten är.

Det tog mig tre år av intensiv research och skrivande att författa föreliggande rader. I själva verket färdigställde jag nästan ett annat bokmanus först, som jag sedan kastade eftersom jag insåg att den inte besvarade min fråga om vad som är bra undervisning. Orsaken var att jag plötsligt hade stött på den skolforskning på vilken denna bok bygger: Teaching Through Interactions. Forskarnas resultat gav mig ett helt nytt perspektiv på undervisning och skolan.

Det är fyra saker som gör min bok unik. För det första, utgår den från denna forskning. Teaching Through Interactions har mig veterligen inte diskuterats inom svensk forsknings- eller undervisningslitteratur tidigare. För det andra, är mina infallsvinklar lärarens och elevernas. Forskningsresultaten diskuteras utifrån ett klassrumsperspektiv. För det tredje, är boken tänkt som en handbok med syfte att ge läsaren möjlighet att förbättra sin undervisning genom ökad förståelse. Sist men inte minst, är mitt arbete sannolikt ett av de mest omfattande i ämnet praktisk och teoretisk undervisning som författats på det svenska språket. Förstår du de olika aspekterna av forskningen, och kan omvandla dem i praktisk handling, blir din undervisning bättre.

Det är följaktligen lärare och blivande lärare som jag vänder mig till. Om du har undervisning som yrke kan du, av den här boken, förvänta dig att förstå din undervisning på djupet och att bli en bättre lärare genom att du förmår dina elever att lära sig mer.

Avslutningsvis vill jag rikta ett tack till alla de kollegor som genom sin undervisning inspirerat mig. De är naturligtvis många, men ett särskilt tack till Maria, Janne och Vickan för att de framhärdat med åsikter jag alls inte delar. Ett ännu större tack till Tommy, Sandra, Rami, Amir och Jonas för att ni har varit mina förebilder. Tack till Tobbe och Sean för tips och råd med manus i ett tidigt skede. En stor tacksamhet känner jag även för Sven som med iver och inspiration fick mig att försöka göra detta alster ännu bättre.

Alla eventuella fel och brister är naturligtvis mina och bara mina.
Vänligen,
Johan Stenebo
Leg. lärare
Stockholm 2020-07-13

Del 1.
Undervisningens DNA

DNA

The fundamental and distinctive characteristics or qualities of someone or something, especially when regarded as unchangeable.

(The Oxford English Dictionary›s secondary definition for DNA)

Kapitel 1. Inledning

Den här boken är skriven av en undervisande lärare och vänder sig egentligen bara till dig som är lärare eller är på väg att bli lärare i gymnasieskolan eller högstadiet.

Klassrummet är din och min arbetsplats. Där upplever vi ibland underbara ögonblick, andra gånger mindre bra och någon gång riktigt dåliga. Funderar du som jag över varför undervisningen ibland bara flyter på och ditt klassrum, du och eleverna och lärandet blir till ett, medan andra lektioner tycks fungera sämre? Vi vill ju ge våra elever bästa möjliga undervisning, men det är svårt att sätta fingret på hur den skapas. Och när den inte uppstår, vad man kan göra åt situationen? Vissa lärare hävdar att det inte går att säga vad bra undervisning egentligen är. Jag hävdade tvärtom att det visst går att definiera bra undervisning, till och med i detalj. Om detta handlar denna bok.

Var och en som undervisar i svensk skola vet *vad* den gör. Med detta menar jag att vi självfallet vet vilket ämne vi undervisar, vilket ämnesområde som ska gås igenom och vi har en idé om vad vi ska göra under de närmaste lektionerna. Inte så konstigt att vi vet detta, det är ju trots allt vårt yrke. Många lärare vet *hur* de avser att gå till väga för att lära ut stoffet i fråga på ett bra sätt. Vi har en lektionsplanering som vi erfarenhetsmässigt vet brukar fungera i undervisningen. Men har du någon gång funderat på *varför* du gör olika saker i din undervisning? Med detta menar jag, vilken är den övertygelse eller tro som styr dig och formar din undervisning? Varför ser din undervisning ut som den gör?[1]

Jag vet varför jag lägger upp min undervisning på ett visst sätt, varför jag gör som jag gör. Det tog mig år av funderande innan jag såg svaret klart för mig, men jag menar att jag idag tror mig veta varför min undervisning gestaltar sig på ett visst sätt. Jag är nämligen övertygad om varje enskild elevs potential. Jag tror att alla elever jag möter i min vardag har en utvecklingspotential och att det är min uppgift att, med min undervisning,

---

1 Hattie et al 2019

frigöra den. Primärt utvecklar jag deras kapacitet genom att lära dem nya kunskaper och förmågor. För att lyckas handlar det inte bara om att krasst utveckla elevernas akademiska utförsgåvor, utan också deras sociala förmåga. När jag och mina kollegor lyckas lämnar studenterna sin gymnasietid med långt bättre självkänsla och högre självförtroende, än när de kom till oss från grundskolan tre år tidigare. Jag är besjälad av att försöka ge alla mina elever, oavsett bakgrund, samma förutsättningar till att lyckas med det de vill företa sig i livet.

Faktum är att en elev, när hen tar studenten, har tillbringat uppåt trettiotusen timmar i skolbänken eller i skolans korridorer. Under dessa tretton år har den undervisats av mellan fyrtio och femtio olika lärare. Tänk efter en stund: hur många av de lärare som du undervisades av, hade en avgörande positiv betydelse för dig? Hur många av dina lärare minns du fortfarande väl? Studier visar att de flesta av oss kan komma ihåg högst tre till fyra lärare från vår skolgång som hade en avgörande betydelse för oss. Jag minns Marianne Hortlund från mellanstadiet, Erik Samuelsson och Lennart Lindstedt från högstadiet och Lennart Reyneclaudes från gymnasiet. Men bara en av alla femtio lärare som undervisade mig, såg mig som en individ med potential. Han hette Lennart Lindstedt. Jag vill vara en Lennart Lindstedt för mina elever. Jag vill se mina elever och jag vill ha en obändig tro på deras inneboende förmåga.

Jag har haft förmånen att, under mina år som lärare, både få undervisa i skolor med rejäla problem, där Skolinspektionen hotat med föreläggande eftersom bristerna varit så omfattande, och i skolor som fungerat alldeles utmärkt. Eleverna i de olika skolorna har kommit från samma områden och haft ungefär samma förutsättningar. Den ena skolan var ett veritabelt kaos och den andra var den typen av skola som alla barn och ungdomar borde ha rätt till. Ofta kan man se samma fenomen inom en och samma skolbyggnad eller till och med mellan angränsande klassrum. Ena klassrummet tycks kännetecknas av entusiasm och intensivt lärande, medan det i det andra råder närmast anarki och inget lärande sker. Varför? Inte sällan är vi lärare utan samsyn kring vad en bra skola är och vad som ger en bra skola. Det är till och med så, enligt min erfarenhet, att vi ofta tycks mena olika saker med samma begrepp. Vad menar vi med en bra skola? Vad är en bra lärare egentligen? Hur blir man en bra lärare?

13

Ett klassrum är en komplex plats. Ändå är det just där som lärandet sker – eller uteblir. Trettio elever och en lärare som känner och tycker och tänker om varandra samtidigt. Var och en funderar på andra i lektionssalen, känner sympati eller antipati eller kanske är mer neutrala och avvaktande. En social process som upptar allas medvetande. Många funderar kring annat utanför rummet. I detta myller av tankar och känslor ska undervisning bedrivas och lärande ske. Det hör naturligtvis till sakens natur att det som sker i klassrummet är svårfångat. När problem uppstår i skolans värld tycks både skolans ivriga debattörer och vi lärare gräva ner oss i skyttegravarna för att försvara vår egen tolkning av vad som händer och bör hända i klassrummen. I ena stridsställningen ropas det efter gammal god katederundervisning, en litterär kanon och hårdare tag. I det andra skyttevärnet hojtas det om mjukare tag i skolan och en förståelse för lärare och elever när ingenting tycks fungera. I den tredje skyttegraven, skanderas digitaliseringens lov. Allt kommer lösa sig med ny teknik. Och så håller det på, och har hållit på i ett par decennier, sedan långt innan jag blev lärare.

Men klassrummet är en alltför komplex miljö för att kunna förenklas till varken den ena eller andra sidans närmast ideologiskt färgade lösningsuppsättningar. God undervisning ska bygga på beprövad erfarenhet och evidensbaserade teorier, och inte på subjektivt tyckande. En bra skola bygger på vetenskap och kompetens, inte på politik och tyckande. Politikens roll är att ge oss lärare resurser, målsättningar och andra förutsättningar att lyckas i vårt värv, inte att lösa de problem som de ser på våra arbetsplatser (som inte sällan beror på politisk klåfingrighet till att börja med).

En bra skola

Åter till den obesvarade frågan om vad som gör en skola bra. Jag har tillbringat tusentals timmar med att söka svar på detta fundamentala problem. För ett par år sedan trillade jag, av en händelse, på svaret. I ett avsnitt av SVT:s Vetenskapens värld skildrades den norska pedagogikprofessorn

Sigrun Ertesvågs forskning om skolan i allmänhet och undervisning i synnerhet.[2] Hon försökte utröna vad hos läraren som gör undervisningen bra. Klassrum videofilmades och lärare intervjuades. Jag kontaktade henne av ren nyfikenhet och hon hänvisade mig i sin tur till den forskning på vilken hon bygger sina studier. I USA och andra länder har, under ett par decennier, ett forskningsprojekt vuxit fram som kallas Teaching Through Interactions (interaktiv undervisning på svenska). Förgrundsgestalten i projektet och hjärnan bakom mycket av det som man kommit fram till, är den amerikanske psykologiprofessorn Robert Pianta, som tillbringat ett yrkesliv med att studera området utbildningspsykologi. Hans svar på vad som gör en skola bra är lika enkelt som kraftfullt:

> Det är vad som händer mellan barnet och läraren som spelar störst roll för barnets lärande.
> (Pianta 2014)

Pianta menar att diskussionen om vad som är en bra skola ofta tillåts handla om ett gytter av olika saker. Faktorer som lärarnas utbildningsnivå, gruppstorlek, hjälpmedel, läxor och annat diskuteras friskt, men egentligen avgörs en elevs lärande bara av en sak: mötet mellan läraren och eleven, det han kallar samspelet mellan lärare och elev (därav begreppet interaktiv undervisning). Visst spelar andra faktorer in i olika mån, men fungerar inte detta möte, spelar det övriga liten eller ingen roll.

Robert Pianta borde veta, för hans forskning är den mest omfattande som gjorts på området i världen. Den modell som han och hans kollegor utvecklat förklarar sambandet mellan undervisningens kvalitet och lärandet långt bättre än annan forskning. Projektet växte fram ur ett antal observationer av vad som egentligen försiggår i olika klassrum och vilka effekter detta får på elevernas lärande. Man videofilmade helt enkelt ett antal olika klassrum, med olika lärare och elever i olika åldrar och med olika bakgrund, i skolor över hela USA, för att försöka förstå vad som hände i undervisningen.

---

2 Engström 2017

Man gjorde antaganden om vad som skulle spela störst roll utifrån befintliga studier och utbildningspsykologiska teorier. Observationerna analyserades i förhållande till elevernas prestationer på övergripande prov, likt våra nationella prov, för att fastställa var lärandet hade varit mest effektivt. Efter några hundra observationer började en modell växa fram som kunde förklara den komplexa interaktionen i de olika klassrummen och värdera denna.

Elever tillbringar åtminstone en fjärdedel av sin vakna tid i skolan, det mesta av tiden i klassrum, en av de mest centrala och potentiellt kraftfulla platserna för att påverka barn och ungdomar.
(Pianta et al 2012)

Nyckeln är, menar forskarna, att skapa meningsfulla relationer med eleverna, interaktioner som skapar en grund för lärande i klassrummet. Det visade sig att de lärare som lärde barnen mest delade tre gemensamma drag. För det första arbetade de med att bygga upp relationer med alla elever, vilket främjade lärandet. För det andra kännetecknades deras klassrum av en positiv kultur med god ordning och struktur. Sist men inte minst, utmanade dessa lärare ideligen eleverna intellektuellt. Modellen utvecklades utifrån dessa iakttagelser, och man gav de tre huvudområdena olika namn. Lärarens arbete med att bygga relationer med eleverna i klassrummet kallades emotionellt stöd. Klassrumsorganisation kallades den struktur av normer, värderingar och regler som läraren och eleverna arbetade med. Det tredje området, som handlade om att lyfta elevernas intellektuella förmåga genom ett ständigt pågående stödjande men samtidigt utmanande samtal, kallades undervisningsstöd. Egentligen är det logiskt att forskarna lyfter fram dessa tre områden som viktigast i klassrummet. Det emotionella stödet handlar om läraren som bygger relationer och skapar ett förtroende hos eleverna. Utan förtroendefulla relationer finns ingen jordmån för lärande i klassrummet till att börja med. I rollen som gränsdragare i klassrummet blir läraren ledaren som skapar ordning och struktur och därigenom trygghet i det som annars hade kunnat utveckla sig till kaos. Utan trygghet och arbetsro kan heller inget lärande ske. Väsentligt är även läraren i rollen som den som har höga förväntningar och rimliga krav på alla sina elever och utmanar dem intellektuellt. Utan förväntningar och utmaningar kan heller inget lärande värt namnet ske. Det finns en inbyggd logik i de tre huvudområdena, där de inte bara förutsätter varandra, utan ömsesidigt förstärker varandra för att skapa ett effektivt lärande.

Följaktligen fann forskarna att de lärare vars undervisning fungerade bäst, det vill säga där lärandet hos eleverna var störst, arbetade med emotionellt stöd, klassrumsorganisation och undervisningsstöd samtidigt i sin undervisning. Ännu bättre, de tre huvudområdena lät sig mätas och beskrivas utifrån dussintals olika dimensioner med en sällan skådad detaljrikedom. Detta innebar att undervisningen i ett klassrum och dess påverkan på elevernas lärande nu kunde beskrivas, mätas, analyseras och diskuteras både kvalitativt och kvantitativt.[3]

Huvudområdenas dimensioner fyllde en viktig funktion när man skulle mäta den undervisning som hade observerats. Att exempelvis relationer mellan lärare och elever är viktiga för lärandet, var en grundläggande tes för forskarna. Men hur mäter man en bra relation? Vad är en bra relation i klassrummet överhuvudtaget? Lösningen blev att man helt enkelt spaltade upp varje huvudområde i undergrupper, dimensioner. Varje dimension representerade en viktig egenskap i det emotionella stödet, viktig så till vida att man såg att där fanns ett samband mellan vissa beteenden hos lärarna och lärandet. Lärare som kunde beskrivas som inkännande, det vill säga att de såg alla elever och att de snabbt ingrep vid problem, lyckades lära ut mer. Ett positivt klimat i klassrummet, där eleverna uppträdde engagerat och öppet, var också positivt för lärandet, fann man. En lärare som tog hänsyn till elevernas perspektiv lyckades också bättre än mer lomhörda kollegor som bara körde på. Tillsammans bildar dessa tre aspekter var sina dimensioner av huvudområdet emotionellt stöd. Man fann alltså att beteendet hos en inkännande lärare låter sig graderas och mätas. På samma sätt är ett positivt klimat i klassrummet så pass observerbart att det går att gradera och detsamma gäller förmågan hos läraren att lyssna in elevernas behov i undervisningen. Varje huvudområde har sina mätbara dimensioner som graderar olika beteenden och totalt uppgår de till över fyrtio.

---

3   Hamre et al 2013

Man hade, efter detta initiala stadium, en mall med vilken man noggrant och objektivt kunde mäta undervisning. Fram till dags dato har 5 500 observationer genomförts, och sedan år tillbaka utförs de med minutiös noggrannhet av särskilt utbildade observatörer. Mer om detta längre fram. Sammanfattningsvis slår alla de studier och observationer som ligger bakom den interaktiva undervisningen fast att det är undervisningen, närmare bestämt kvaliteten i mötet mellan läraren och eleven, som avgör om en skola är bra, vilket är svaret på grundfrågan: vad som är en bra skola.[4][5][6]

Undervisningens DNA

De tre huvudområdena inom den interaktiva undervisningen verkar tillsammans bilda den receptur som ligger bakom all god undervisning där ett betydande lärande sker. Man skulle med andra ord kalla förmågan hos en lärare att bygga bra relationer med alla sina elever, att hålla en bra ordning och struktur i klassrummet, samt att möta eleverna med höga förväntningar, för undervisningens DNA (arvsmassa i betydelsen «de grundläggande och särskiljande egenskaperna hos någon eller något, särskilt när de betraktas som oföränderliga», som anges i Oxford Dictionary's sekundära definition). Dessa tre områden bygger gemensamt en undervisning som optimerar lärandet, i det att de tre byggstenarna inte bara förstärker varandra, utan förutsätter varandra för ett lyckat resultat. Annorlunda uttryckt, interagerar det emotionella och undervisningsstödet som läraren förmår ge eleven, med klassrumsorganisationen till den grad att synergieffekter uppstår i undervisningen. Plötsligt blir ett plus ett plus ett inte tre, utan fyra. Helheten blir värdefullare för lärandet än värdet hos varje del var för sig.

4   Hafen et al 2013
5   Pianta 2012
6   Pianta 2012

Är den interaktiva undervisningen verkligen relevant?

Vart tredje år genomför de industrialiserade ländernas samarbetsorganisation, OECD (Organisation for Economic Co-operation and Development), en omfattande undersökning av kunskapsnivåerna och färdigheterna hos eleverna i medlemsländerna. PISA (Programme for International Student Assessment) som undersökningen kallas, testar femtusen femtonåringar i varje land, numera sjuttiotvå länder. De områden som prövas är matematik, naturvetenskap, läsförståelse och problemlösning. Sedan rankas länderna utifrån sina elevers resultat.[7]

År 2003 var PISA-resultaten en välkommen läsning i Skolsverige. Våra elever låg på en hedrande sjätte placering i både matematik som läsförståelse. En bekräftelse på vår självbild av att vara bra på det mesta, om man vill vara lite elak. Självfallet hade ett av världens rikaste länder, också en av världens bästa skolor. Därför kom det som en veritabel chock när resultaten från PISA-undersökningen för år 2012 damp ner. Eller briserade, kan man nog säga.

De enda OECD-länder som presterade signifikant sämre än Sverige i samtliga kunskapsområden år 2012 var Chile och México. Vår självbild som framstående inom skola och utbildning fick sig en rejäl törn, och fingerpekandet mellan olika ansvariga inom skolans värld visste inga gränser. Rika, duktiga Sverige var plötsligt sämst i klassen. Kanske inte riktigt, men våra ungdomars kunskaper låg tydligt under snittet för de deltagande sjuttiotvå länderna. Ett större fall i kunskapsnivå hade aldrig skådats i undersökningens historia. En Skolkommission tillsattes och från politiskt håll var utspelen många. Tre år senare kom nästa undersökning och, tyckte man, räddade Skolsverige ur knipan. I 2015 års undersökning var vi åter på snittet, till och med lite över när det gällde läsförståelse. Man kunde andas ut och börja prata om trendbrott. Med år 2019 års PISA-mätning var ordningen äntligen återställd och Sverige åter i den övre kvar-

---

7   Schleicher 2015

tilen i PISA-ligan. I alla fall vid en ytlig betraktelse. Används resultaten i PISA-undersökningar för att förklara framgångar eller motgångar med strukturella problem. I den svenska debatten som följt på varje PISA-studie har till exempel huvudmannaskap, lärarrekryteringen och sociala ojämlikheter förts fram som förklaringar både av myndigheter, politiker och andra intressenter. Visst kan detta vara rimligt men, menar jag, bara som delförklaringar. Låt mig förklara.

Vad som gör PISA-mätningarna intressanta utifrån den interaktiva undervisningens relevans för den svenska skolan, är att PISA de facto mäter undervisningens kvalitet. I alla fall indirekt. Direkt mäter man resultaten inom olika kunskapsområden bland elever i årskurs nio. Elevernas kunskaper och färdigheter inom matematik, läsförståelse och så vidare är utan tvivel ett resultat av nio års och tusentals lektioners utbildning. När man mäter lärandet, alltså elevernas kunskaper och färdigheter, mäter man som en följd indirekt kvaliteten på den undervisning som genererat dessa kunskaper hos eleverna. Robert Pianta hävdar att om en skola är bra eller dålig avgörs i mötet mellan läraren och eleverna, i undervisningen. Är undervisningen bra, blir lärandet bra och på detta följer goda elevprestationer. I detta fall, bra resultat på PISA-proven.

Med andra ord kan man då slå fast att undervisningens kvalitet på landets högstadieskolor verkar stå sig väl vid en internationell jämförelse. I den senaste undersökningen placerar sig den svenska skolan väl i såväl läsförståelse som matematik. Inom matematiken ligger Sverige till och jämsides med grannlandet Finland i rankningen. Naturligtvis bör man ta dessa resultat till intäkt för att undervisningen i den svenska skolan står sig väl internationellt. Svenska högstadielärare, i alla fall i svenska och matematik, undervisar på en god nivå. Man kan med fog argumentera för att beskriva svensk skola som ett problemområde är direkt missvisande, även om problemområden naturligtvis förekommer.

Å andra sidan, om den senaste PISA-undersökningen gav anledning till beröm och erkännande för undervisningen som bedrivs i högstadiet, gäller i motsvarande grad en besk kritik för undervisningen vid tiden för undersökningen år 2012.[8]

Det var det största tappet någonsin under tjugo år av PISA-undersökningar i något land. Sverige ramlade plötsligt ner från en topplacering till under snittet. De metoder och synsätt som då användes inom undervisningen fick ett kraftigt underbetyg i undersökningen, skulle man kunna argumentera. Men vad är det som har förändrats i undervisningen under de senaste tio åren som har lyft svensk skola från bottenskiktet i PISA-rankningen till dagens berömvärda resultat?

Sakkunniga pekar på den kraftsamling som skett i skolorna kring ämnena svenska och matematik, med Mattelyftet och Läslyftet som lysande exempel, bakom den spektakulära förbättringen. Skolverket menar exempelvis i en studie att matematikundervisningen fram till 2012 skedde genom grupparbeten i klassrummen snarare än genom en direkt lärarledd undervisning och att eleverna sällan utmanades kognitivt av sina lärare, jämfört med andra OECD-länder. Matematikundervisningen har sedan dess blivit mer som i andra länder, lärarledd och där eleverna ständigt utmanas intellektuellt. Detta stämmer utmärkt med forskningsresultaten från den interaktiva undervisningen, där den intellektuella utmaningen av eleverna är en av tre fundamentala byggstenar i framgångsrik undervisning. Lika viktig är lärarens centrala betydelse för eleverna i undervisningen, enligt forskarna.

Smolket i glädjebägaren

Trots att resultaten var glädjande efter den senaste PISA-studien, har en hel del kritik förts fram mot svensk skola. Uppåt en tiondel av alla elever i årskurs nio fick inte delta i undersökningen därför att deras kunskaper i det svenska språket var otillräckliga. För att förstå proportionerna i detta, pekar tidigare PISA-studier på en problematik med att svensk skola kan kritiseras

---

8   Skolverket 2019

för att inte hjälpa de studiesvagaste eleverna tillräckligt. Ungefär tio procent av eleverna i Sverige är så högpresterande att de klarar sig bra i skolan nästan oavsett andra omständigheter och ungefär en fjärdedel av eleverna är så svaga att de halkar efter betänkligt. Relationerna mellan starka och svaga elever är ungefär desamma i alla OECD-länder. Problematiken är att redan vid studien år 2015, påpekades det att i Sverige växer gruppen med svaga elever betänkligt. Man skulle kunna uttrycka saken så att de svagare eleverna får allt svårare att hänga med på lektionerna, att undervisningen helt enkelt inte fångar upp dem. Ur många aspekter är detta alarmerande eftersom en likvärdig skola anses vara ett av fundamenten i fungerande demokratier. Med den senaste PISA-studien följde indikationer på att läget förvärras för den svaga elevgruppen.[9]

Farhågorna avser att om en tiondel av årskullen har otillräckliga kunskaper i svenska språket för att kunna tillgodogöra sig undervisningen på ett rimligt sätt, kommer den ovannämnda gruppen svaga elever stiga dramatiskt. Konsekvenserna av detta är svåröverskådliga. Vad man slår in sig på är det faktum att många av dessa unga gått i svensk skola ett antal år utan att lära sig språket. Kommer de någonsin göra det, blir en befogad fråga. Magnus Henreksson, professor i nationalekonomi, är ännu mer kritisk till att en elevgrupp utelämnats. I Sverige testades, inklusive andra bortfall, bara omkring 85 % av eleverna i årskurs nio. I Tyskland, som haft en asylinvandring likt den svenska i omfattning, inkluderades hart när varje elev med ett deltagande om 99 %. Henreksson menar därför att de svenska resultaten kan vara missvisande och ska tas med stor försiktighet.[10]

Sett ur undervisningssynvinkel framstår det som avgörande att vi når fram till den stora elevgrupp som saknar fullgoda språkkunskaper. Den som saknar språket i ett land står utanför samhället, arbetsmarknaden och saknar egentliga möjligheter att skapa sig en bättre framtid. Den interaktiva undervisningen inriktar sig på alla elevers lärande och understryker vikten av att vi lärare behöver vara lyhörda för elever som inte hänger med i undervisningen,

---

9 Schleicher 2016
10 Henrekson 2019

att vi hittar metoder att fånga upp dem och förstärka deras lärande både vad avser sociala som akademiska färdigheter.[11] [12]

Flera viktiga slutsatser, menar jag, kan dras ur det senaste årtiondets berg- och-dalbana för svensk skola i PISA-rankningen. Den viktigaste konklusionen är att PISA-mätningen faktiskt mäter undervisningens kvalitet, om än indirekt. Jag kan svårligen se några hållbara, sakliga argument mot detta sakförhållande. Givet detta faktum är U-svängen som Sverige gjorde mellan mätningarna år 2003, 2012 och 2019 högintressant. Man skulle med emfas kunna hävda att både försämringen och förbättringen är direkt kopplad till två saker: undervisningens kvalitet genom att man i många skolor började fokusera på hur god undervisning bör ske genom utvecklingsprogrammen Läslyftet respektive Matematiklyftet och att lärarens självklara roll i klass- rummet verkar ha återupprättats under denna tid.[13]

Genom att diskutera och arbeta med undervisning på ett tydligt och sak- ligt sätt, har Sverige återtagit sin position som utbildningsnation. Dock är det svårt att värja sig från kritiken att barn och ungdomar utelämnas från undersökningen. Syftet med denna bok är att diskutera undervisningens kvalitet utifrån den, i många avseenden, mest framstående forskningen som finns på området. Den interaktiva undervisningen inriktar sig nämligen på alla elever i klassrummet, både de svaga och de studiestarka, så att lärandet kommer alla till del.

---

11 Thurfjell 2019
12 Schermer 2019
13 Linderoth 2016

Den interaktiva undervisningen och Sveriges viktigaste yrke

Inte sällan hör man hur personer utanför skolan nästan klichéartat tillskriver oss lärare «världens viktigaste yrke». Smakar man lite på orden och funderar en stund är påståendet i alla fall delvis riktigt. Historiskt och samhällsekonomiskt kan man utan vidare tillskriva skolan en avgörande betydelse för utvecklingen av välfärden i landet. Riksdagen skriver om folkskolans betydelse i och med 1842 års folkskolestadga:

> Riksdagsbeslutet om allmän folkskola anses ha haft stor betydelse för Sveriges snabba industriella utveckling och för den svenska demokratin.
>
> (Demokratins historia, riksdagen.se)

God undervisning är av avgörande betydelse. Sverige är ett av världens rikaste länder räknat på BNP per capita, och ligger på en hedrande femtonde plats av tvåhundra länder, före länder som Tyskland och Danmark, och före EU. Detta är ett vanligt mått på välfärd i ett land, kanske det mest utbredda. Man skulle kunna sammanfatta lärarrollens betydelse för välfärdsutvecklingen som att skickliga lärare överför kunskaper till sina elever som gör att dessa så småningom kan delta i samhället på ett effektivt sätt och skapa en förbättrad välfärd.

Lärarnas yrkesskicklighet är inte bara central ur ett historiskt perspektiv. Även idag, snart tvåhundra år efter folkskolans införande, vilar samhällets utveckling tungt på våra axlar. Utan skickliga lärare i klassrummen som kan motivera, bilda och fostra nya årskullar av elever i landets klassrum, blir det inga nya snickare, läkare, piloter, journalister, sjuksköterskor, astronauter eller metallarbetare. Att kunna inte bara läsa, skriva och räkna, utan samarbeta, resonera, argumentera och analysera är av avgörande betydelse för alla de män och kvinnor som väljer sin framtid i dessa och andra yrken idag.

Vi lärare har utan vidare en viktig samhällsbärande funktion, även om det naturligtvis finns många andra grupper som bidrar till denna byggnation. Utan skickliga lärare stannar Sverige. Ändå, trots allt detta, är det få utanför skolvärlden som förstår komplexiteten och utmaningen i vårt yrke. Handen på hjärtat är det inte ovanligt att utomstående till och med trivialiserar undervisningens utmaningar.

Jag blev lärare först någonstans mitt i livet. Innan dess hade jag förmånen att ikläda mig många krävande uppdrag inom näringslivet. Med facit i hand vill jag påstå att lärarens uppdrag, om det ska utföras med bravur, är ett av de mest utmanande uppdrag jag haft. I närmare trettio år verkade jag som chef och ledare både i Sverige och utomlands. Skillnaden är dock fundamental. Visst var förväntningarna på mig stora, pressen ibland nära nog outhärdlig och affärsagendan späckad för jämnan men jag vill dock påstå att det är minst lika svårt att bedriva riktigt god undervisning som att bygga ett stort varuhus i ett annat land, bedriva komplexa affärsförhandlingar med en leverantör eller sitta i en styrelse eller en ledningsgrupp för en stor affärsdrivande verksamhet, ofta svårare.

Utomstående, alltså alla de som inte undervisar i skolan regelbundet, får ofta för sig att undervisning är ungefär samma sak som att hålla ett föredrag eller ett tal, bara att man sedan lämnar ut en rolig uppgift till eleverna eller kör ett intressant grupparbete som avslutning. Ingenting kan vara mer felaktigt än denna bild, menar jag. Den förutfattade meningen om vårt yrke är att ju bättre du är på att presentera, ju mer av en estradör du är, desto bättre är din undervisning. Som vi i själva verket ska se i kommande kapitel, är detta en helt felaktig bild.

Syftet med att hålla föredrag är att underhålla eller övertyga, möjligen att informera. Meningen med att hålla tal är densamma, måhända minus informationsdelen. Undervisning har ett och bara ett syfte: att förmedla kunskap och utveckla färdigheter, att överföra kunnande till eleverna. Vem som helst kan i stort sett lära sig att hålla ett godtagbart anförande eller ett tal. Till detta krävs bara tålamod vid förberedelserna och lite mod vid framförandet, mycket svårare är det inte. Undervisning, å andra sidan, förutsätter att du simultant ger dina elever emotionellt stöd, har ett välorganiserat klassrum och en strukturerad undervisning samt att du genomgående utmanar eleverna intellektuellt. Allt beskrivet i strax under femtio dimensioner som du ständigt behöver beakta i din undervisning. Alltifrån att eleverna ler och skrattar och är öppna och otvungna (ja, detta mäts som två olika dimensioner inom emotionellt stöd) till att du konverserar med feedback-slingor i en uppbygglig konversation (som mäts inom huvudområdet undervisningsstöd) med dina adepter. Studier inom ramarna för det amerikanska projektet visar på att nyblivna lärare lyckas bäst med att bygga relationer och skapa ett bra klimat i klassrummet, alltså emotionellt stöd, medan klassrumsorganisation och undervisningsstöd tar ytterligare två till tre år efter avlagd lärarexamen att tillskansa sig.[14] [15] Det tar alltså upp till åtta år att bli en bra lärare. Jämförelsen med att undervisning är som att hålla föredrag faller därmed på sin egen orimlighet. Undervisning är vårt adelsmärke. Det är det vi lärare kan, men som ingen annan yrkesgrupp behärskar. Ett faktum är att de allra flesta förståsigpåarna som betraktar vår skola utifrån och in, inte kan undervisa.

Deras enda erfarenhet av undervisning är i själva verket när de själva satt och nötte skolbänken för ett par tre decennier sedan. Mycket har hänt sedan dess. Och inte mycket var bättre förr. Dessutom handlar deras bleka minnen från den egna skolgången om undervisning sett ur ett elevperspektiv med ett barns ögon. En analys och diskussion om undervisning som vilar på evidensbaserad forskning är något helt annat.[16]

---

14 Hafen et al 2013
15 Claessens et al 2016
16 Hamre et al 2013

Kapitel 2. Om interaktiv undervisning

Det som omedelbart föll mig i smaken med den interaktiva undervisningen, och som gör den både unik och briljant, är att den kombinerar ett jordnära förhållningssätt till undervisning med vetenskaplig tyngd. Den går att omedelbart och med minimala förberedelser omsätta i det egna klassrummet eftersom vi redan gör, eller åtminstone försöker göra mycket av det som nämns. Bara inte i rätt omfattning eller tillräckligt konsekvent. Följande citat är Robert Piantas utgångspunkt i arbetet med interaktiv undervisning:

> Klassrum är komplexa sociala system, och elev–lärare-relationer är också komplexa system med multipla komponenter. Vi menar att sammansättningen och kvaliteten av relationerna i detta samspel mellan lärare och elever är fundamental för att förstå elevengagemang … och kan bedömas genom standardiserade observationsmetoder och kan förändras genom att man förser lärare med kunskap om utvecklingsprocesser som är avgörande för interaktion i klassrum … (Pianta et al 2013)

Det jordnära ligger i att allt som försiggår i ett klassrum kan observeras, fångas upp, beskrivas och mätas på ett så objektivt sätt som möjligt. Undervisningen kan därför förstås utifrån tre huvudområden, tre distinkta aspekter. Vart och ett av huvudområdena kan sedan betraktas utifrån ytterligare ett antal dimensioner. Varje dimension är en erfarenhetsmässigt viktig aspekt av ett huvudområde. Varje dimension kan sedan bedömas utifrån önskvärt och icke önskvärt. Exempelvis är självständighet en central aspekt i undervisningen för att elever i tonåren ska lära sig så mycket som möjligt. Detta vet man sedan länge genom omfattande forskning.[17] Då är en optimal nivå av självständighet det önskade läget i ett klassrum. En undervisning som är alltför auktoritär, där ungdomar behandlas som barn, motverkar därför lärandet och är av detta skäl inte önskvärt. Å andra sidan, om eleverna är

---

17 Hafen et al 2014

helt självständiga, utan gemensamma värderingar och normer i klassrummet som främjar undervisningen, hämmas också lärandet. Onödiga konflikter och oro uppstår då sannolikt ganska snart i en klass med trettiotvå sexton-åriga elever med olika bakgrund, behov och ambitioner.[18] Det centrala för en lärare, enligt studier, är att se undervisningen och studiemiljön ur ett elevperspektiv. En elev som blir sedd utvecklas, och får en ökad motivation som förbättrar dennes studieprestationer.[19]

Som undervisande lärare är du i allt du gör egentligen beroende av att förstå klassrummets dynamik och dina elevers reaktioner i varje ögonblick. De förklaringsmodeller av undervisning och elevers lärande som används har gemensamt att de bara kan förklara en liten del av klassrummets processer. Dessa synsätt leder ofta till en fragmentarisk analys och förståelse av vad som försiggår. I brist på en helhetssyn, tenderar vi lärare att använda den egna in-tuitionen, det sunda förnuftet och kollegialt stöd för att förstå och utvecklas. Intuition och kollegiala samtal är naturligtvis väsentliga i vår professionella utveckling, men minst lika viktig är en djupgående förståelse av den egna undervisningen och dess effekter på elevernas lärande. Inom vårt yrke dyker det ständigt upp nya koncept som ska förbättra undervisningen. Ett par ex-empel är relationsstyrd pedagogik och lågaffektivt bemötande. Problemet är att även om dessa metoder har relevans, är de tämligen verkningslösa om de inte implementeras i ett sammanhang. Hela klassrummet måste förstås, inte dess delar. Följden blir annars endera att ingen förbättring av undervisningen sker alls, eller att man bara botar symptomen och inte grundproblemet. I det senare fallet återkommer den ursprungliga problematiken snart nog.

Det som krävs är en holistisk syn på klassrummet och undervisningen, där allt som sker och händer förstås i ett sammanhang, där delarna hänger ihop. Med den interaktiva undervisningen följer en helhetssyn. Det som sker i ett klassrum, undervisningen och lärandet, kan i all väsentlighet förklaras med de relationer som läraren odlar med eleverna (emotionellt stöd), den kultur och struktur som präglar undervisningen (klassrumsorganisation) och det pågå-

---

18 Hamre et al 2013
19 Hafen et al 2012

ende pedagogiska samtalet mellan läraren och eleverna (undervisningsstöd). Rustad med den interaktiva undervisningens förklaringsmodell som en mental checklista i undervisningen, blir analysen snabbare och mer träffsäker och därför åtgärderna effektivare. Effekten blir att undervisningen flyter på bättre och att lärandet ökar samtidigt som din och elevernas arbetsmiljö förbättras.

Det som gör den interaktiva undervisningen så användbar för oss lärare är att den omedelbart kan omsättas i praktiken och ge påtagliga effekter. Varje dimension beskrivs utifrån en målbild, som var och en som undervisar lätt kan ta till sig och reflektera över. Om du exempelvis observerar ditt eget klassrum en stund eller auskulterar en kollega, kan du utan vidare ta ställning till om följande målbild hämtad ur huvudområdet klassrumsorganisation är en del av undervisningen:

> Det förekommer få, om ens några exempel på dåligt uppförande bland eleverna i klassrummet.
> (Pianta et al 2008)

Samtidigt som följande målbild, hämtad ur området emotionellt stöd, ska utmärka klassrummet:

> Indikationerna är många på att läraren och eleverna åtnjuter varma och stödjande relationer med varandra.
> (Pianta et al 2008)

Stundom görs invändningar bland kollegor att där skulle finnas ett motsatsförhållande mellan varma relationer mellan lärare och elever och ett ordningsamt klassrum. Var och en som undervisar till vardags förstår att dessa två målsättningar inte är varandras motsatser. Naturligtvis går en god ordning och struktur i klassrummet mycket väl att förena med positiva relationer mellan läraren och eleverna. Det krävs bara ett visst mått av skicklighet och tålamod, och kanske mod, för att nå dithän. Min erfarenhet är att när just sådana skenbara motsägelser faller på plats i undervisningen, när arbetsro och glädje exempelvis kan förenas, då men bara då uppnås det bästa lärandet. Den interaktiva undervisningen är rik på sådana motsatser.

29

En annan tilltalande egenskap hos den interaktiva undervisningen är alla aha-upplevelser, alla igenkänningseffekter. Mycket av det som efterfrågas gör de allra flesta lärare redan. Kanske bara delvis, eller inte tillräckligt konsekvent, men ansatsen finns ofta där. Ett exempel är samtalet i klassrummet. För snart tio år sedan när jag gick på lärarhögskolan var undervisning ingenting som diskuterades (idag är det annorlunda förstår jag på yngre kollegor, vilket är glädjande). Mina VFU-handledare var heller inte särskilt insatta i ämnet. Min lärarroll fick jag istället bygga från grunden utifrån decennier som chef och ledare och slipad föredragshållare (läs estradör). Det tog ett tag innan jag insåg det kollektiva samtalets betydelse, så upptagen var jag av att inte tappa tråden, förlora kontrollen eller ens på djupet reflektera över hur effektiv min undervisning egentligen var. I retrospektiv inser jag nog att den var mer underhållande än lärande. Det tog ännu längre innan jag på egen hand hade utvecklat tekniker för feedback-slingor, visualisering av tankeprocesser, upprepningar och sammanfattningar eller funnit ett optimalt språkbruk för min undervisning. Döm av min förvåning när jag började fördjupa mig i studierna bakom den interaktiva undervisningen. Efter ett antal år som lärare och tusentals timmar av undervisning hade jag kommit så långt i min utveckling att jag arbetade med de tre huvudområdena inom interaktiv undervisning på varje lektion. Men vägen dit hade kantats av med och motgångar. Fast besluten att lära mina elever så mycket som möjligt, förstod jag snart att en bra studiemiljö, goda relationer med eleverna och ett samtal som främjar kritiskt tänkande var viktiga delar. Att hitta en balans mellan de tre och förstå varje enskilt område tog år eftersom det snarare var intuition och samlade erfarenheter från olika klassrum, än gedigna kunskaper om undervisning, som förde mig framåt. Vad en effektiv undervisning som skapar lärande består i var inget som berördes, varken på Lärarhögskolan, på mina praktiker eller senare under alla de timmar av kollegialt lärande som jag deltagit i under åren. För mig blev den interaktiva undervisningen en veritabel uppenbarelse.

Kanske inte alltid tillräckligt mycket eller tillräckligt ofta, men nu blev jag snabbt medveten om att jag var på rätt spår i samtalen med mina elever. Nu kunde jag med den förvissningen fortsätta att utveckla det jag redan gjorde och lägga till de saker jag saknade. Min undervisning har blivit betydligt mer komplett med den interaktiva undervisningen, och lärandet hos mina elever har ökat på ett förundransvärt sätt. Inte så att undervisningen, eller lärandet för den delen, var dåligt innan. Det har nog aldrig varit fallet. Men med vetskapen om vad som är önskvärt har min trygghet i lärarrollen ökat. Jag har kunnat fokusera på att förbättra lärandet i klassrummen istället för att ideligen famla efter nya metoder eller självkritiskt ifrågasätta det som faktiskt, enligt forskningen, är önskvärt och fungerar.

I mitt arbete med att utveckla undervisningen ihop med kollegor och VFU-studenter har jag funnit att ett av den interaktiva undervisningens främsta företräden är att den ger oss lärare ett gemensamt ordförråd. Egentligen kan allt som händer i en undervisningssituation beskrivas utifrån de tre huvudområdena och alla deras dimensioner. Varje begrepp har en specificerad betydelse och kan kopplas till ett sammanhang. Vi kan uttrycka oss nyansrikt och samtidigt konkret om alla olika situationer i klassrummet. Ännu bättre, eftersom forskningen en gång för alla har fastställt vad som är önskvärt och mindre önskvärt, behöver detta inte diskuteras, och onödiga konflikter kan undvikas. Istället kan kraften läggas på en ovärderlig diskussion om vad exakt som kan förbättras i undervisningen och, lika viktigt, olika vägar att ta sig dit. Att konstatera att arbetsron i en undervisningssituation lämnar en del i övrigt att önska är enkelt. Att beskriva hur en godtagbar arbetsro ska te sig, är något svårare. Men den riktiga utmaningen brukar ligga i att ta sig från det oönskade läget till det önskade. Och att besluta om vad man kan, bör eller måste göra för att lösa en situation är ofta avgörande för att man ska lyckas.

Den största fördelen är ändå kanske att Robert Piantas forskning en gång för alla inte bara besvarar frågan «Vad är en bra skola?», utan också med en sällspord vetenskaplig stringens besvarar frågorna om vad en bra lärare är, genom att med matematisk objektivitet och precision fastställa vad bra undervisning är. Bra undervisning är effektiv undervisning som ger optimalt lärande i klassrummet.

I min erfarenhet tenderar åsikterna om vad som är bra undervisning och hur en bra lärare är gå vitt isär mellan olika skolor och arbetslag. På alla skolor som jag arbetat på har så kallade nöjd-kund-undersökningar frekvent utförts i en ansats att besvara just dessa frågor. Visst har sådana undersökningar ett visst värde, men det är mycket begränsat.

> De flesta av observationsverktygen som används för att utvärdera lärare är hemma-snickrade, med få eller inga empiriska bevis på att de kan producera tillförlitliga mätningar eller mäter komponenter av undervisningen som kan kopplas till elevernas lärande.
>
> (Hafen et al 2012)

Svagheterna i floran av hemma-byggen för utvärdering av oss lärare och vår undervisning är åtskilliga. För det första är respondenterna eleverna. Eleverna värderar sina lärare och deras undervisning ur ett elevperspektiv. Ett problem med detta är att eleverna saknar lärarutbildning och därför svårligen kan värdera lärandet i ett klassrum, även om undantag naturligtvis finns. Snarare tenderar de att värdera helt andra saker. Lärare som anstränger sig för att med alla medel vara populära brukar gå vinnande ur dessa undersökningar. Vad man egentligen då har mätt är inte undervisningens kvalitet och elevernas lärande, utan lärarens popularitet. Med en terminologi hämtad från sociala medier, räknar skolan antal «likes».

Det stora problemet med detta är att populära lärare sällan bedriver en högkvalitativ undervisning. Jag skulle vilja påstå att det föreligger ett motsatsförhållande mellan lärarens iver att i alla lägen vara eleverna till lags och att leverera ett optimalt lärande. Jag har i alla fall aldrig sett exempel på motsatsen. Märk väl, jag gör här en fundamental skillnad mellan att vara populär å ena sidan och att å andra sidan vara omtyckt och respekterad. Det senare är en grundförutsättning för god undervisning. En annan lika allvarlig aspekt av detta är att de som tar fram dessa undersökningar sällan eller aldrig är statistiker, än mindre kan de något av väsentligt värde om undervisning. Vill man ha reda på om en undervisningsmetod är bra, måste man redan innan frågorna formuleras veta exakt vad som menas med bra undervisning. Annars mäter man inte det man från början avsåg att mäta. Som man frågar får man svar.

Frågorna kring vad som är en bra skola, en duktig lärare och god undervisning är viktigare än vi kan ana. Galor anordnas kring «bästa läraren», och akademier av olika slag utser «bästa lärare» i en iver att höja vårt yrkes status. Effekten blir den motsatta. Självfallet får många av de kollegor som får liknande priser detta välförtjänt, men man kan argumentera för att själva idén motverkar sitt eget syfte. Först och främst är ingen elev betjänt av att undervisas av den «bästa läraren». Elever i högstadiet och gymnasieskolan har alla kring tio undervisande lärare i lika många ämnen. Om nu en av dem skulle vara den «bästa läraren» är detta en klen tröst om övriga nio inte håller måttet. Ur ett samhällsperspektiv vore det i så fall betydligt bättre att alla elever fick en hygglig undervisning av alla sina lärare. För det andra saknar dessa akademier förutsättningar att utse den bästa läraren eftersom de själva inte är legitimerade undervisande lärare av elever i dessa ålderskategorier. Visst, de menar säkert väl, men deras enda erfarenhet av undervisning är bleknade minnen från den egna skolgången för länge sedan. Deras goda avsikter reduceras i grund och botten till subjektivt tyckande. Dessutom kan man ifrågasätta om vuxna välutbildade människor (vi lärare) blir inspirerade av att någon kollega en gång om året får en utmärkelse. Den interaktiva undervisningen ger oss, till skillnad mot dylika utmärkelser, en objektivitet kring vad som är god undervisning, vem som är bra på att undervisa och vad som saknas i olika undervisningssituationer. Ingen av oss, tror jag, blir någonsin fulländad.

En tredje aspekt av den objektiva bedömningen av undervisning är det så kallade pedagogiska ledarskapet. Begreppet har använts i skolvärlden sedan 1946 års skolutredning och går helt enkelt ut på att rektorn ska stå för le-darskapet av lärarna även vad avser undervisningen. Än idag används det flitigt av myndigheter som Skolverket och Skolinspektionen. En del av detta ledarskap är att bedöma insatserna i klassrummen hos lärarna. Rektorer är förvisso utbildade lärare men de är sällan rekryterade därför att de var bäst på undervisning (i vilken mån personen som befordrade dem var förmögen att bedöma deras undervisningsförmåga går också att ifrågasätta). En rektor ska alltså leda och bedöma ditt och mitt arbete i klassrummet trots att hen saknar sådan kompetens. Betänk också att förmågan att undervisa är en färskvara. Vi lärare känner oss alla minst sagt ringrostiga efter sommaruppe-hållet, så vad gör då inte en rektor som inte undervisat regelbundet på åratal? Rektorer tenderar att tycka undervisningen är «bra» om det råder studiero i klassrummet, men det räcker inte. Hur vet hen om undervisningen har varit effektiv och lärandet optimalt? Det kan hen inte veta. De bristfälliga opinionsundersökningarna bland eleverna som tidigare nämndes bildar ofta underlag för vad hen ska tycka när hen kommer in för att auskultera ditt klassrum. I värsta fall bedömer rektorn att en bra lärare är en lärare som är populär och som dessutom har studiero i sitt klassrum. Åtminstone under den stunden som rektorns auskultation varar. Inte konstigt att studier visar att rektorers bedömning ofta, till och med så ofta att företeelsen har fått ett eget namn: «the Widget Effect», slår fel.[20] Studier visar att rektorer i genomsnitt missbedömer effektiviteten av sina lärares undervisning i 98 % av fallen! Att så objektivt som möjligt kunna beskriva, analysera och bedöma vårt arbete är av stor vikt, och den interaktiva undervisningens bidrag till denna objektivitet är ovärderlig.[21]

Forskningen bakom den interaktiva undervisningen

För att bäst beskriva forskningen bakom den interaktiva undervisningen är det en god idé att börja med huvudpersonerna. Fil. Dr. Robert Pianta är 62 år och disputerad psykolog. Han är dekanus vid Curry School of Education, University of Virginia och innehar två professurer, en professur i psykologi vid University of Virginia och en i utbildning genom Novartis US Foundation. Dessutom är han grundare av Center for Advanced Study of Teaching and Learning. Hans forskning och arbeten, som omfattar över trehundra vetenskapliga artiklar publicerade i internationella forskningstidskrifter, har blivit omnämnda och citerade otaliga gånger. Det senare är ett erkänt mått på hur pass betydelsefullt hans arbete anses vara av andra forskare runtom i världen. Dessutom har han under åren författat eller medförfattat en hel rad inflytelserika böcker inom sina huvudområden. Han började tidigt med

---

20 Weissberg et al 2009
21 Hafen et al., 2012

att forska kring barns lärande. På senare år har hans arbete fokuserat på interaktionen mellan lärare och elever och hur denna kan förbättras.[22][23]

Fil. Dr. Bridget Hamre är disputerad psykolog och har, tillsammans med Robert Pianta, varit medförfattare samt forskningsledare av ett antal av de studier som bildar underlaget till den interaktiva undervisningen. Hon är docent och direktör vid University of Virginias Center for Advanced Study of Teaching and Learning. Hon har författat eller medförfattat 85 vetenskapliga artiklar och blivit citerad tusentals gånger. Hennes inriktning är utvecklingspsykologi, lärande hos barn samt relationen mellan läraren och den unge eleven.

Som tidigare beskrivits började det projekt som skulle komma att heta interaktiv undervisning med att man genom observationer försökte förstå vad som försiggick i klassrummet. Till en början koncentrerade man sig uteslutande på förskolor och lågstadieskolor, eftersom både Pianta och Hamre har sin bakgrund inom dessa ålderskategorier. Undervisningssituation efter undervisningssituation analyserades noggrant för att hitta mönster och gemensamma nämnare. Vad var det som hände i klassrummet som verkligen genererade lärande? Antalet observationer växte stadigt över tiden. Parallellt med observationerna mätte man elevernas prestationer i läsning, skrivning, matematik eller problemlösning, hur de tänkte, funderade och talade. Detta jämfördes sedan med hur de olika lärarna agerade i sina klassrum. Snart hade man åtskilliga hundra undervisningsobservationer och tyckte sig kunna skönja konturerna av vad som fungerade i lärprocessen. Den viktigaste landvinningen, som kom att bli helt avgörande, var att just prestationerna och hur dessa utvecklades över tiden, var helt beroende av kvaliteten på relationen mellan läraren och eleverna. Över tiden utökades studierna till att omfatta även mellanstadiet, högstadiet och gymnasieskolan.[24]

I takt med att antalet observationer ökade, växte en modell fram. Denna modell vilade dels på observationerna och analyserna av dem, dels på utveck-

---

22 Hamre et al 2013
23 Pianta et al 2012
24 Allen et al 2011

lingspsykologisk teori. Med teori menas i detta sammanhang inte oprövade antaganden om detta, utan de internationellt vedertagna förklaringsmodellerna för olika utvecklingspsykologiska företeelser hos barn och unga. De mönster man fann vid observationerna länkades successivt till förhärskande vetenskapliga förklaringar. Ur alla observationer utkristalliserade sig tre huvudområden som tycktes sysselsätta de lärare som lyckades bättre i sin undervisning: emotionellt stöd, klassrumsorganisation och undervisningsstöd. De flesta lärarna arbetade förvisso med varje huvudområde, men i olika mån och på olika sätt. De lärare som verkligen gjorde skillnad för sina elever hade en hel del gemensamt, och omvänt: de lärare vars elever jämförelsevis lärde sig betydligt mindre, hade också en del gemensamt.[25]

Modellens tre huvudområden började successivt kunna kläs i detaljer. I klassrum som fungerade var klimatet positivt och otvunget, ordningen var samtidigt god och läraren hade en ständigt pågående konversation med klassen och enskilda elever för att utmana dem i resonemang och problemlösning. En lärare ska, formulerade man, vara inkännande, en dimension som ingår i huvudområdet emotionellt stöd. Just denna inkännande lärarroll anser Pianta vara det enskilt viktigaste i ett klassrum för att undervisningen ska vara effektiv. Men man stannade inte där. För vad en inkännande lärare egentligen är, skulle då ligga hos betraktaren, och tolkningarna skulle bli lika många som betraktarna, med missförstånd och feltolkningar som följd.

Istället formulerades tre dimensioner för att precist kunna beskriva vad den inkännande läraren gör i klassrummet. Man iakttog i observationerna att en inkännande lärare för det första medveten om vad som hände i klassrummet, var förutseende och agerade proaktivt för att förebygga problem. För det andra var läraren lyhörd och mottaglig för elevernas behov och känsloyttringar. För det tredje reagerade den inkännande läraren resolut och snabbt med hjälp och stöd för att lösa eventuella problem. I den atmosfär som uppstår kring en sådan lärare blir eleverna trygga, lugna, otvungna och öppna i sitt sätt. Varje dimension beskrevs sedan i två motpoler, en önskvärd och en

---

25 Hafen et al 2012

icke önskvärd. För dimensionen «Lärarens inkännandegrad» formulerades följande målbild:

Läraren är ständigt medveten om eleverna, särskilt de som behöver extra stöd, hjälp eller uppmärksamhet.
(Pianta 2008)

Motpolen, den icke önskvärda situationen beskrevs som:

Läraren misslyckas ständigt med att vara uppmärksam på elever som behöver extra stöd, hjälp eller uppmärksamhet.
(Pianta 2008)

Med andra ord beskriver deras modell både önskvärda och icke önskvärda beteenden. I själva verket beskrivs ytterligare två situationer mellan motpolerna för varje dimension.[26] Tillsammans bildar de fyra situationsbeskrivningarna för var och en av de femtiotal dimensionerna preciserade nyansskillnader på en skala mellan önskvärt och icke önskvärt. Det är en modell, ett system, som fångar allt av väsentligt värde som kan försiggå i en undervisningssituation. Systemet anpassades till de olika åldersgrupperna. Citaten ovan är hämtade ur så kallade CLASS-enkäter (Classroom Assessment Scoring System). Med en mall på plats och ett fungerande graderingssystem kunde så verkligheten beskrivas i siffror. Varje dimensions motpoler gavs höga eller låga värden, beroende på vilken extrem som ansågs önskvärd. När graderingarna som gjordes på en undervisningssituation summerades utifrån de olika huvudområdena kunde plötsligt en lektions kvalitet beskrivas matematiskt på ett precist och högst relevant sätt.[27]

För att få så hög vetenskaplig kvalitet på forskningen som möjligt utbildades i nästa steg särskilda observatörer vars uppdrag var att granska videoklipp på mellan tjugo och fyrtio minuter från olika klassrum och lärare. Man fann att inspelning av klassrum hade stora fördelar framför ren auskultation. Man

---

26 Allen et al 2013
27 Hamre et al 2013

lät lärarna själva välja vilken undervisningssituation som skulle spelas in. Ett par kameror som kunde fånga det viktigaste hos läraren och eleverna under ett lektionspass sattes upp i klassrummet. Läraren och eleverna tenderade att snabbt glömma kamerorna och därmed blev undervisningssituation så naturlig som möjligt.

Observatörerna genomgick en omfattande utbildning i att utvärdera och bedöma videofilmad undervisning utifrån CLASS-enkäterna. För att försäkra sig om att observatörerna bedömde samma situationer på samma sätt examinerades de innan de tilläts utvärdera på egen hand. Observatörerna sattes då att bedöma samma undervisningssituationer, och toleransen för skillnader i bedömningsresultaten var mycket låg. Följaktligen försäkrade man sig om att observatörernas bedömningar av en och samma undervisningssituation var i stort sett identisk. Detta förutan, hade studierna snabbt förlorat i vetenskaplig kvalitet. Hundratals observationer blev tusentals. Idag har över 5 500 observationer på undervisning utförts i och utanför USA, hela vägen från förskolan upp till gymnasienivå. Naturligtvis skiljer sig dimensionerna och deras situationsbeskrivningar åt beroende på åldersgrupp, men likheterna är stora oavsett utbildningsnivå.

Slutligen var det dags för Pianta och Hamre att pröva sin egen modell, interaktiv undervisning, mot andra liknande modeller, för att se om deras antaganden och deras forskning höll måttet. Det hade ju naturligtvis kunnat vara så att de helt hade missat något viktigt huvudområde, utöver de tre de redan inkluderade i sin modell. Det hade också kunnat saknas viktiga dimensioner i något huvudområde, eller så hade kanske andra fel smugit sig in. Resultaten av alla de observationer de hade hunnit göra vid denna tid, närmare tvåtusen (främst på förskola och lågstadium), matades in i datorer.

Alla dessa inspelade observationer undersöktes även med liknande analysmodeller. En handfull olika vedertagna analysmodeller användes för att utvärdera undervisningen i de tvåtusen observationerna. Modellerna skilde sig åt avseende vilka variabler som inkluderades och hur variablerna graderades. I nästa steg jämfördes resultaten från de olika analysmodellerna med de observerade elevgruppernas studieresultat. Det visade sig att den interaktiva undervisningen var överlägsen de andra modellerna i att förklara varför vissa elevgrupper lärde sig mer än andra utifrån hur läraren undervisade. Piantas och Hamres beskrivning av vad kvalitativ undervisning innebar klarade lackmustestet med bravur. Under åren som följde nagelfors deras studier av forskare från hela världen utan att brister av värde kunde identifieras. Även Världsbanken kom fram till samma slutsats vid en genomgång av modellen.[28] Idag har Robert Pianta och Bridget Hamre utvecklat denna verksamhet. Utöver sitt arbete på universitetet har de grundat och är verksamma i företaget Teachstone, som på konsultbasis hjälper skolor och lärare i många länder att förbättra undervisningen.[29]

Den uppmärksamme läsaren invänder kanske här, att hur bra barn presterar på olika prov, har med många fler faktorer att göra än just de som ingår i den interaktiva undervisningsmodellen. Iakttagelsen är självfallet helt korrekt. Det är exempelvis vida känt – och belagt i forskningsstudier – att ett barns hemförhållanden, både vad gäller antal böcker i hemmet, föräldrarnas utbildningsnivå och familjens ekonomiska och sociala omständigheter i övrigt, är av betydelse för hur barnet kommer att prestera i skolan. Det vedertagna sättet att renodla orsakssamband inom många olika vetenskapsdiscipliner kallas faktoranalys. Enkelt uttryckt går denna statistiska metod ut på att beskriva hur observerade faktorer som har ett samband (här undervisningens kvalitet och studieresultat) varierar med andra icke observerade omkringliggande faktorer (här exempelvis socioekonomisk bakgrund). Även – och detta är viktigt – påverkan av att olika ämnen undervisats i de klassrum som observerats, togs med i faktoranalysen. Om en omkringliggande faktor påverkar de variabler man observerar, behöver man ta hänsyn till detta, innan man drar några slutsatser. Man skulle kunna säga att man med faktoranalysen kan rangordna vad som är viktigast och mindre viktigt.

Efter genomförd faktoranalys kunde Pianta och Hamre konstatera att deras resultat stod sig – det är undervisningens kvalitet, det vill säga mötet mellan läraren och eleven – som är viktigast för om ett barn eller en elevgrupp presterar bra i skolan. Ett antal olika omkringliggande faktorer analyserades,

28 World Bank Group 2017
29 teachstone.com/international/

såsom språk, etnicitet, skolämne, socioekonomisk bakgrund och elevernas upptagningsområde, men inget av detta ruckade på forskarnas slutsatser. Det är undervisningens kvalitet som avgör. Med andra ord: det var den enskilde lärarens insats som var viktigast för elevernas prestation, och ingenting annat. Detta understryker ännu en gång min slutsats från föregående kapitel, att vi lärare har ett i sanning viktigt uppdrag i samhället.

Att observera den egna undervisningen

Jag uppmuntrar läsaren som har energi i att fördjupa sig i CLASS-verktygens uppbyggnad och användning att söka vidare i denna boks källförteckning. Min erfarenhet är, att medan dylika observationsverktyg i händerna på utbildade forskare eller observatörer är synnerligen värdefulla för deras ändamål, är de ganska svårjobbade instrument för mig som undervisande lärare. Skolinspektionen använder liknande observationsverktyg som används ibland av exempelvis rektorer. Är man inte ytterst insatt i verktyget ifråga och själv skicklig på att undervisa (vilket få rektorer är), kan effekten bli negativ. Dels riskerar man angripa fel saker i fel följdordning och dra fel slutsatser, dels kan mottagaren av observationen få en felaktig bild av den egna undervisningen. Jag anser att enkelheten är en dygd i sammanhanget och att mentala checklistor är betydligt mer precisa och effektiva för våra ändamål. Observationsinstrument som CLASS är avsedda för tränade observatörer som med minutiös noggrannhet analyserar ett videoklipp om 15–20 minuter på en undervisningssituation. Den mentala checklistan kan appliceras på verkligheten direkt, i den egna eller en kollegas undervisning. Det enda som krävs är att man är omsorgsfull när man memorerar den mentala checklistan och verkligen kan och förstår det som ska analyseras utifrån den interaktiva undervisningens krav. Detta innebär normalt att man analyserar en begränsad del i taget. Exempelvis att man tittar på ett huvudområde, kanske bara ett par dimensioner inom detta huvudområde, åt gången under en auskultation.

John Hattie och Robert Pianta

Den minnesgode skulle här kunna invända att en liknande ansats gjordes för några år sedan. När John Hattie kom med sin bok Synligt lärande togs den emot med öppna armar av den problemridna svenska skolan. Eller åtminstone av vissa huvudmän, inte minst Sveriges Kommuner och Landsting (SKL) som höjde den till skyarna. Äntligen var skolans heliga graal funnen (Times Educational Supplements egna ord). Fil.dr. John Hattie är, precis som sina amerikanska kollegor, psykolog i botten och innehar idag en professur i pedagogisk psykologi vid University of Melbourne i Australien. I sin bok sammanställde han 800 metastudier vilka i sin tur kombinerar 50 000 mindre studier av en rad faktorer som förväntas påverka lärande. Slutligen lät han rangordna effekten av dessa lärandefaktorer hos eleverna utifrån korrelationen (sambandet) mellan faktorn och lärandet. Några av de högst rankade faktorerna är: betyg och förväntningar, formativ bedömning, lärarens tydlighet, ömsesidig undervisning och återkoppling.[30] Utan tvekan har Hatties arbete haft en stor inverkan på skolforskningen under det senaste årtiondet, både här hemma och internationellt. Centralt i hans teser är sökandet efter faktorer som de facto påverkar elevernas lärande. Lärandet i sig är den centrala, oberoende variabeln i hans resonemang.

På ytan är likheterna mellan Hatties forskning och den interaktiva undervisningen påtagliga. Både det synliga lärandet och interaktiv undervisning bygger på utbildningspsykologisk teori och kvantitativ evidensbaserad forskning. Ännu viktigare, båda forskningsområdena slår sig in på att kartlägga vilka faktorer som skapar ökade elevprestationer. Dessutom är interaktiv undervisning och synligt lärande i stort samtida i både tid och rum, samtidigt som resultaten vuxit fram parallellt från åren kring millennieskiftet och framåt.

En lite närmare granskning blottlägger dock några fundamentala skillnader mellan Robert Piantas och John Hatties studier. Det synliga lärandet är en metastudie där otaliga underliggande studier aggregerats. Dessa studiers eventuella brister diskuteras mer nedan. Den interaktiva undervisningen å

---

30 Hattie 2011

andra sidan, bygger direkt på egna observationer och analyser av tusentals klassrum. Jag menar att man redan här med fog kan sätta ett frågetecken kring många av Hatties ganska svepande slutsatser. Att summera data från tiotusentals undersökningar är vådligt, av flera skäl. Viktigast är kanske att man kan ifrågasätta om validiteten (alltså giltigheten i statistiken, om man verkligen mäter det man avser mäta) och reliabiliteten (avser tillförlitligheten, om mätresultaten blir desamma vid upprepade mätningar) i alla dessa undersökningar håller lika god statistisk kvalitet. Möjligen är det så, men om kvaliteten skulle variera det minsta påverkar felkällorna, om de summeras, slutresultaten på ett ganska dramatiskt sätt. Ett motargument skulle kunna vara att man justerat för felkällor i de matematiska modeller man använt när resultaten summerats. Och visst kan det stämma, men att man på detta sätt skulle kunna nå samma signifikans i Hatties studie, som om han utfört alla observationer i egen regi, är svårt för att inte säga omöjligt att tro.

Synligt lärande blir snabbt en ganska avskalad och matematisk övning mellan korrelationskoefficienter och rankning, vilket gör den ganska svårtillgänglig för en läsare som inte är van vid regressionsanalys. Den interaktiva undervisningen har då enkelhetens fördel. Istället för dussintals faktorer som diskuteras, säger denna forskning att om en lärare ägnar sig åt att skapa bra relationer och möten med eleverna i klassrummet, och om samma lärare ser till att klassrummet håller god ordning samt att eleverna utmanas intellektuellt ideligen, ja, då ökar lärandet och elevprestationerna. Pianta går till och med ett steg längre och specificerar just mötet mellan läraren och eleven som den enskilt viktigaste faktorn bakom lärandet.

> Annorlunda uttryckt, verkar det inte på oss som att de centrala problemen i skolreformer är läroplaner, skol- eller klasstorlek eller prestationsbedömningar, utan snarare i vilken utsträckning lärarna stöds i att interagera med elever och skapa relationer som engagerar dem att lära och utvecklas.
> (Pianta et al 2012)

Hatties resonemang och slutsatser blir, om än i sak sannolikt korrekta och viktiga, svårtillgängliga för många lärare. Man ser inte skogen för träden, skulle man kunna uttrycka saken. Man skulle kunna argumentera för att

Hatties idéer har haft större betydelse för den akademiska diskussionen i forskarvärlden, än den har haft för landets lärare och elever ute i klassrummen. Exempelvis är Hatties idéer angående attityder (mindframes) hos lärare, som främjar lärandet hos deras elever, nio till antalet. Var och en av dessa attityder är belagd sedan år för sin betydelse för lärande. Få är nog de lärare som kan hålla nio attityder aktiva i medvetandet samtidigt som de ska undervisa trettiotvå elever. Ännu mer komplex blir situationen för den lärare som vill omsätta Hatties rankning av faktorer som påverkar lärandet (uttryckta som korrelationskoefficienter). Han presenterar en topplista över hundratals viktiga faktorer som ger effekt på lärandet. För en ambitiös lärare blir dock topplistan en svårtillgänglig blandsallad av faktorer. Ska jag som lärare välja att bli tydligare (teacher clarity), introducera diskussioner i mitt klassrum (classroom discission) eller ge återkoppling (feedback) först? Viktiga följdfrågor kommer som ett brev på posten: Hur vet jag när jag är tillräckligt tydlig eller att diskussionen verkligen ger ett ökat lärande?

Styrkan i den interaktiva undervisningen är att den helt inriktar sig på arenan där lärandet faktiskt skapas: klassrummet. I klassrummet fokuserar Pianta och hans kollegor fullständigt på det som bevisligen skapar lärandet, mötet mellan läraren och eleven. Som en jämförelse handlar Hatties forskning om generella tekniker, som självbedömning eller kognitiv acceleration, snarare än lärarens direkta betydelse genom den undervisning hen bedriver. Det finns sällan någon motsättning i sak mellan vad Hattie hävdar och resultaten i den interaktiva undervisningen. Den avgörande skillnaden är att Piantas forskning påvisar att läraren, lärarens undervisning och mötet mellan läraren och eleven är det som först och främst avgör lärandet. Givet att relationen mellan läraren och eleven fungerar, är exempelvis tydlighet och återkoppling viktiga komponenter, precis som Hattie menar. Man skulle kunna uttrycka det som att Hattie plockar fram enskilda delar, detaljer, som har visat sig ha effekt på lärandet. Den interaktiva undervisningen, å andra sidan, handlar om undervisningens DNA, dess byggstenar. Genom att observera 5 500 klassrum med samma mall och sedan jämföra observationsresultaten med elevernas prestationer, har de viktigaste faktorerna för lärande kunnat fastslås. Effektiv undervisning som ger ett ökat lärande består av tre byggstenar: emotionellt stöd, klassrumsorganisation och undervisningsstöd.

Alla tre delar behöver finnas med samtidigt för att lärandet verkligen ska förstärkas och ingen byggsten klarar detta av sig själv.

Annorlunda uttryckt, Hattie lyfter fram olika effekter, inte sällan med en relativt hög detaljeringsgrad, och menar att dessa ger ett högre lärande. Pianta hävdar istället att det är undervisningen och mötet mellan läraren och eleverna som primärt skapar lärandet. Effektiv undervisning behöver innehålla emotionellt stöd, klassrumsorganisation och undervisningsstöd – samtidigt. Först i nästa steg, som diskuteras i kommande kapitel, introduceras olika metoder och tekniker, därav många av de faktorer som Hattie lyfter fram. För en undervisande lärare innebär detta att den interaktiva undervisningen snabbt och enkelt kan omsättas i undervisningen och ge påtagliga resultat i lärandet hos eleverna. Piantas forskning beskriver detta som önskvärda målbilder i klassrum. Att eleverna är öppna och nyfikna och positiva, exempelvis. Samtidigt beskrivs den önskvärda målbildens motsats. Att eleverna är rent ut negativa och ointresserade. En lärare som vill utveckla sin undervisning, kan med lätthet ha en handfull sådana målbilder med sig in i sitt klassrum och omsätta dem i praktiken. Vissa målbilder är naturligtvis enklare att förverkliga än andra. Strategier och tekniker för att skapa en interaktiv undervisning utifrån dessa målbilder, diskuteras stegvis och i detalj i kommande kapitel.[31] [32]

Självfallet finns det, utöver John Hatties arbete, andra böcker som belyser undervisningen i våra klassrum utifrån olika perspektiv. Min uppfattning av den undervisningslitteratur som jag läst, ofta skriven av skolforskare med mångårig erfarenhet, är att den berikar skolfrågan i allmänhet och diskussionen om vår undervisning i synnerhet. Mycket av litteraturen kring undervisning, kollegialt lärande och ledarskap i klassrummet innehåller spännande idéer och teser kring hur vi kan förbättra skolan. Min enda invändning är att alla de goda antaganden som återges i litteraturen ofta saknar evidens. Detta innebär att författaren och hens medforskare **antar** att en viss fråga förhåller sig på ett visst sätt. Kanske har man gjort ett dussintal djupintervjuer, ibland

---

31 Hattie 2008
32 Hattie 2017

kompletterat med observationer, men detta är långt ifrån nog för att kunna bevisa bortom varje rimligt tvivel att författarens teser är sanna i något objektivt evidensbaserat hänseende. Visst, det kan utan tvivel vara så att forskarna har rätt i sina antaganden, men **veta** kan varken de eller vi läsare. Och undervisningen i våra skolor är alltför avgörande för att vi på bred front ska göra några förändringar och testa nya grepp utan att i förväg veta – bortom rimliga tvivel – att förändringen faktiskt löser de problem den är tänkt att lösa.

Vi hade vägrat att ge våra barn en ny medicin om vi inte visste i förväg, att den testats på föreskrivet sätt för läkemedel (vilket för övrigt är en rigid vetenskaplig process som tar år att genomföra). Vi hade inte serverat våra barn mat, om vi inte visste att maten med alla tillsatser var fullt tjänlig, just genom att den testats vetenskapligt. Lika olämpligt är det att utsätta våra barn för undervisningsmetoder som inte bygger på vetenskaplig grund och beprövad erfarenhet. Den interaktiva undervisningen erbjuder just en sådan vetenskapligt prövad metod, testad i varje liten enskildhet och granskad av skolforskare världen över. Med den interaktiva undervisningen vet vi att vi erbjuder en undervisning av högre kvalitet som ger ett ökat lärande.

Visst, den uppmärksamma läsaren kanske ställer sig den i sammanhanget fullt befogade frågan: Är verkligen den interaktiva undervisningen den ultimata lösningen på hur vi behöver arbeta i våra klassrum? Naturligtvis existerar inga ultimata lösningar. Men den modell på vilken den interaktiva undervisningen är baserad, med de tre huvudområdena, har visat sig överlägsen andra modeller som bedömer undervisning. Dessa huvudområden kommer att förändras till innehåll och kanske öka i antal över tiden, varefter man samlar ny erfarenhet och studierna och observationerna växer i antal. Ingen sanning är evig. Om vi kokar ner den interaktiva undervisningen till dess avskalade budskap, vad den egentligen försöker säga oss, bevisar den, enkelt uttryckt, att den lärare som odlar bra relationer med alla elever och är lyhörd i klassrummet, samtidigt som hen etablerar en bra ordning och struktur, samtidigt som hen leder ett ständigt samtal som utmanar eleverna intellektuellt, kommer lära eleverna mer för varje lektion, än vad som annars hade varit fallet. Detta påstående får nog anses bevisat bortom varje rimligt tvivel. Och jag skulle tro att man få leta länge efter den lärare som inte håller med om påståendet, utifrån sig egen erfarenhet.

En annan observation jag gör, är att många av de pedagogiska idéer som florerar på våra skolor idag, tankar som också har sitt ursprung i den undervisningslitteratur jag tidigare diskuterade, såsom relationsbaserad pedagogik, effektiv undervisning, lågaffektivt bemötande, elevinflytande och så vidare, alla är inbegripna i den interaktiva undervisningen. Vad Robert Piantas forskning ger oss är ett ramverk, en helhetssyn, och därigenom en ökad förståelse för en uppsjö olika faktorer som enskilt, men ännu viktigare sammantaget, skapar en bättre undervisning och därigenom ett bättre lärande. Det är inte tankar som motsäger varandra, utan idéer som stärker varandra.

Sammanfattning Kapitel 2

- *Klassrum är komplexa sociala system och relationen mellan eleverna och läraren är av avgörande betydelse därför att mötet mellan läraren och eleven är centralt för lärandet*
- *Effektiv undervisning kan beskrivas utifrån tre huvudområden: emotionellt stöd, klassrumsorganisation och undervisningsstöd*
- *Alla tre huvudområden behöver finnas i undervisningen samtidigt*
- *Den interaktiva undervisningen beskriver önskvärda och icke önskvärda situationer i undervisningen*

Kapitel 3. Vägen till klassrummet

Det är över tio år sedan jag lämnade mitt liv som företagsledare på IKEA och skrev boken Sanningen om IKEA. Den blev fort en internationell bästsäljare och översattes till ett tjugotal språk. Boken är till dags dato den enda som initierat och på djupet kritiserat IKEA inifrån och ut. Man kan naturligtvis tycka vad man vill om att en före detta medarbetare som stod ledningen nära, gav uttryck för en öppen kritik om företagets bristfälliga miljöarbete, kvinnosyn och andra, i min mening, angelägna frågor. Men båda besluten, att efter tjugo år lämna en karriär och att författa en utlämnande bok om det företag jag kallat mitt hem, krävde rejäla portioner mod, integritet och en obändig vilja att låta det goda samvetet vinna.

Å andra sidan har jag både IKEA och boken att tacka för att jag blev lärare. Idag går det år mellan att jag ägnar mitt förflutna en tanke. Jag är ständigt så uppslukad av nuet, min lärarroll och min undervisning, att dåtiden ter sig avlägsen, för att inte säga irrelevant. Om IKEA-boken handlade om att kritiskt beskriva min före detta arbetsgivare med hopp om att åstadkomma en förbättring inom företaget, så handlar den här boken om något i alla fall delvis helt annat. Likheten mellan böckernas syften är att båda är skrivna i avsikt att skapa en förändring.

Fast denna gång är förändringen av en helt annan karaktär. Med denna bok vill jag först och främst locka fram en initierad diskussion mellan oss lärare om undervisning och om undervisningens kvalitet. Även om jag naturligt nog är övertygad om den interaktiva undervisningens storhet och godhet, vilket jag tror och hoppas att mången läsare också blir, så är mitt syfte alls inte att övertyga dig om att följa alla de råd och dåd som boken innehåller. Forskningen är en sak. Jag har försökt att efter bästa förmåga, och så sakligt som möjligt, populärvetenskapligt återge forskningen bakom den interaktiva undervisningen. Det arbetande ordet i den föregående meningen är *populärvetenskapligt*. Föreliggande rader är inte vetenskapliga i den meningen att jag själv systematiskt forskat mig fram till dem. Istället försöker jag objektivt återge vad andra, i min mening briljanta forskare, har funnit när de studerat undervisning. Boken behöver tvunget vara populärvetenskaplig eftersom jag inte är utbildningspsykolog. Jag betraktar och processar och reflekterar över forskningsresultaten utifrån den undervisande lärarens perspektiv. De frågor som jag söker svar på är exempelvis: Vad innebär resultaten konkret i ett klassrum? Hur går de att omsätta i praktiken? Känner jag igen det forskarna redovisar i min egen verklighet?

För transparensens och diskussionens skull har jag noga angett mina referenser och källor i de avsnitt som behandlar forskningsresultaten. Den intresserade kan därför enkelt läsa vidare bland de studier på vilka den interaktiva undervisningen vilar. Stora delar av boken återger i egentlig mening bara Piantas och Hamres och en rad andra kollegors studier rakt upp och ner. Där beskriver jag vad forskningen anser viktigt, ja oumbärligt, i undervisningen.

Det är bokens andra delar jag syftar på, där jag tolkar forskningsresultaten och söker utifrån egen och andras erfarenheter diskutera olika metoder och strategier för att uppnå just det som interaktiv undervisning efterfrågar. Dessa avsnitt är min tolkning och erfarenhet av interaktiv undervisning i klassrummet. Det krävs en initierad och saklig diskussion där vi delar med oss av egna analyser och erfarenheter kring metoder och strategier för att höja undervisningens kvalitet i våra klassrum. Om det är något jag önskar av denna bok så är det att jag själv blir en klokare och bättre lärare genom dessa viktiga diskussioner. Klassrummet är så pass komplext att en enda metod eller strategi naturligtvis inte kan fånga hela denna komplexitet. Ansträngningen att höja kvaliteten i undervisningen behöver vara ömsesidig. Vi behöver både ge och ta i en saklig diskussion. Med andra ord ska uttrycket populärvetenskapligt inte tolkas som pseudovetenskapligt, vilket ibland sker. Inget kan vara mer fel. Låt mig citera Skolverket kort:

> Den populärvetenskapliga artikeln är en utredande text som på ett lättsamt och begripligt sätt beskriver ett vetenskapligt ämne.
> (Populärvetenskaplig artikel, skolverket.se)

En populärvetenskaplig text erbjuder därför ett stoff som är lättare att närma sig och omsätta i praktiken.

En annan ambition, måhända mer vag i konturerna och mer indirekt, är att jag med dessa rader och påföljande diskussioner vill bidra till att höja vår egen yrkesstolthet. Vi har världens viktigaste yrke, menar jag med emfas, och vi behöver bli bättre på att belysa och vara stolta över detta faktum. Det är bara du och jag och våra kollegor som behärskar undervisningens konst. Alla utomstående har en uppfattning om vad som bör ske i den svarta lådan, men det är bara du och jag som vet vad man kan, bör och måste göra för att leverera en kvalitativ undervisning.

Att känna sig fullärd är, hävdar jag, fel ingångsvärde när man går in i ett klassrum. Även om jag med åren insett att jag är en omtyckt, respekterad och skicklig lärare, så vet jag samtidigt att jag kan bli bättre på alla områden i min undervisning. Bara sedan jag för ett par år sedan påbörjade min resa med den interaktiva undervisningen, så har jag stadigt förbättrat lärandet hos mina elever. Det är svårt att ange en procentsats för hur pass mycket bättre, men jag skulle utan vidare ange en betydande förbättring (märk väl att detta är min subjektiva bedömning av min egen undervisning). Och då ansågs min undervisning av kollegor, elever och rektorer som riktigt bra före detta. Precis samma utveckling har jag sett hos kollegor som jag arbetat med under resans gång. Man blir en bättre lärare av att använda den interaktiva undervisningen därför att man blir medveten om vad som krävs och får en gemensam vokabulär att diskutera undervisningen med.

När det skenbart enkla uppfattas som banalt

Under min barndom och ungdom var lärare högt respekterade auktoriteter, betalda i paritet med riksdagsledamöterna. Idag är det svårt att hitta tillräckligt många ungdomar som vill viga sina liv åt att utveckla landets barn och unga. Det är självfallet inte bara vetskapen om mager ersättning som får unga potentiella lärarkandidater att välja andra karriärvägar, även om det säkert spelar in. Jag menar att ett av de centrala problemen vid rekryteringen till skolan, samt för alla oss som arbetar i skolan, är att vårt yrke uppfattas som ganska enkelt. Banalt för att använda ett lite mer precist begrepp med synonymer som alldagligt och trivialt. Bakom denna attityd döljer sig inte sällan välmenande skolpolitiker, skolexperter, tjänstemän, skribenter och ibland även föräldrar. I sin iver att ställa tillrätta vad de uppfattar som problemen i skolan, vet deras lösningar och pekpinnarna inga gränser. Men nästan alltid är denna omtanke om oss och om skolan missriktad. När allt kommer omkring är deras enda kvalificerade erfarenhet av undervisning och skolans värld normalt falnande minnen från den egna skolgången, och då som elever. Med dessa minnen som enda grund försöker de lösa problem som till sin natur är komplexa och mångbottnade. Ibland är det som uppfattas som problem av dem, inte ens det.

Någonstans i all denna välvilja om skolan har förtroendet för oss lärare och vår yrkeskompetens börjat urholkas. I annat fall hade våra uppdragsgivare gjort som brukligt är, gett vår verksamhet mål, resurser och ramar, men låtit oss (vi lärare som besitter kompetensen) arbeta i lugn och ro, för att reda eventuella problem. Att reda upp svårigheter på egen hand är ett förtroende som motsvarande offentliga verksamheter, såsom sjukvården, omsorgen eller polisen brukar få. Så inte skolan. Många tycks veta bra mycket bättre än vi lärare hur vi ska utföra våra arbetsuppgifter. För vårt jobb uppfattas inte sällan av vår omgivning som banalt. Det är i sig problematiskt av många skäl. Ett av dessa är att det är helt felaktigt.

Ett klassrum är ett på djupet komplext sammanhang, som jag tidigare diskuterade. Hur man uppfattar den undervisning som sker i klassrummet skiljer sig markant beroende på vems perspektiv man väljer. En elev uppfattar en lektion på ett helt annat sätt än en lärare. Ur lärarperspektivet innebär undervisning alltid noggrann planering före själva lektionen och ett oumbärligt adrenalinpåslag när du väl går in i klassrummet och glatt hälsar dina trettio adepter välkomna. Du vet att den närmsta timmen kommer att kräva en absolut sinnesnärvaro av dig, där alla dina sinnen är påkopplade i skarpt läge. Minsta vink, minsta signal måste uppfattas, analyseras, bedömas för att slutligen, inom tidsramen för samma ögonblick, förkastas som mindre viktigt eller omedelbart åtgärdas. Bara ett omdöme som formats och kalibrerats under tusentals lektioner att fatta rätt beslut. Beslut om vem du ska fråga, när du ska reagera, hur du ska fråga, om du ska godta ett svar eller lämna en omedelbar återkoppling, exakt hur den återkopplingen ska låta, om du ska godta ett viskande samtal längst bak i klassrummet eller reagera och hur och när du i så fall ska reagera. Varje lektion består av hundratals sådana mikrobeslut som ska fattas, med vägledning av ditt omdöme, inom delar av en sekund. För i klassrummet är tajmingen allt. Du har med andra ord vid varje enskild lektion hundratals möjligheter att göra fel och lika många att göra rätt. Varje sådant mikrobeslut kräver avväganden byggda på erfarenhet och sunt förnuft (sunt förnuft som i förståndigt, klokt, omdömesgillt). Många av dina beslut leder till resoluta handlingar som alla kräver mod (att tillrättavisa någon är alltid obehagligt och att lämna återkoppling till en elev är vid varje tillfälle en ytterst delikat uppgift), men måste utföras för att du ska lyckas med din lektion.

Alla dessa hundratals mikroprocesser löper parallellt i din hjärna och i ditt hjärta samtidigt som du ska undervisa i ett ämne som du förvisso behärskar på djupet, men som till sin natur är så pass komplext att de flesta vuxna skulle ha svårt att hänga med. Utan att tappa fokus ska du fortsätta presentera, fråga, diskutera, vrida och vända på svaren, ge återkoppling, berömma, hjälpa och stödja, konversera med och, inte minst, se och möta var och en av de trettio eleverna. På sextio till sjuttio minuter.

Om du gör rätt på alla hundratals punkter så uppstår ett betydande lärande hos eleverna. Det mål för vad de skulle lära sig som du satte upp för dem före lektionen har de, tack vare din närvaro, lyckats lära sig. Gör du fel på någon eller några punkter så skadas lärandet. Hur mycket beror på exakt hur du gjorde fel. Detta är, enkelt uttryckt, att undervisa.

Vårt yrke är med andra ord allt annat än trivialt, vilket innebär att om man inte är en utbildad och erfaren undervisande lärare, så vet man egentligen inte särskilt mycket om vad som försiggår i skolan eller i klassrummen. Man kan, för att vara uppriktig, inte undervisa. Man förstår inte hur lärande uppkommer i ett klassrum. Skulle en utomstående väl bestämma sig för vårt yrke, så har hen åtminstone sju till åtta år av utbildning och praktisk undervisning, innan hen behärskar det scenario jag beskrev ovan.[33]

---

33 Pianta et al 2012

Alla människor som är vid sina sunda vätskor aktar sig noga för att kritisera sin läkare eller göra självdiagnoser genom Google. Är vi missnöjda med en behandling, ett bemötande eller en diagnos byter vi sonika läkare eller går till en annan för en kompletterande undersökning. Normalt kan vi alldeles för lite om människokroppen, dess funktion, läkemedel eller aktuell forskning på området för att ha ett informerat förslag till lösning. Det tar uppåt åtta år att bli läkare.

Inte heller skulle vi komma på tanken att tala om för piloterna som är i färd med att flyga hem oss från semesterorten vilka vägar de ska ta eller vilken hastighet de ska hålla. Det tar ju i alla fall sju till åtta år att bli färdig pilot för trafikflyg av det slaget. Inte heller skulle vi kritisera advokaten för valhänta råd eller tala om för hen exakt hur juridiska problem ska lösas (om vi inte själva skulle ha en jur.kand.). För att få titulera sig advokat krävs nämligen i storleksordningen åtta till nio års studier och praktik.

Vi lärare har med andra ord väldigt många anledningar att vara stolta över vårt yrke och möta pekpinnar och kritik från (okunniga) utomstående rakryggade. Återkoppling är alltid välkommen, men från dem som inte är kollegor behöver vi mål, ramar och resurser, inte lösningar. Däremot kan vi alltid utveckla och förbättra vår undervisning. Och vi måste alltid vara beredda att ödmjukt diskutera resultaten av det vi gör i klassrummen, med alla utomstående.

Att knäcka koden till undervisningens svarta låda

Ingenjörer beskriver ett system vars input- och outputbeteenden är kända, men vars inre mekanik annars är okänd, som en svart låda. När en maskin fungerar som den ska ... behöver man bara fokusera på dess input och output, och inte på dess inre komplexitet. (Inside the Black Box, Ethan Hein Blog)

Länge har man betraktat svenska klassrum som svarta lådor, något märkligt hokus pokus ska ske där inne bakom den stängda dörren. In genom dörren till klassrummet går eleverna, för att en timme senare komma ut fullspäckade med kunskaper och förmågor. Precis som i citatet ovan verkar ingen, varken i skolan eller utanför, ha funderat särskilt mycket på vad exakt som händer i ett klassrum för att lärande ska uppstå. När PISA-resultaten kom och skolan gick från krisområde till katastrof till krisområde igen. Trots alla denna frustration har ingen, förutom tusentals duktiga kollegor på skolor runtom i landet, lyckats knäcka koden till undervisningens svarta låda. Kollegorna har många gånger gjort detta intuitivt. Man märker efter ett antal år vad som fungerar och vad som inte fungerar.

Robert Pianta och Bridget Hamre knäckte med den interaktiva undervisningen koden till undervisningens svarta låda, till lärandet i klassrummet. Med vetenskaplig precision, efter över ett årtionde av forskning, kunde de de facto säga *vad* som behöver hända i ett klassrum för att optimalt lärande ska uppstå. De kan rimligen påstå sig veta, för de har ju systematiskt och metodiskt observerat, mätt och jämfört tusentals klassrum. Det är just detta faktum som är pudelns kärna i den interaktiva undervisningen – att vi faktiskt vet vad vi behöver uppnå i klassrummet. Vi behöver simultant få tre huvudområden, emotionellt stöd, klassrumsorganisation och undervisningsstöd, att fungera hos alla trettio elever samtidigt. Dessa tre huvudområden kan indelas i ett antal olika dimensioner. Varje dimension har sedan en sjugradig skala mellan två extremer: önskvärd situation och icke önskvärd situation. Målet behöver vara nyfikna och energiska elever som öppet och chosefritt kastar sig över vår undervisning. Hela tiden med stor hänsyn till varandra, till läraren och till ordningsreglerna. Där en lärare ideligen, genom att utmana klassen med ytterligare frågor och diskussioner, höjer tankeverksamheten och energin ännu ett par snäpp. Robert Pianta beskriver ett välfungerande klassrum som «en väloljad maskin».[34]

Som vi har sett var de amerikanska forskarna inte först med att försöka förstå lärandet i klassrummet genom etablerade psykologiska modeller. Däremot är deras angreppssätt med att studera tre olika huvudområden samtidigt det som dels bäst förklarar vad som krävs för att optimalt lärande ska uppstå,

---

34 Hamre et al 2012

dels bäst förutsäger elevprestationer utifrån observerad undervisning. Resultatet av deras arbete innebär att undervisning för första gången sakligt kan indelas i bra och dålig undervisning, utifrån vilket lärande som uppstår i klassrummet. Undervisning kan med ens bedömas objektivt.

En styrka med den här boken är att den detaljerat, lättförståeligt och heltäckande presenterar och diskuterar den interaktiva undervisningen i alla dess delar. En annan styrka hos boken är att den är unik i att skildra detta forskningsområde. Det finns alltså ingen annan bok på tyska, svenska eller engelska som gör samma sak, mig veterligen. Så fort jag insåg värdet av Piantas och Hamres arbete skred jag till verket och började läsa in mig på de studier som tillsammans bildar den interaktiva undervisningen. De fortsatte med att skriva för att göra deras landvinningar lättillgängliga, för mig själv så väl som för alla kollegor. Parallellt med detta arbete, fortsatte jag naturligtvis undervisa och kunde följa hur min egen undervisning utvecklades över tiden. Dessutom arbetade jag i projektform med kollegor för att gemensamt och individuellt utveckla vår undervisning på den skola som jag arbetade på då. Vi varvade föredrag om den interaktiva undervisningens alla delar, auskultationer och diskussioner. Därutöver handledde jag en handfull VFU-studenter med samma metodik. Undan för undan växte en samsyn kring undervisningen fram och vi började få en gemensam vokabulär. En stor vinst var att en medvetenhet om vad som faktiskt försiggick på våra lektioner växte fram. Vad som var bra och önskvärt både i det lilla och i det mer övergripande. Viktigare än att det önskvärda alltid kunde uppnås, var insikten att de flesta av oss faktiskt gjorde vårt allra bästa för att detta skulle bli fallet. Förändring kräver nämligen både vilja, tid och tålamod.

Det kanske låter enkelt, men vem säger att det är lätt?

Den interaktiva undervisningens stora styrka, är också dess största svaghet. Vinsten med forskningen är att koden till undervisningens svarta låda har knäckts en gång för alla. Vi vet vad som behövs i alla delar i klassrummet. Vi vet varför, eftersom vi förstår alla de intrikata mekanismerna bakom lärandet. Vi vet resultatet: ett förbättrat lärande.

När allt kommer omkring lade Pianta och Hamre och deras kollegor på universitet runt om i världen ner en enorm ansträngning för att dyrka upp undervisningens hemlighet. Tusentals observationer av klassrum över en hel kontinent. I varje klassrum iakttogs eleverna och läraren utifrån huvudområdenas alla dimensioner, som i sin tur nogsamt noterades i skalor och gavs värden. Värdena kompilerades sedan och statistiken analyserades. Resultaten har till och med faktoranalyserats, samkörts med andra modeller och variabler, för att verkligen på djupet fastställa att det som avsågs mätas, var det som faktiskt mättes, och att inga andra kringliggande, skenbart irrelevanta faktorer, påverkade resultatet.

Visst styrkan, djupet och uniciteten i detta enorma arbete är imponerande, men för oss lärare saknas en avgörande pusselbit: svaret på frågan *hur* jag som lärare relativt snabbt och lätt får till alla de önskvärda dimensionerna i mitt klassrum samtidigt, och detta oavsett elevgrupp. Om jag som enskild lärare inte kan ta del av resultaten och överföra dem på min egen undervisning, så är inte mycket vunnet. Då blir resultatet mest en, förvisso mycket intressant, men inte särskilt användbar skrivbordsprodukt. Det är just i detta sammanhang föreliggande arbete kommer in.

Den kanske största fördelen med denna bok är nämligen att den inte bara återger *vad* som behöver ske i ett klassrum för att bästa möjliga lärande ska uppstå. Den utforskar och diskuterar nämligen på djupet *hur* man kan gå tillväga för att skapa interaktiv undervisning. Olika strategier och beprövade metoder för att uppnå den önskade bild av undervisningen, som Pianta beskriver som en väloljad maskin, diskuteras för varje huvudområde och dimension. De tillvägagångssätt jag behandlar är sprungna ur egna och andras erfarenheter.

Några saker, tror jag, är viktiga att betona när det gäller just hur något ska göras i undervisningen. För det första är detta område oftast källan till diskussioner och oenighet. Det ligger i sakens natur, eftersom vad som behöver uppnås, de önskvärda situationerna i klassrummet, alla är vedertagna vetenskapliga faktum. Men vägen dit bygger helt på beprövad erfarenhet. För det andra är vägarna till att uppnå ett önskat tillstånd för en dimension, exempelvis språkbruk eller positivt klimat, otaliga. Exakt hur man gör beror på vilken typ av person man själv är och vilken elevgrupp man undervisar, samt en rad andra faktorer. Det gäller att i diskussioner kring hur man ska kunna gestalta sin undervisning på ett visst sätt, tänka och argumentera sakligt, både med sig själv och kollegor, och inte fastna i dogmer i form av påstådda sanningar som egentligen inte är mycket annat än känslomässigt styrda uppfattningar. Jag tror att det är av vikt att vi lärare i dessa diskussioner «tänker kritiskt»[35], på precis samma sätt som vi uppmanar våra egna adepter att alltid göra. Med andra ord att vi odlar vår förmåga att analysera, resonera och värdera fakta.

Bokens uppbyggnad

Boken är uppdelad i fem delar. Varje del tar upp ett distinkt område. Del ett, alltså föreliggande rader, behandlar forskningen bakom den interaktiva undervisningen, bakgrunden och tillvägagångssättet samt ger en allmän inledning till boken. Del två behandlar det rollspel som löper som en röd tråd genom den interaktiva undervisningen, nämligen hur samspelet mellan läraren och eleverna behöver se ut. Del tre behandlas det första av de tre huvudområdena: klassrummets organisation och struktur. I nästa del tar jag upp det emotionella stödet, och i den avslutande delen, del fem, diskuterar jag undervisningsstödet.

Varje del innehåller en inledning där jag ofta refererar till och citerar den forskning som ligger bakom området. Därefter presenteras huvudområdets alla dimensioner på djupet. Ofta har jag vävt in relaterade eller för huvud-

---

35 Uppsala Universitets Pedagogiska program 2018

området viktiga utvikningar. Inte minst handlar dessa utvikningar om hur man kan, i vissa fall bör, i något fall måste (enligt min erfarenhet) resonera för att uppnå de idealtillstånd som beskrivs i forskningsstudierna.

Alla källor finns listade längst bak i bokens källförteckning. Nästan alla är öppna källor som den intresserade kan ladda hem kostnadsfritt. Jag rekommenderar framför allt de studier där Robert Pianta och/eller Bridget Hamre är medförfattare, eftersom de är den interaktiva undervisningens grundare och arkitekter. Jag har konsekvent översatt alla citat hämtade ur studierna på egen hand. Detta är av vikt, menar jag, därför att det visar hur jag som författare uppfattat den ursprungliga texten och använt olika fakta för att formulera mina funderingar och slutsatser. På detta sätt har exempelvis facktermer konsekvent fått min egen översättning i denna bok. Teaching Through Interactions har med andra ord blivit «interaktiv undervisning». Alla påståenden eller referat som inte är mina egna tankegångar har jag sökt att konsekvent ge referenser. Dessa kan återkomma senare i samma kapitel eller längre fram i boken utan referens, då jag håller det för troligt att den uppmärksamma läsaren kan navigera sig tillbaks till ursprunget, skulle behovet uppstå. Dessa referenser anges som fotnoter bredvid ordet, meningen, stycket eller kapitlet och återfinns längst bak i boken som en så kallad slutkommentar. Längst bak i boken återfinns sedan en källförteckning.

Så kan du utveckla din undervisning med denna bok[36]

Att läsa en faktaspäckad bok på flera hundra sidor om något så komplext som undervisning kräver kanske en del av läsaren. Boken är hyfsat lättläst och betydligt mindre teoretisk och världsfrånvänt akademisk än andra böcker inom genren. Min absoluta ambition är ju att det den beskriver ska kunna omsättas snabbt och lätt i praktiken. Om din ambition är att bli en bättre lärare genom att lära dig mer om interaktiv undervisning, så bör du, menar

---

36 Allen 2011

författaren, absolut inte gå i den lata elevens klassiska fälla och ta genvägar. Genvägar är senvägar även för oss lärare!

1. **Läs boken ordentligt från pärm till pärm en gång först.** Undervisningsmetodik i allmänhet, och den interaktiva undervisningen i synnerhet, är till sin natur inget smörgåsbord där en intresserad läsare kan plocka lite planlöst bland godsakerna. Interaktiv undervisning handlar om effektiv undervisning som ökar lärandet hos eleverna. Detta ökade lärande kan bara komma till stånd om alla tre huvudområden hänger ihop som tänkt. För att detta ska kunna hända behöver du ha en klar bild över huvudområdena och deras respektive dimensioner. Efter varje kapitel följer en sammanfattning som hjälper dig att repetera det viktigaste av det du läst.

2. **Reflektera självkritiskt över din egen undervisning, dess företräden och svagheter, direkt efter den första lektionen efter genomläsningen.** Då har du boken och den interaktiva undervisningens modeller och principer i färskt minne. Rent generellt har vi lärare olika styrkor och svagheter beroende på vilka vi är, men också beroende på var vi verkar. Som jag tidigare nämnde så kan lärare i Sverige överlag antas vara starkare inom emotionellt stöd än inom de andra två huvudområdena. Det kan därför vara bra att genom en egenanalys utforska var du har din styrka, om du främst är en relationsdriven lärare eller om du föredrar ordning och struktur i klassrummet. Gå igenom lektionen från början till slut i ditt inre, och försök att se hur den gestaltade sig utifrån de tre huvudområdena. Hann du se alla elever och möta dem? Hade du elevernas fulla uppmärksamhet genom hela lektionen? Utmanade du eleverna att tänka längre och djupare med bra dialoger?

3. **Gör en prioriteringslista över de förbättringsområden du ser.** Börja i rätt ända. Du kommer snart att upptäcka och kunna belägga inom vilka huvudområden och dimensioner du har dina styrkor och svagheter. Börja nu med att lista dina brister konkret och specifikt, på dimensionsnivå. Brister uppmärksamheten eller kanske till och med studieron i klassrummet, så notera det. Överst på din prioriteringslista ska de svagheter stå som

påverkar resten av undervisningen mest. Undervisning utan goda relationer och förtroende mellan läraren och eleverna kan inte fungera. Då gäller det att börja med att bygga just relationer och förtroende istället för att få igång samtal som får igång tänkandet och utmanar eleverna intellektuellt. Relationer och ordning och struktur i ett klassrum är fundament som måste finnas för handen först innan lärande på optimal nivå kan uppstå.

4. **Fördjupa dig i de delar du avser att utveckla först.** Gå tillbaka till de kapitel som beskriver det huvudområde och de dimensioner du avser att börja med i ditt utvecklingsarbete. Ta hjälp av sammanfattningen efter varje kapitel, så kan du snabbare navigera dig fram till just de områden du vill utveckla. Reflektera över vilka specifika situationer i klassrummet som är önskvärda enligt den interaktiva undervisningen och med vilka mekanismer som de påverkar lärandet. För att hitta pragmatiska lösningar på de problem som du upplever i din undervisning, är det av vikt att du förstår orsakssambanden. Fundera på de olika förslag jag presenterar. Bedöm sedan argumenten för respektive förslag sakligt och objektivt. Välj därefter en väg som du tror kommer att passa dig i din undervisning för att nå det önskvärda målet.

5. **God förberedelse är halva framgången.** Planera konkreta och specifika strategier. Utgå ifrån de metoder och strategier som beskrivs i kommande kapitel och börja formulera egna. Du behöver en plan för hur du konkret ska gå tillväga för att genomföra en förbättring i ditt klassrum. Ju mer detaljerad planen är desto bättre. Gäller det till exempel hur du ska få igång en intellektuell diskussion kring det område som du för tillfället undervisar, så lista gärna öppna frågor, möjliga svar, fullfjädrade följdfrågor och potentiella tankeväckande sticksspår. Beskriv i detalj hur du tänker att din återkoppling ska ske för att eleverna ska få utbyte av konversationen.

6. **Sätt upp realistiska och konkreta mål.** Att genomföra förändringar tar tid och kräver tålamod. Och att du är snäll mot dig själv. Ett sätt att hjälpa dig själv till förändring är att sätta upp konkreta och specifika delmål, mål du skulle kunna uppnå varje lektion, exempelvis att förebygga ett visst störande beteende i klassen, såsom viskande samtal, eftersom de

hindrar den uppmärksamhet som du eftersträvar. Ett första mål är att ha en plan för hur du ska kunna förebygga sådana samtal. Målet bör vara att störningsmoment inte ska förekomma eller bara i något fall förekommer på din lektion. Om du behöver arbeta med emotionellt stöd, exempelvis din egen mottaglighet för intryck bland eleverna, kan du ha som mål att uppmärksamma en handfull situationer varje lektion. För varje lektion kan du öka antalet tillfällen när du har din mottaglighet påkopplad. Efter några lektioner är din ökade mottaglighet en naturlig del av din undervisning.

7. **Förändra med små steg och i din egen takt.** Förändring tar tid och kräver stora lass tålamod. Planera användningen av dina nya strategier och sätt upp dina mål så att du förändrar din undervisning i små steg, men i rätt riktning. Det gäller att du är absolut konsekvent och håller fast vid det område som du vill förändra under några lektioner, även om något annat kommer emellan. Eleverna kommer medvetet eller omedvetet att uppmärksamma förändringen i din undervisning. Är du konsekvent så kommer dina förändringar snabbt att assimileras in i din undervisning av både dig själv och eleverna. Det är alltså bättre att bara söka förändring inom ett eller ett par avgränsade dimensioner samtidigt, än att förändra mycket. Den som gapar över mycket mister ofta hela stycket. När det du vill förändra har förändrats så till den grad att det går på autopilot i undervisningen – ja, då har du lyckats.

8. **Trägen vinner! Förändringsarbete har några gemensamma nämnare.** Ett: att det tar tid, varför tålamod och envetenhet är oumbärliga egenskaper. Två: att det kräver att du själv är absolut konsekvent och inte tappar fokus ens för en stund. Gör du det blir eleverna förvirrade och det som skulle kunna bli en naturlig del i undervisningen omintetgörs. Tre: ingenting blir som man tänkt sig och innan en förändring blir verklighet i din undervisning, så behöver du troligen göra ett antal fel och efterjusteringar, för att lyckas. Sist men viktigast: ge aldrig upp. Tänk på att de allra flesta elever välkomnar dina förbättringsambitioner eftersom de vill få en bättre undervisning och lära sig mer.

9. **Ta hjälp av kollegor.** Det är betydligt mycket enklare att genomföra förändringsarbete tillsammans med kollegor än ensam. Tillsammans kommer ni att börja bygga upp ett gemensamt synsätt, en vokabulär och, inte minst, lära av varandras medgångar och motgångar. Dessutom ger era gemensamma ansträngningar och diskussioner er en trygghet. Utveckling och förändring kan vara nog så frustrerande och då är kollegor oumbärliga som stöd. Tillsammans kan ni ventilera erfarenheter i lärarrummet efter varje lektion.

10. **Det finns ingen slutdestination.** En viktig insikt är att man egentligen aldrig kan bli färdig med att utveckla sin undervisning. Att få till en perfekt undervisning med alla elevgrupper, varje lektion, år ut och år in är en omöjlighet. Det skulle innebära att varje sekund av ens undervisning var perfekt i förhållande till den interaktiva undervisningens samtliga dimensioner. Men vi är alla människor och vi är stadda i ständig förändring. Nya utmaningar dyker upp när du minst anar det. Arbetet med att utveckla sin undervisning innebär att man som lärare ständigt ser nya saker att ta tag i och bearbeta. Fast det är klart, några ögonblick nu och då i undervisningen kommer att vara perfekt interaktiva. Du vet att din undervisning är interaktiv när den tickar på som en väloljad maskin.

Goda råd till nya lärare

Som ny lärare så finns där utöver allt det ovansagda i detta kapitel, några ytterligare saker att ta med i utvecklingsarbetet. Forskningen visar att lärare under sina första två, tre år är betydligt starkare när det gäller det emotionella stödet, än när det gäller klassrumsorganisation och undervisningsstöd. Detta är naturligt. De flesta som blir lärare var skickliga på social interaktion långt innan de satte sin fot på lärarutbildningen. Följdriktigt börjar man i sitt nya värv med det man redan känner, nämligen den egna sociala förmågan. Detta är alldeles utmärkt för dig och dina elever, så länge som de dimensioner som ingår det emotionella stödet når en önskvärd nivå. Faran är att man som ny lärare fastnar i det emotionella stödet och inte utvecklar sin undervisning vidare.[37][38]

Det finns ett par dimensioner som du bör lägga ganska stor vikt vid under din första tid som lärare. Inom det emotionella stödet ingår konceptet att vara en inkännande lärare, som jag återkommer till i kommande kapitel. I korthet är en inkännande lärare med all sina sinnen mottaglig för vad som försiggår i klassrummet. Det gäller alltså att utveckla närvaron med alla sinnen, och bygga upp en känslighet som gör att du uppfattar även de mest subtila signaler. Men lika viktigt är att du tidigt börjar agera och reagera på de signaler du får. Att du snabbt hjälper elever som behöver stöd och hjälp. Att du snabbt rättar till störningsmoment i klassrummet, genom att reagera eller, helst, genom att förebygga dem helt. Mer därom i kommande avsnitt.

Sammanfattning Kapitel 3

1. *Läs boken ordentligt från pärm till pärm en gång först.*
2. *Reflektera självkritiskt över din egen undervisning, dess företräden och svagheter, direkt efter den första lektionen efter genomläsningen.*
3. *Gör en prioriteringslista över de förbättringsområden du ser.*
4. *Fördjupa dig i de delar du avser att utveckla först.*
5. *God förberedelse är halva framgången.*
6. *Sätt upp realistiska och konkreta mål.*
7. *Förändra med små steg och i din egen takt.*
8. *Trägen vinner! Förändringsarbete har några gemensamma nämnare.*
9. *Ta hjälp av kollegor.*
10. *Det finns ingen slutdestination.*

37 Claessens et al 2016
38 Hafen et al 2014

Del 2.
Rollspelet

Kapitel 4. I ena huvudrollen:
En inkännande lärare

Som vi sett är varje klassrum komplext till sin natur, med myriader av sociala och psykologiska och neurologiska processer som pågår samtidigt, inom och mellan personerna som befinner sig där. I detta kaos behöver läraren skapa någon form av struktur på olika plan för att en god undervisning ska kunna ges. Grunden till denna ordning är de olika roller som läraren respektive eleverna spelar i sammanhanget. Då menar jag inte roller, som i spelade och fabricerade roller, utan vilka aspekter av sig själva som de visar och odlar i klassrummet. För som vi strax ska se så förutsätter interaktionen, samspelet, mellan läraren och eleverna att de hittar sina respektive roller.

En stark relation mellan lärare och elev är nyckeln till positiva akademiska prestationer, ökad skolmotivation och en positiv beteendemässig utveckling... Det är väl etablerat att ungdomar presterar bättre i utmanande men samtidigt stödjande miljöer där de känner en positiv samhörighet.
(Hafen et al 2014)

Det finns åtskilliga bevis från omfattande studier att klassrum där eleverna känner ett starkt emotionellt stöd och som har ett positivt klimat, har betydligt lägre avhopp bland eleverna. Detta uttrycks som:

... när vuxna förser [eleverna med] emotionellt stöd på ett förutsägbart sätt, konsekvent och en i trygg miljö, blir barn mer självgående och kan ta risker då de utforskar världen därför att de vet att en vuxen hjälper dem om så behövs.
(Hafen et al 2014)

Läraren behöver, för att ge en högkvalitativ undervisning där eleverna lär sig så mycket som möjligt, vara «a sensitive teacher», direktöversatt «en inkännande lärare». Och väl i denna roll behöver hen plocka fram och förstärka den vuxna sidan hos sina elever. Alla ungdomar har en vuxen sida, precis som alla lärare (i alla fall de flesta) har en barnslig sida. Det är bara det att de båda bör visa mindre barnslighet och mer vuxenhet i klassrummet för att lärandet ska bli optimalt. Lärarens roll är att successivt, från högstadiet till gymnasiet, i ökande grad förmå eleverna att axla rollen som unga vuxna. Årtionden av forskning visar entydigt att just detta samspel mellan en inkännande lärare och ansvarsfulla elever skapar en lärmiljö där eleverna lär sig som allra mest.[39]

Just begreppet «a sensitive teacher», förtjänar redan här en närmare förklaring, för att det inte ska leda läsarens tanke åt fel håll. Direktöversättningen «en inkännande lärare» ska, enligt Pianta, snarare tolkas som mottaglig, inkännande, uppmärksam och alert, och inte som känslig i begreppet överdrivet känslig eller medkännande.[40] En framgångsrik lärare förväntas vara akut medveten om vad som händer med alla elever i klassrummet hela tiden och tidigt reagera på om något inte fungerar. Om ett moment i undervisningen inte verkar generera avsett lärande behöver hen märka detta i ett tidigt skede, reagera på de små subtila signalerna, och göra något åt det. Likaså om någon exempelvis behöver extra stöd eller stör undervisningen.

Psykologiska landvinningar

Den interaktiva undervisningen vilar på ett flertal psykologiska teorier (teorier som i sin tur bygger på evidensbaserad forskning). En är de utvecklingsteorier som ligger bakom området emotionellt stöd är anknytningsteorin, som forskare som Ainsworth, Bowlby och Pianta utvecklat. I korthet går den ut på att anknytning är ett djupt och bestående känslomässigt band mellan två personer som stärks över tid och rum. Anknytningen behöver inte vara ömsesidig. Denna modell har bildat skola inom psykologin under årtionden.

---

39 Hafen et al 2014
40 Hamre et al 2013

En annan teori som haft stort inflytande är självbestämmande-teorin, som utvecklats av bland andra Connel, Wellborn och Skinner. Teorin hävdar att människors motivation i grunden påverkas av tre faktorer: kompetens, självbestämmande och social meningsfullhet.[41] Pianta skriver:

Anknytningsteoretikerna menar att när föräldrar förser barn med stöd, och en förutsägbar, trygg och logisk miljö, blir de självgående och förmår ta risker medan de upptäcker världen eftersom de vet att en vuxen finns där för att hjälpa dem om de behöver det ... Denna teori har haft en omfattande tillämpning och bekräftats i skolmiljöer. Självbestämmande-teorin (eller själv-system-teorin) innebär att barn och ungdomar motiveras mest till lärande när vuxna stödjer deras behov av att få känna sig kompetenta, med en positiv relation till omgivningen och självständighet.
(Robert Pianta et al 2012)

Balansakten

Av detta följer två slutsatser som är av relevans för den interaktiva undervisningen. Ett: barn och ungdomar är beroende av en god relation med sina lärare för att utvecklas och prestera akademiskt i klassrummet. Två: vissa lärare är bättre än andra på att etablera och utveckla sådana goda relationer med sina elever. De som lyckas får klassrum som fungerar bättre med betydligt högre engagemang från elevernas sida.

De amerikanska studierna har kunnat fastslå hur undervisningen i ett klassrum behöver gestalta sig för att eleverna ska lära sig så mycket som möjligt. Klimatet i klassrummet ska vara positivt, otvunget och öppet. Det ska råda lugn och ordning och undervisningen ska följa en genomtänkt struktur. I

41 Pianta et al 2012

mötet med eleverna ska läraren ideligen utmana dem intellektuellt och ge dem värdefull och genomtänkt återkoppling. Samtidigt.

Vem som helst som har gjort undervisningen till sin profession förstår utmaningen i att få dessa tre delar att fungera i ett klassrum på samma gång. Man inser snabbt att det inte bara är utmanande, i vissa elevgrupper kan det tyckas hart när omöjligt. Hur lyckas man? Det korta svaret är att det handlar om att förebygga problem genom att skapa förväntningar inom ramarna för den egna undervisningen, men jag ska återkomma till detta mer uttömmande i nästa kapitel.

Därutöver krävs det av den enskilde läraren en balansgång vid varje lektionstillfälle. Den interaktiva undervisningen förutsätter att du har dina elevers odelade uppmärksamhet från början till slut, utan distraktioner och störningar. Detta i sin tur förutsätter att du som lärare är hundraprocentigt uppmärksam på var och en av dina elever från lektionens start till dess slut. Det krävs ett välutvecklat omdöme som vilar på erfarenhet för att hitta rätt nivå på dialogen med eleverna. För som lärare bör man vara subtil i sina signaler när man åtgärdar till exempelvis bristande studiero i sitt klassrum. Rummet förväntas vara tyst och eleverna uppmärksamma under din genomgång, men om så inte skulle vara fallet ska din åtgärd vara knappt märkbar. Ett hyschande är naturligtvis att föredra framför att tala med höjd röst eller att använda högljudda vädjanden. Låter logiskt, men hur gör du om klassen redan nått en alltför hög ljudnivå? Svaret är att man inte ens ska komma till detta läge. Problem ska förebyggas genom proaktivt arbete redan från första början genom att läraren skapar förväntningar hos eleverna om vad varje del av lektionen kräver av dem.

Detta kan låta som en förenkling, men det är i själva verket mer eller mindre på detta sätt som otaliga skickliga lärare runtom i landet redan arbetar sedan åratal, fast då intuitivt därför att det känns som en fungerande metod. Alla dessa kollegor har genom eget idogt arbete, och sannolikt rader av misslyckanden hittat det rätta receptet. Vad den Interaktiva undervisningen gjort är att den klargjort och bevisat att vissa lärare arbetar på ett sätt som är mer framgångsrikt.

Egenskaper hos en inkännande lärare

Inom den Interaktiva undervisningen sammanfattas begreppet inkännande lärare med fyra karakteriserande egenskaper: medveten, mottaglig, lösningsorienterad samt god förmåga att skapa ett öppet klimat i klassrummet. Egenskaperna beskriver olika aspekter av hur en inkännande lärare bör vara. Samtidigt förutsätter, förstärker och stödjer de olika egenskaperna varandra. Det är liten idé att vara medveten och mottaglig för vad som kan tänkas dyka upp i ett klassrum om man inte samtidigt är beredd att lösa de uppkomna problemen, utan istället negligerar dem.

De fyra egenskaperna ska heller inte ses som statiska tillstånd. En lärare kan mycket väl ha ett öppet arbetsklimat i ett klassrum, men ett helt annat med en annan grupp elever. Vidare kan läraren, enligt den interaktiva undervisningen, vara mottaglig i varierande grad, liksom hens medvetenhet exempelvis kan skifta. Det är enklast att betrakta var och en av de fyra egenskaperna på ett kontinuum mellan två motpoler. På ena extremen det som är önskvärt, exempelvis «mest lösningsorienterad», och på motpolen respektive egenskaps negation, exempelvis «inte alls lösningsorienterad». För att analysera hur känslig en lärare är, kan hens beteende i klassrummet då med fördel beskrivas med ett tänkt kryss på skalan för var och en av de fyra egenskaperna. Sammanfattar man så de tänkta kryssen får man en bild av hur inkännande läraren är i sitt klassrum. Detta kan man med fördel göra för sig själv i den egna undervisningen, endera under pågående lektion eller som en reflektionsövning efteråt. Hur pass mottaglig var jag? Tänk igenom olika situationer som uppkom under lektionen. Hur kan jag bli mer lösningsorienterad? Man behöver alls inte ha en utskriven enkät utan mer arbeta med egenskaperna för ens egen känslighet som en mental checklista.

> Lärare förser dem med mer än ett varmt och omhändertagande socialt klimat. De måste vara lyhörda och mottagliga för varje behov och individuell signal hos eleverna. En dimension som kallas för lärarens mottaglighet.
> (Pianta et al 2012)

Medvetenhet

Interaktiv undervisning handlar om att alla elever i en klass har rätt till en god utbildning. Naturligtvis gäller detta inte minst de elever som generellt, eller temporärt, har svårt att följa med i undervisningen. I CLASS-enkäten, som är det centrala verktyget i interaktiv undervisning, uttrycks ett idealtillstånd i klassrummet, en målbild om man vill, att:

> Läraren är konstant medveten om eleverna som behöver extra stöd, hjälp eller uppmärksamhet.
> (Pianta 2008)

Under mina år som lärare är det få områden som förändrats så i grunden som hur vi arbetar med elever med särskilda behov. När jag började som lärare för snart ett decennium sedan, hade många skolor inga specialpedagoger alls, och de som hade en, hade svårt att hitta fungerande samarbetsformer. Hur mycket än föräldrar till ungdomar med exempelvis dyslexi tryckte på, var responsen från skolan valhänt som bäst. Ibland reagerade skolan bara med ren arrogans och elevens betyg – och i vissa fall framtid – dikterades därefter.

I egentlig mening hade lite hänt sedan min egen skoltid på sextio- och sjuttiotalet. Då kunde läraren i början av ett lektionspass utropa:
«Då så går läsbarnen till läskliniken!»
Läsbarnen var ordblinda. Fem, sex barn reste på sig och paraderade inför allmän beskådan och skam på väg genom klassrummet till läsfröken, som satt och väntade på läskliniken. Jag vet hur denna stämpel som ordblind formade dessa kamraters självbild långt upp i vuxen ålder. Att inte vara som andra. För stämpeln ordblind förde med sig associationer om deras begåvning och andra förmågor.

Idag är läget det motsatta, är min upplevelse. Elever talar fritt och prestigelöst om sina olika förutsättningar med såväl oss lärare som med kamraterna. Utan stigman är det lättare för alla i klassrummet. Samtalen blir bättre när öppenheten är större.

Naturligtvis har varje elev rätt till en fullgod undervisning utifrån dennes förutsättningar. På så sätt tar vi vara på den potential som finns hos varje elev. Elever som verkligen lär sig lyckas bättre, får högre självförtroende och bättre självkänsla och har helt andra förutsättningar att klara av vuxenlivets påfrestningar. Men även snävt betraktat ur ett klassrumsperspektiv, så är vinsterna stora av att alla elever hänger med i undervisningen. En elev som inte riktigt förstår vad du försöker lära ut kommer snart börja känna sig, om inte dum, så i alla fall oviktig. En elev som känner sig sakna betydelse i ditt klassrum kommer snart ägna sig åt annat, såsom att dagdrömma eller plocka fram mobilen, störa bänkkamraten eller störa undervisningen i största allmänhet.

Idag vet vi, utifrån otvetydiga resultat från en rad olika studier, att det finns fyra saker vi som lärare måste göra för att hjälpa de elever som är svagare eller har någon form av diagnos. Självfallet gagnar dessa fyra faktorer alla elever i klassrummet. För det första behöver du lärare se till att studieron i ditt klassrum fungerar eftersom detta ger varje elev en möjlighet att verkligen behålla ouppmärksamheten och koncentrera sig.

För det andra behöver du se till att strukturerna finns för handen, i form av lektionsplanering, hålltider och olika rutiner och normer som styr din undervisning. Strukturerna skänker eleverna en trygghet eftersom de skapar förväntningar, förebygger oro och får varje elev att känna sig som en del av en helhet, där vardagen blir förutsägbar och trygg.

För det tredje behöver du vara tydlig, eller rentav övertydlig, i allt du säger och gör. På det sättet vet du att ditt budskap verkligen når fram och snart söker sig in i varje elevs långtidsminne. Att regelmässigt upprepa och betona allt som är av avgörande vikt i undervisningen är därför en god regel.

Sist men inte minst, är rimligt ställda krav helt avgörande för att de allra flesta elever med särskilda behov ska utvecklas och lyckas. Att möta en elev med en mer eller mindre allvarlig diagnos med enbart ohämmad empati är, enligt min erfarenhet, alltför vanligt och samtidigt i värsta fall kontraproduktivt. Egentligen har detta sannolikt med den enskilde lärarens elevsyn att göra. En del lärare betraktar sina elever i allmänhet som tämligen hjälplösa. I synnerhet de elever som har olika typer av diagnoser. Om man betraktar en elev som hjälplös, istället för att se elevens inneboende potential, så frammanas lärarens omhändertagande föräldra-jag, vilket i sin tur lockar fram elevens barna-jag. Barn är per definition hjälplösa och utan eget ansvar. Ungdomar däremot strävar efter självständighet. Det finns, menar jag, en kortsiktighet i detta resonemang. Läraren som på alla sätt tycker sig ta väl hand om eleven, mår för stunden gott. Eleven mår bra eftersom det känns tryggt för stunden med en omhändertagande famn. Detta synsätt, menar jag, riskerar att hämma elevens utveckling. I detta möte mellan läraren och eleven finns en risk att eleven lägger undan sin förmåga att tänka, besluta och handla själv. Det kortsiktiga ligger i att elevens självförtroende inte utvecklas i en sådan relation, och att eleven invaggas i ett förrädiskt lugn. Det blir liksom en hänsynslös hänsynsfullhet i det att eleven riskerar lämna skolan utan självtillit, och kastas ut i ett arbetsliv eller in i en högskola där omhändertagande varma famnar helt saknas. Istället riskerar övergången in i vuxenlivet att bli onödigt brutal, och elevens chans att lyckas begränsas i värsta fall.

Rimligt kravställande är istället ett viktigt och högst naturligt steg för elevens utveckling från det hjälplösa barnet in i vuxenvärlden.
«Kan själv!», brukar alla barn utbrista nu och då så fort de lärt sig prata.
I skolan ska vi ta vara på och utveckla denna inneboende vilja hos varje elev att gradvis utvecklas till att bli en självständig ung vuxen. Att ställa krav på alla elever är ett led i detta arbete. Att ställa krav är att visa omtanke och tilltro på varje elevs inneboende potential. Men, och detta är avgörande, krav måste ställas med omdöme och omsorgsfullt utgå ifrån elevernas behov.

Med andra ord, ouppmärksamhet av ungdomars perspektiv [till skillnad från barns perspektiv, författarens anmärkning] minskar möjligheterna till elevutveckling, medan en interaktion mellan lärare och elev, där eleven känner sig erkänd som en individ utifrån hans eller hennes ståndpunkt, ökar möjligheterna till lärande och prestationer. (Hafen, et al 2014)

De krav man ställer som lärare ska alltid upplevas som rimliga. Likaså måste eleven med en skälig insats kunna klara av att uppfylla kraven. Många av eleverna i behov av särskilt stöd vill inte känna sig särbehandlade, utan vill känna att de klarar av samma krav som ställs på de övriga kamraterna, med vissa smärre justeringar såsom extra tid vid prövningar eller olika hjälpmedel. För elever med allvarligare problematik är läget ett annat. Jag har undervisat elever med sjukdomstillstånd så allvarliga att de på djupet påverkat deras kognitiva förmåga. Likaså tenderar många sjukdomstillstånd att förändra sig över tiden, tyvärr ibland till det sämre. Det gäller att vara lyhörd för dessa förändringar och anpassa kraven därefter. Om det är något som dessa elever motiveras av så är det att jag som lärare ser dem och ställer (rimliga) krav på dem. De inser att jag fortfarande ser deras potential, vill dem väl och inte särbehandlar dem mer än nödvändigt för att de ska lyckas nå sina mål.

Nämnas bör att var och en av dessa fyra faktorer ingår som återkommande och naturliga fundament inom den interaktiva undervisningen. Följaktligen kommer varje del nogsamt behandlas i påföljande kapitel.

Givetvis gäller det att känna sina elever väl, och att genom ett nära samarbete med specialpedagogen och andra medlemmar av elevhälsoteamet, besluta om någon eller några elever är i behov av särskilt stöd och i så fall vilka extra anpassningar. Ofta kan det variera med ämnet du undervisar i.

En svårighet i detta viktiga arbete för oss undervisande lärare är att antalet elever i behov av stöd och anpassningar är ganska omfattande idag. I många elevgrupper om trettio elever är andelen elever som vi förväntas ge särskild uppmärksamhet 20–45 %. Omräknat i antal så blir detta mellan sex och fjorton elever i varje normal elevgrupp. Alla dessa är i behov av anpassningar av olika slag, alla mer eller individuellt anpassade. Problematiken är att en undervisande lärare har mellan sextio och sjuttio minuter per lektion att förmedla en omfattande kunskapsmassa till eleverna. Antalet lektioner per läsår är då hundra till antalet normalt sett.

Dilemmat är i sammanhanget tudelat. Samtidigt som det är vårt ansvar att ge alla elever en likvärdig undervisning vid varje lektionstillfälle, är det inte mänskligt möjligt att hålla upp till femton elevers unika anpassningar i huvudet inför och under varje lektion. Vi har normalt mellan fyra och sex olika klasser i undervisning. Det innebär att jag som lärare förväntas hålla upp emot nittio unika anpassningar i huvudet under en och samma skoldag. Att ta med en lista till varje lektion är knappast lösningen.

Betänk själv: Efter uppropet och närvaroadministrationen, när du tänkte inleda din genomgång, så ska ett antal elever ges individuell uppmärksamhet före, under och efter lektionstillfället. Någon ska ha placering närmast fönstret, en annan elev olika hjälpmedel, en tredje uppstart, en fjärde ska få lämna klassrummet när som helst efter eget skön, samtidigt som elev fem, sex och sju också behöver individuell uppstart. Om utgångspunkten är att alla elever ska ha möjlighet till bra och individanpassad undervisning, och det ska de självfallet, och lektionen är på sextio minuter för dina trettio elever, så har du brutto (om du inte gör annat än att gå runt och individanpassa allt för alla elever) exakt två minuter per elev och lektion. Men din undervisning förutsätter genomgångar på 15–20 minuter, olika övningar, bikupor, gruppdiskussioner och en rad andra aktiviteter för att bli meningsfull och motsvara kraven i styrdokumenten. Detta innebär att du i realiteten bara har 1520 sekunder per elev i klassen till individuella anpassningar per lektion.

Då invänder kanske den uppmärksamma läsaren att det bara är mellan fem och tio elever i en normalklass med dessa behov, och det kan väl ändå inte inkräkta på undervisningen? Mot denna invändning, som förvisso till viss del är korrekt, måste två saker ställas. Ett: att alla elever oavsett prestationsnivå och mående, har samma rätt till undervisningen, i vilket lärarens odelade uppmärksamhet nu och då är en central del. Att sonika låta tjugo elever i klassen mer eller mindre klara sig själva lektion efter lektion hämmar på allvar dessa elevers lärande. Två: alla elever, oavsett förutsättningar, råkar förr eller senare ut för utmaningar i undervisningen. Saker de inte förstår, i stort och i smått. Då måste du som lärare finnas där, allt annat vore oansvarigt.

Det finns säkert lika många sätt att försöka lösa denna resursmässigt olösliga ekvation som det finns duktiga lärare. För i grund och botten är det ett resursproblem. Fördelen med dagens lösning är att elever med behov ges rättigheter och möjligheter, som de inte tidigare hade. Nackdelen är att myndigheter och lagstiftare (återigen) sjösatte en lösning som bara kan ha sett görbar och fin ut från deras skrivbords horisont. I verklighetens klassrum blir resursbristen talande, vilket påverkar alla elever i klassrummen, såväl som oss lärare.

En fungerande och pragmatisk strategi för att över huvud taget få undervisningen att fungera som tänkt för alla elever, är att etablera de förhållanden som diskuterades tidigare i detta avsnitt. Studiero är en förutsättning för att alla elever, inte minst de med olika behov av anpassningar samt de som är lägre presterande, ska kunna vara uppmärksamma och koncentrera sig. En annan är att strukturer av olika slag, lektionsplanering och olika rutiner, styr undervisningen. Lämpliga sådana rutiner ska styra både eleverna och läraren när det gäller återkommande förhållanden, såsom olika anpassningar. En tredje strategi är tydlighet i allt som görs och sägs i klassrummet. Ett exempel är att be de elever som har behov av uppstart att kvittera de viktigaste delarna av instruktionen, för att säkerställa att hen har uppfattat allt korrekt. En fjärde hörnsten är, som diskuterades ovan, det rimliga kravställandet som ett sätt att få varje elev att tillgodogöra sig undervisningen. Att alla elever kommer i tid, har med sig allt material och respekterar skolans ordningsregler, klasskamraterna och läraren är grundläggande krav som alla elever behöver klara av för att kunna fungera praktiskt i en undervisningssituation. Givet att dessa förhållanden finns för handen så brukar, enligt min erfarenhet, undervisningen fungera väl även om antalet elever i behov av anpassningar är relativt högt i en undervisningsgrupp.

Mottaglighet

Genom alla komplexa processer i klassrummet uppstår naturligtvis känslor och känsloyttringar normalt. Glädje, besvikelse, ilska och frustration är fullt normalt bland barn och ungdomar. De egenskaper en lärare bör besitta är dels att uppfatta elevernas känslosignaler, dels att bejaka dem. Läraren behöver naturligtvis också kunna ge tröst och stöd när så behövs. Samtidigt bör det stöd som läraren erbjuder vara individuellt anpassat. Det bemötande som bäst hjälper en elev genom en stund av frustration, kan ha motsatt effekt på en annan elev.

Det är viktigt att komma ihåg att ett fungerande, men överdrivet, bemötande av elever som upplever frustration eller negativa känslor, kan ha motsatt effekt på sikt. Elever i högstadiet och gymnasiet genomgår en betydande mental och mognadsmässig utveckling för varje månad och år. Målet är att de succesivt ska bli alltmer vuxna och kunna bära ett allt större ansvar för sin egen utveckling. Därför är det viktigt att du känner av elevens reaktion på ditt stöd. Om eleven upprepade gånger reagerar med ett utpräglat barnsligt beteende, trots dina försök till hjälp, och avvisar varje uppmuntran till att ta ett större ansvar själv, så kan det vara värdefullt att du reflekterar över din egen attityd och försöker finna en annan framkomlig väg.

Det är här vårt professionella omdöme sätts på prov. Här finns inga universella mallar. Det bemötande vi bör ge våra elever är högst individuellt. Rättesnöret bör vara att hjälpen ska ge en omedelbar och positiv reaktion för elevens lärande, samtidigt som dennes mognad i klassrummet stärks över tiden. Kraven vi kan och bör ställa på elevens eget ansvar för sin egen utveckling bör öka, men hur snabbt varierar med varje elev. Någon har sagt att den psykiska mognaden i en nionde klass kan variera mellan den minst utvecklade och den mest utvecklade eleven, med så mycket som sju år. Detta visar med all önskvärd tydlighet hur svår denna balansgång är.

En annan inte oviktig aspekt är att frustration sägs vara den bästa jordmånen för lärande. Frustration då definierad som en stark önskan hos en person att ta sig från ett tillstånd till ett annat. Om vi ser som vår uppgift att avlägsna varje spår av frustration hos eleverna, så gör vi dem en otjänst. I vår iver att hålla dem på tipptopphumör hela tiden så avlägsnar vi, i värsta fall, deras viktigaste drivkraft till lärande. Detta oaktat, gör vi dem även en björntjänst på lite längre sikt, eftersom såväl högskolan som yrkeslivet består av både glädjeämnen och frustrationsmoment. Att övervinna de senare är en icke föraktlig, och många gånger stimulerande, del av livet efter skolan. Rättesnöret kan vara att ha som strategi att undervisa på en nivå som är utmanande, men inte frustrerande. Jag återkommer till denna viktiga diskussion senare i boken.

Medvetenheten är, liksom flertalet andra egenskaper, av sådan karaktär att det tar tid att öva upp den. En helt nybliven lärare behöver tid, i många falla flera år, för att öva upp sina färdigheter. Detta fenomen kan liknas vid en nybliven bilförare. Noviser har ofta tunnelseende och deras bilfärder tenderar bli ganska nervösa äventyr, men med tiden vidgas synfältet och uppmärksamheten ökar gradvis.

Att vara medveten, eller med andra ord uppmärksam, handlar om att läraren ständigt bör förnimma och läsa av vad som pågår i klassrummet. Följaktligen innebär detta att läraren är närvarande, inlyssnande, observant och känner av även subtila signaler hos eleverna. Enligt studierna bakom den interaktiva undervisningen förväntas läraren förutse problem och smidigt hantera dem när de dyker upp. För att kunna göra detta krävs en stor portion nyfikenhet hos läraren. Att läsa av individer och grupper handlar i mångt och mycket om lyhördhet och intuition. Om leendena är färre en dag, blickarna tomma eller trötta, så ta dessa signaler på allvar. Elever ska, enligt min erfarenhet, ta sig an sitt lärande med iver och nyfikenhet och gärna ha nära till leende, annars är det något som inte stämmer.

Angriper problem

Att vara mottaglig för vad som försiggår i klassrummet är, som vi sett, av stor vikt. Men den lärare som i och för sig är mottaglig men som inte skyndsamt angriper uppkomna problem, såsom att en elev inte riktigt hänger med under en genomgång eller att en annan elev stör bänkkamraten i onödan, kommer snabbt att förlora effektivitet i sin undervisning. Den interaktiva undervisningen beskriver det önskvärda tillståndet som:

> «Läraren adresserar konstant elevernas problem och oro på ett effektivt sätt.»
> (Pianta 2008)

Hur mycket vi än, visa av erfarenheten, försöker förebygga problem i våra klassrum, så uppkommer de ibland. Handen på hjärtat, ganska ofta, eller hur? De allra flesta problem som uppkommer i ett klassrum har åtminstone två gemensamma nämnare. Först och främst har problemen en tendens att inte försvinna av sig själva. De kan möjligen ändra karaktär något under lektionens gång, men försvinner gör de nästan aldrig. Visst, eleven som i exemplet ovan störde sin bänkkamrat kanske tystnar för en stund, men en stund senare återupptar hen sannolikt samtalet. Eller så övergår störningen till ett gruppsamtal där samma elev tar initiativ till att prata med kamraterna i bänkarna både framför och bakom. Ett litet samtal eskalerar sonika till en gruppdiskussion, som lika sannolikt strax involverar fler kamrater än de sex i gruppen. Eller för att ta eleven som hade svårt att hänga med som exempel: hen kanske tystnar och sväljer sin frustration över att inte förstå för en stund. Samtidigt har eleven sannolikt missat en viktig pusselbit i det kunskapsbygge du förmedlat under din genomgång. En smärre katastrof med andra ord, då hen utan denna viktiga pusselbit kanske varken kan förstå helheten i ditt budskap, eller hur de olika pusselbitarna hänger samman.

För det andra, vilket framgår med önskvärd tydlighet från exemplet med samtalet som blev en gruppdiskussion, så är problem alltid små och lätthanterade precis i början. Sedan ökar de i storlek och allvarsgrad snabbt om de inte hanteras. Då blir problemlösningen svårare och konsekvenserna och energiåtgången, inte minst din egen, tenderar också att öka exponentiellt. Att lågmält få en mindre störning i klassrummet att försvinna är enkelt och snabbt avklarat. Att få tyst på ett klassrum fyllt av skrik och skrän desto svårare. Att hjälpa en elev som plötsligt indikerar att hen inte förstår, går ofta fort. Att avvakta till efter din genomgång, innebär att du, för att eleven ska förstå, eventuellt får repetera och förklara allt från den punkt där eleven stötte på problem. Ett kunskapsbygge fungerar inte om inte varje enskild byggsten lagd i rätt ordning.

Till yttermera visso har alla de olika problem som tenderar att dyka upp i våra klassrum ett par andra egenheter gemensamt utöver att de förvärras genom eskalation. Svårigheter med förståelse följs av frustration, precis som störningar av olika slag har en benägenhet att trigga andra problem. Eleven som inte förstår övergår exempelvis till att prata med bordsgrannen. Några andra elever störs i sin koncentration och plockar upp sina mobiler och börjar messa eller filma något som för stunden är av betydligt större intresse än lärarens genomgång. Av ett enda initialt problem har läraren plötsligt åtskilliga. För problemen har den egenheten att de ackumuleras. Detta innebär att de inte försvinner utan staplas på varandra. Så kan det komma att fortsätta tills situationen blir helt ohanterlig och lektionen övergår i kaos. Skulle den saktfärdiga läraren, som underlät att uppfatta det initiala problemet med eleven som ville få hjälp med förståelsen, plötsligt uppfatta alla problemen i klassrummet, så måste han i så fall lösa vart och ett av de uppkomna utmaningarna sekventiellt. Hen säger åt eleverna med mobilerna att lägga undan dem, eleverna som stör att sluta. Därefter behöver hen återfå uppmärksamheten hos alla trettio elever och fortsätta med genomgången. En genomgång som alla elever vid det här laget har insett är så pass ointressant i innehåll eller leveransskicklighet, att de behöver stålsätta sig för att behålla uppmärksamheten. Och då har läraren ännu inte ens adresserat det initiala problemet med eleven som försökte men inte riktigt tyckte sig förstå en del i genomgången stunden innan.

En princip av fundamental vikt i detta sammanhang är, menar jag, att problemet alltid beror på dig som lärare och aldrig på eleven eller klassen. Visst finns där undantag till denna grundregel, det har vi nog alla stundom upplevt. Men utgångspunkten är avgörande. Utifrån denna princip faller det sig logiskt att man bör undvika att skylla på eleverna när problem uppstår i undervisningen. Det är betydligt enklare att ändra på sig själv, och i de delar av undervisningen som triggar vissa reaktioner hos eleverna, än vad det är ändra på eleverna. Ett annat sätt att se på saken är att vi faktiskt har det elevmaterial vi har, det kan vi näppeligen ändra på, och därför behöver vi förhålla oss till elevernas förutsättningar i vår undervisning. Du har i större eller mindre omfattning orsakat problemet och det är därmed ditt ansvar att lösa det.

Denna utgångspunkt är så viktig därför att i samma stund som du börjar skylla ifrån dig på elever, skolan eller rektorn eller föräldrar eller vilka det nu må vara, i samma ögonblick förlorar du kontrollen över problemets lösning. Mitt ansvar är ju undervisningen i mitt klassrum. Det har jag betalt för. Jag har till och med en lärarlegitimation som säger att jag ska veta vad jag håller på med på mina lektioner. Följaktligen är det mitt och bara mitt ansvar att mina genomgångar är engagerande och begripliga. Skulle de inte vara det, och en eller flera elever inte förstår vad jag söker förmedla, så är det mitt fel. Bara jag kan göra något åt dålig kvalitet i min undervisning, brister i arbetsro eller ouppmärksamhet bland eleverna. Alla dessa problem beror ytterst på faktorer som jag – och bara jag – kan påverka. Min rektor, eleverna eller deras föräldrar kan ju knappast lösa problem med min undervisning. För är det något jag kan och inte de, rektorn inkluderad om hen nu inte regelmässigt undervisat det senaste halvåret så är det att undervisa. Utgångspunkten behöver vara att problem som uppkommer i mitt klassrum beror på brister hos mig och kan bara lösas om jag åtgärdar dessa brister. Till exempel genom att direkt lösa uppkomna problem eller, ännu hellre, hitta en väg att förebygga problemen helt och hållet.

Man ska i sammanhanget komma ihåg, att om det är några som är klarsynta, märker minsta förändring och kan göra insiktsfulla analyser kring undervisningen och hur vi fungerar som lärare, så är det eleverna. Just därför är det viktigt att samtal där problemen adresseras är mogna, öppna och ärliga. I annat fall riskerar de istället att skapa en förtroendeklyfta mellan läraren och eleverna, en gryende misstro orsakad av att de känner att deras lärare inte litar på dem.

Lika illa som att skylla ifrån sig, att inte ta sitt ansvar som lärare, är att dölja sig bakom bortförklaringar och ursäkter. Om du odlar en attityd där du, inför dig själv och din omgivning, alltid hittar ursäkter eller långsökta förklaringar till brister i din undervisning, så behöver du tänka om. Eftersom varken ursäkterna eller dina förklaringar är kopplade till problemen så kan de inte lösa dessa. Problemen kommer att hopa sig i din undervisning och situationen riskerar att till slut bli helt ohanterlig, om den inte redan är det. Visst, vi hamnar alla ibland i förnekelsens rum. Det är en del av livet att ibland varken se, höra eller förstå vad omgivningen signalerar till oss. Problemet är att vi i skolans värld inte har förmånen att befinna oss i förnekelse särskilt länge, eftersom våra elever för sin förkovran, utveckling och framtid är helt beroende av att vi gör ett gott arbete. Var istället ärlig mot dig själv och fråga dig vad det egentligen kan vara som du gör som orsakar problemet ifråga. Ta kollegor eller eleverna till hjälp och försök ha ett vuxet samtal kring problematiken. Alla vägar är värda att prova.

Återigen, regeln är att om något inte fungerar i din undervisning, så ligger den primära lösningen hos dig själv i din yrkesutövning i ditt klassrum. Men visst förekommer undantag. Arbetar du på en skola med omfattande ordningsproblem så ligger ansvaret för arbetsmiljön hos rektor, inte hos dig. Ditt ansvar är att besvarar frågan om du över huvud taget vill arbeta på en skola där rektorn, av olika skäl, inte förmår hantera de problem som är hens ansvar.

Tidsaspekten, att reagera i tid och faktiskt lösa uppkomna problem på det ena eller andra sättet innan de eskalerar, är viktig av ytterligare ett skäl. Elever som lämnar en lektion med frustration över inte ha förstått, eller som har upplevt störningar och oreda, kommer att ta med sig detta till nästa lektion med samma lärare. Hos var och en av eleverna, och inom klassens olika gruppstrukturer, byggs nu negativa förväntningar upp på lärarens undervisning. «Tråkiga genomgångar», «dålig arbetsro» eller «lyssnar inte» är recensioner som oundvikligen kommer häftas fast vid läraren och påverka hens undervisning genom att eleverna redan innan de kommer in i klassrummet har negativa förväntningar. När väl negativa förväntningar, medvetna eller omedvetna, börjat uppstå hos eleverna så står läraren inför en ännu större utmaning. För det första måste hen nu faktiskt börja både ta in de problem som uppkommer på lektionerna och göra något åt dem för att över huvud taget ha en möjlighet att bedriva en effektiv undervisning med elevgruppen ifråga. För det andra tenderar detta att bli en negativ spiral, där förtroendet för läraren – och därmed ytterst hens auktoritet i klassrummet – urholkas successivt. Det blir då svårare för läraren att kvickt och subtilt åtgärda störningar. På grund av elevernas negativa förväntningar kan olika typer av oönskade beteenden som hämmar den effektiva undervisningen få fäste, och problemen har därmed fördjupats. Får detta fortgå riskerar läraren att en kontraproduktiv kultur som på allvar är till men för elevernas lärande och prestationer bildas i klassrummet. Detta riskerar även att påverka lärarens arbetsmiljö negativt.

Det är den inkännande lärarens uppgift att snabbt och lösningsorienterat hantera de problem som uppkommer på lektionen. Som framgår ovan är tidsaspekten lika viktig som själva lösningen. Att en lärare har problem med just reaktionshastigheten beror i allmänhet, enligt min erfarenhet, på två saker. Endera så uppfattar läraren inte ens problemet till en början. Det innebär att hen är omedveten om vad som försiggår i klassrummet. Vissa lärare är så uppslukade av sina egna genomgångar, eller tekniken de använder för att förmedla kunskapsinnehållet, att eleverna snabbt försvinner ur medvetandet. Eller så är läraren inte mottaglig för signalerna från eleverna. De allra första tecknen på bristande uppmärksamhet från åhörarna bör uppfattas som en kraftfull indikation på att något är på gång. Förlorad uppmärksamhet kommer sällan tillbaka av sig själv. Dessutom tenderar den att sprida sig runtom i klassrummet, som vi såg av exemplen tidigare. Eleverna tar intryck av varandra, ofta väldigt subtilt. Snart kan den förvisso djupt engagerade läraren ha tappat halva auditoriet. Följaktligen är halva klassen utcheckad och all undervisning som sker från denna tidpunkt och framåt är meningslös för över ett dussin elever.

Avslutningsvis behöver problemlösningen vara resultatorienterad. Vad du än gör åt uppkomna problem, så se till att din lösning inte bara verkar för stunden utan helst ger långsiktiga resultat. Om din åtgärd inte angriper och löser problemet kommer det utan tvivel återkomma när du minst behöver det, och då samtidigt med en handfull andra problem. Om du dessutom idelligen behöver återkomma till samma problem, därför att du ännu inte hittat en långsiktig lösning på det, så riskerar du att uppfattas som tjatig av dina elever. Att bli sedd som en tjatig lärare skadar ytterst deras förtroende för dig, eftersom du varje gång du upprepar dig mellan raderna talar om för eleverna att du inte riktigt behärskar situationerna i ditt klassrum.

Att du ska vara medveten, mottaglig, lösningsorienterad och ha ett öppet klimat i ditt klassrum syftar i grund och botten bara till en sak: att din undervisning ska bli mer effektiv och att dina elever ska lära sig mer vid varje undervisningstillfälle. Vilka lösningar du väljer handlar mycket om problemets egenart. Är det ett individuellt problem så ska det hanteras som sådant. Rör problemet en grupp så ska gruppen adresseras. Att adressera individuella problem kollektivt, eller omvänt, är alltid en dålig lösning och riskerar att slå tillbaka på dig själv. Om exempelvis en eller ett par elever stör din undervisning, så bör du adressera dem och inte hela klassen. Annars kommer de som blir tillsagda av dig men upplever sig vara oskyldiga gradvis att förlora förtroendet för din förmåga och auktoritet. Få saker är så viktiga för eleverna som rättviseaspekten. Devisen «Var och en får skämmas för sig själv», är i allra högsta grad levande i klassrummet. Om du i stunden uppleveratt det av någon anledning är lättare eller lämpligare att rikta din återkoppling till hela gruppen, trots att ditt budskap bara angår en handfull elever, så säg det tydligt inför klassen. Det ger dig respekt.

När det gäller lösningar så är det egentligen bara din egen kreativitet och pragmatiska ådra som sätter gränserna. En metod som allt som oftast ger goda resultat är att försöka uppfatta och se saker utifrån dina elevers perspektiv. Hur uppfattar en sextonåring, pinfärsk från grundskolan, som bara har haft dig som lärare i ett par månader, din undervisning? Ännu hellre, försök se saker och ting utifrån enskilda elever eller en enskild elevgrupps perspektiv. Försök förstå vad de är vana vid sedan tidigare eller vad som triggar dem. Inte så att jag förespråkar att du ska bli lärarkompis och tillbringa rasterna med dem (ingenting vore mig mer främmande) för att förstå deras utgångspunkt. Tänk dig istället tillbaka till din egen, icke alltför avlägsna ungdom. När du sedan pratar med eleverna, så tar du utgångspunkt i den omständighet som du tror påverkar deras beteende mest. Exempelvis: «Jag fattar att detta avsnitt är tungt och lite svårbegripligt, men …»

Jag brukar diskutera arbetsro med alla mina elever redan under den första lektionen som jag har med dem, och därefter utgå ifrån deras erfarenheter och reflektioner i mitt fortsatta arbete med dem. En handuppräckning avslöjar alltid en smärtsam och bister sanning, att i stort sett ingen elev i klassen upplevt en tillfredsställande arbetsro under grundskolan. Därefter får de berätta om hur de upplevt konsekvenserna av sina tidigare lärares mer eller mindre bristfälliga arbetsinsatser. De börjar fundera och berättar om hur deras lärande och kunskapsinhämtning blivit lidande (sextonåringar använder förvisso andra begrepp), att de upplevt stress, trötthet, försämrad motivation på grund av detta. Vissa har till och med tidvis gått med huvudvärk i skolan.

Många anser att inte bara deras prestationer har blivit lidande utan att de de facto fått sämre betyg på grund av störningarna. Med handuppräckningen, och den efterföljande diskussionen som grund, är det enkelt för mig som undervisande lärare att etablera ett konsensusbeslut i klassen om behovet av studiero på våra lektioner. Naturligtvis krävs en del efterarbete i några veckor, men bara i lågmälda ordalag och med glimten ännu kvar i ögonvrån. På samma sätt försöker jag väldigt tidigt på terminen identifiera vilka elever i klassen som eventuellt kan uppleva undervisningen som mer utmanande än andra, och arbeta fram effektiva arbetsformer tillsammans med dem. För effektiviteten är oumbärlig. Det är ju när allt kommer omkring trettio elever i klassrummet med samma rätt till hjälp, stöd och intellektuell utmaning. Minus min genomgång, läsning, bikupor och sammanfattning blir det en knapp minut över per elev.

Elevernas trygghet

Aspekten elevernas trygghet fångar egentligen stämningen, om man vill klimatet, i ett klassrum. Den interaktiva undervisningen beskriver ett önskvärt klimat såsom:

> Eleverna verkar trygga i att söker stöd av, delar sina idéer med och svarar fritt till läraren.
> (Pianta et al 2008)

Naturligtvis är det i mångt och mycket de sidor av oss själva som vi väljer att visa för våra elever som skapar klimatet. Om du visar ett öppet och positivt ansikte gentemot dina elever, så kommer det att återspegla sig hos dem. De förväntar sig att en lärare ska vara tillgänglig, engagerad, öppen, prestigelös, mycket kunnig i sitt ämne, bra på att förklara, välorganiserad och konsekvent, bestämd men alltid rättvis. Och gärna med glimten i ögat. Alla dessa attribut skapar, vartefter eleverna lär känna dig och du dem, ett klimat som är otvunget och öppet. Man skulle kunna argumentera för att det viktigaste är att vara tillgänglig, men jag menar att det inte räcker på långa vägar.

Ett klassrum med trettio elever är ett sammelsurium av känslor, kommunikation och tankeaktivitet, där det mesta sker under ytan. Alla i rummet påverkar varandra och du påverkar alla. Förutsättningen för ett otvunget och öppet klimat, där ett effektivt lärande kan ske, är inte primärt din tillgänglighet, utan att gruppen känner sig trygg och att utgångspunkten för umgänget i klassrummet är ömsesidig respekt. I gruppen bör det finnas underförstådda normer som kretsar kring just respekt och hänsynstagande. I ett sådant sammanhang blir studiero och att lyssna på läraren när så krävs självklart. En elev ska otvunget kunna blotta sig med en fråga om hjälp, vägledning eller ett påstående, utan att känna att hen kommer förlora ansiktet inför klassen. Ju tryggare och mer otvungen denna lärmiljö är, desto större risker och friheter vågar eleverna ta inför läraren och inför varandra.

För vad är klimatet i ett klassrum om inte den upplevda och delade känslostämningen hos eleverna och läraren? Alla går in med en förväntan om hur det ska vara och kännas under lektionen. Om undervisningen upplevs som positiv och eleverna känner sig sedda, trygga och stimuleras till självständigt ansvarstagande och initiativförmåga, så pekar all forskning mot att eleverna lär sig mer och presterar bättre, eftersom de mår bättre.[42]

Men det positiva och öppna klimatet kommer inte av sig självt. Det skapas genom idogt och genomtänkt, konsekvent arbete från elevernas första lektion i skolan till deras sista. Ingenting får lämnas åt slumpen. Det öppna klimatet kan bara byggas på en trygg grund, och denna grund är skolans ordningsregler. Enligt den interaktiva undervisningen är just ordningsreglerna centrala för att arbetet ska lyckas.[43] Att eleverna inte bara känner till dem, utan också på djupet respekterar reglerna är avgörande. Detta kan åstadkommas om eleverna, dels förstår den praktiska nyttan av dem, dels delar de värderingar som reglerna är ett uttryck för avseende medmänsklig

---

42 Pianta et al 2012
43 Pianta et al 2012

respekt och omtanke. Det är viktigt att eleverna känner att de har fått vara med och påverka reglerna helt eller delvis. Att kompromisslöst presentera regler ur ett «von oben»-perspektiv ger ingen bra grogrund för ömsesidig respekt och förståelse.

Man ska inte förväxla ett öppet klimat för lärande med ett klassrum som karaktäriseras av barnslig uppsluppenhet och stojighet. I ett sådant klassrum har läraren odlat barnet hos eleverna snarare än deras vuxna sidor. Det mesta som sker i detta klassrum sker på ytan och kan närmast liknas vid ett illa skött klassrum med betydligt yngre förmågor.

Uppmärksamheten på en sådan lektion är fragmentarisk med följd att lärandet blir lidande. Ofta är det en handfull elever som hörs och syns mest och, inte sällan, är det de som får det mesta av lärarens uppmärksamhet. I bakgrunden finns en tyst grupp elever, som förvisso gillar förnöjsamheten men ifrågasätter seriositeten i undervisningen. Det är förvisso inget de någonsin yppar, för klimatet tillåter inte att alla gör sin röst hörd. Det som styr är den sociala rangordning och gruppindelning som eleverna omedvetet utarbetat på rasterna. Man skulle kunna argumentera för att ett dylikt klimat förlänger ungdomarnas barndom, eftersom de visar sina barnsliga sidor både vad gäller tilltal, mimik och beteenden. Sådana lektioner behöver alls inte övergå i regelrätt kaos, men lärandet blir alltid lidande av flera skäl. Först och främst därför att lärande förutsätter lugn och ro och koncentration där elevernas odelade uppmärksamhet riktas åt det som de för stunden ska lära sig: att läsa ett material, att anteckna under en genomgång eller att tillsammans med bänkkamraten finna svar på en intellektuellt utmanande fråga. För det andra är uppsluppenheten och den trevliga inramningen bedräglig eftersom det sociala spel som är förhärskande i skolan korridorer och uppehållsrum obehindrat tillåts fortsätta på lektionstid. Detta hämmar lärandet allvarligt.

Saker som kan hindra dig att uppträda som en inkännande lärare

Orsaken till att klassrumsklimat som hämmar lärandet över huvud taget kan uppstå står sannolikt att finna hos läraren och hens syn på sin roll i klassrummet. Lite förenklat verkar synen på vad lärarrollen egentligen bör innehålla, avgöras av vilken elevsyn som den enskilde läraren har. Den inkännande läraren bör, som vi såg ovan, vara mottaglig, medveten, snabb på att agera om problem uppstår samt verka för att ett öppet och positivt klimat uppstår i klassrummet, eftersom det sistnämnda förstärker lärandet hos eleverna.

Vissa lärare verkar ha svårt att hitta rätt distans i sitt arbete med eleverna. Med «rätt» menar jag den distans som gagnar elevens lärande bäst. De relationer de bygger upp med eleverna blir ibland för nära, och rena kompisrelationer uppstår. Detta är problematiskt av flera anledningar. En anledning är att ju närmare du kommer eleven, desto svårare har du att hjälpa denne eftersom du inte längre kan betrakta eleven objektivt. Detta skapar även problem när du ska bedöma eleven och sätta betyg på denne. Står ni varandra för nära relationsmässigt, så blir en objektiv myndighetsutövning svårare och kan i värsta fall övergå i ren vänskapskorruption. En tredje faktor som understryker vikten av att behålla en professionell distans är rättviseaspekten. Ingen lärare kan bygga upp lika nära och djupa relationer med alla sina hundraåttio elever. Om lärarens sociala sympati får råda så kommer hen att omedvetet eller medvetet söka sig till de som hen gillar mest, vill imponera på eller tycker är roligast att umgås med. På varje skola som jag har arbetat på har det funnits någon lärare som gjort kompisskapet till sitt modus operandi i klassrummet. Lärare som i lärarrummet skrutit om vilka elever som är kära i dem. Lärare som haft mottagning där delegationer av elever stått på kö till lärarrummet för att få hjälp med kärleksbekymmer eller mot någon «dum» kollega som faktiskt försökt utföra något som liknar god undervisning. Lärare som tillbringat rasterna med sina nyvunna «kompisar» över en cigarett eller stojandes och skrikandes i korridorerna. Lärare som tyckte att det var en god idé att gå ut och ta en öl med kompisarna (läs eleverna) för att skvallra om vilka elever som haft sex med vilka på skolans toaletter. Till och med en kollega som ordnade handuppräckning om hur mysfaktorn i klassrummet kunde ökas. Man kom i god demokratisk anda fram till att persiennerna skulle vara neddragna och ljuset släckt i klassrummet. Hur mycket lärande som försiggick i dunklet är inte känt. Just den här läraren byggde ett helt kluster av elever (läs följare) kring sin egen person, med ett klassrumsklimat där kraven på eleverna, som alla var i övre tonåren, var lägre än i de flesta mellanstadieklasser.

Vad alla dessa kollegor har haft gemensamt, bortsett från att deras elevers lärande blivit allvarligt lidande, är att de, åtminstone bland grupper av elever, varit mäkta populära. Och att sträva efter att vara en populär lärare är direkt omdömeslöst av flera skäl. Som vi sett kan en populär lärare svårligen skapa den lärmiljö som behövs för lärande, eftersom en sådan lärare måste förbli kravlös i hela sin attityd. Av samma anledning kan en populär lärare knappast hålla god ordning och skapa trygghet i klassrummet, eftersom hen alltid kommer att ha svårt att säga till de elever som stör undervisningen, om hen samtidigt råkar vara kompis med dessa. I popularitetsjaktens natur hör kortsiktigheten. Ens aktier som lärare står aldrig högre än hur bussig och skojig man var under den senaste lektionen. Växlar läraren till en mer seriös attityd, blir populariteten med ens lidande.

Enligt forskningen på ämnet popularitet så verkar den vara ett uttryck för ett behov av att bli sedd och få ett erkännande utifrån ytliga attribut. Detta börjar uppträda hos människor först efter puberteten. Först då börjar vi bry oss om hur vi ser ut och vilken social rang vi har i olika grupper.[44] Ett uttryck för jakten på popularitet i vår tid är sociala medier. Vissa människor tycks helt tappa koncepterna i dessa sammanhang och uppdaterar så gott som dagligen sina sidor med bilder på sig själva, sina middagar, julgranen, trädgården, sina nära, husdjuren eller avlägsna vänner. Allt inramat i ett överdrivet positivt ljus. Och allt räknas i antalet gilla-markeringar. Den som blir mest sedd och gillad vinner i denna märkliga tävlan. Barn å andra sidan, visar studier, saknar denna syn på erkännande som en rakt igenom självisk popularitetssträvan (förutom de barn som lärt sig beteendet ifråga från sina föräldrar). De barn som uppskattas och respekteras mest av andra barn, är

---

44 Cook 2018

de som osjälviskt ställer upp för sina vänner, som respekterar sin omgivning utan tanke på egen vinning. Barn som uppträder på detta sätt vinner respekt, blir omtyckta av andra barn och inte sällan informella ledare.[45]

Överfört till lärarens roll i klassrummet så är det eftersträvansvärt att som inkännande lärare vara just omtyckt och respekterad. Utgångspunkten behöver vara ett osjälviskt förhållningssätt precis som för barnen ovan. Vi är inte i skolan för att vinna nya vänner bland eleverna, och vi är inte anställda som lärare för att vinna popularitetstävlingar. Vi är där för att undervisa våra elever efter bästa förmåga, så att de lär sig så mycket som möjligt varje lektion. I den stund du börjar reflektera över vad som händer med din popularitetsrating när du fattar vissa beslut, så riskerar du att elevernas förtroende och djupa respekt för dig urholkas. Det finns inga som är så klarsynta och genomskådar lärare snabbare och mer skarpsinnigt som elever. Omtyckt och respekterad blir man genom att vara en ärlig, ibland smärtsamt ärlig, öppen och omtänksam, sympatisk och varm person.

En del av problematiken kring lärare som är vuxenkamrater, snarare än undervisande lärare, handlar möjligen om att vår yrkesroll är oklar. Vad är en lärare i den svenska skolan? Egentligen borde svaret vara lika enkelt som självklart: En lärare undervisar och bedömer elever. För att kunna utföra dessa uppgifter på bästa sätt behöver läraren ha de attribut som tillskrivs den inkännande läraren. Men hen är lärare och inget annat. I min erfarenhet sker inte sällan en sammanblandning av roller i många lärares vardag. En lärare som använder kompisskap för att nå eleverna, ser sig inte sällan som en vuxenkamrat i sin lärarroll. En lärare som söker popularitet blir, förutom vän eller väninna med eleverna, inte sällan en extraförälder. Hos åter andra finns där en underliggande förväntan att vi lärare ska hinna vara ömsom specialpedagoger, ömsom kuratorer, och ibland poliser. Många rektorer tror att det är en god idé att låta lärarna städa. Det är det inte.

Rimligen måste det vara för oss lärare, som för andra kvalificerade yrkesgrupper: att vi har ett primärt ansvarsområde och att det är detta vi ska fylla

---

45 Cook 2018

vår tid med. I vårt fall att undervisa och bedöma. Det är utmanande nog. Det är ingen bra idé att utveckla en elevrelation där du som lärare antar rollen som extraförälder, eftersom du snabbt förlorar din professionella integritet och saklighet. Du blir följaktligen snart olämplig som undervisande lärare för eleven ifråga, eftersom en jävssituation tvunget uppstår. I din iver att ta hand om och skydda eleven går du miste om ditt professionella omdöme. Naturligtvis ska elever med problem i hemmet eller i skolan snabbt få all möjlig hjälp, men det ska ske genom elevhälsoteamets och rektorns försorg. En kurator eller en socionom är utbildad och tränad för att hantera svåra situationer som kan uppkomma för barn och ungdomar i hemmet eller i skolan; det är inte du och jag. Om din skola har svårhanterliga ordningsproblem så är det rektorns och huvudmannens ansvar att se till att ordningen återställs. Det kan aldrig vara din uppgift att riskera liv och lem för att reda ut en oordning som uppkommit därför att andra har gjort grova missbedömningar och förlorat kontrollen över skolan. Inte heller kan det vara meningen att lärare med fem år på högskolan och åtskilliga år i yrket ska städa. Inte därför att man som lärare håller sig för fin för det, utan därför att det är en synnerligen ineffektiv användning av specialistkompetens som i grunden bygger på att rektorn tror att han sparar pengar.

Ett enkelt men effektivt sätt att skapa lämplig umgängesform med eleverna som lärare är transaktionsanalysen (TA). Området slog igenom på sextiotalet och består av teorier kring människans psyke med inriktning på psykoanalys. Den del av TA som kan vara användbar i klassrummet är den som behandlar människans olika jag-tillstånd. Enkelt uttryckt räknar våra psyken tre olika jag-tillstånd, tre olika sidor av oss själva som vi medvetet eller oftast omedvetet visar olika mycket av. Jag-tillstånden är föräldra-jaget, vuxen-jaget och barna-jaget. En person som uppvisar ett stort föräldra-jag beter sig mer eller mindre som arketypen av en förälder: dömande, tjatig, beskyddande och omhuldande och betraktar sina barn enögt enligt devisen «mina barn och andras ungar». Om en person istället uppvisar mer av sitt vuxen-jag är hen typiskt objektiv, resonerande, analytisk, hänsynsfull, öppen i sinnet, reflekterande och kompromissvillig. Om personen ifråga lever ut sitt barna-jag så blir personlighetsdragen, inte oväntat, barnsliga, tjurig och ofiltrerade känsloyttringar. Den här personen har låg impulskontroll, svårt att lyssna, följer ogärna regler och normer, vill utmana auktoriteter och har dålig självkontroll.[46]

Enligt teorin bär alla människor på alla tre jag-tillstånden, men uppvisar undermedvetet olika mycket av varje, beroende på situation och omgivning. Det är exempelvis inte ovanligt att fullt fungerande vuxna personer både i en partnerrelation och inom arbetslivet, återgår till barna-jaget avseende sin attityd och sitt beteende i umgänget med sina föräldrar. Olika personers beteenden triggar igång olika sidor hos en och samma person. Vi har ju alla förhoppningsvis kvar lite av barnasinnet. Hemma är vi normalt snabba att ta fram föräldra-jaget om våra barn skulle kräva det. Med vår partner umgås vi inte sällan utifrån vuxen-jaget när vi resonerar kring hur vi ska få vår gemensamma vardag att gå ihop. Och så fortsätter vi uppvisa olika sidor av oss själv, våra olika jag-tillstånd, beroende på vilka situationer vi konfronteras med.

Konfliktfyllda situationer triggar ofta endera föräldra-jaget eller barna-jaget hos oss. Om konflikten uppstår mellan två personer som båda hamnar i dessa jag-tillstånd blir den svårlöslig. Bägge blir då oförsonliga och har svårt att resonera. Föräldern är dessutom dömande och ganska svartvit i sin attityd. Barnet låter ofta känslor ta över i konflikten.

I klassrummet innebär detta två saker. Först och främst ska jag som lärare medvetet arbeta för att alltid befinna mig i vuxen-jaget. För att kunna prestera det som krävs av en inkännande lärare både på kort och lång sikt, så krävs det att du hela tiden betraktar eleverna och deras lärande så objektivt som möjligt. I problemsituationer och diskussioner behöver du behålla den vuxnes resonerande och lugna sätt och förmåga att se situationer och problem utifrån och in.

Man skulle med fördel kunna beskriva femtio år av svensk skolhistoria utifrån jag-tillstånden. När jag växte upp på sextio- och sjuttiotalen var de allra flesta lärare auktoritära, stränga och dömande med en alltför stor distans till sina adepter. Utifrån TA-terminologin visade de bara sina föräldra-jag i

---

46 Severin 2014

undervisningen. Undervisningen skedde i skuggan av en lärare som förvisso var på djupet kunnig inom sitt ämnesområde, men som vi elever hade en respekt till som gränsade till rädsla. Stig Järrels utmärkta gestaltning av läraren Caligula i filmen Hets från 1944 (regi av Alf Sjöberg), visar på ett bra sätt hur elevernas vardag faktiskt tedde sig till långt in på sjuttiotalet i många klassrum.

Sedan skedde ett radikalt skifte i landets klassrum. Caligula och hans kollegor förpassades äntligen till skolhistoriens soptipp och byttes i rask takt ut mot en armé av unga lärare som på djupet representerade en helt annan elevsyn. Är det något man kan högakta dåtidens lärare för är det deras enorma kunskapsdjup. Är det något man kan kritisera dem för, förutom det uppenbart olämpliga att bygga undervisningen på auktoritet som gränsar till förtryck, så är det deras distanserade elevsyn. Vi har redan sätt, och kommer i kommande kapitel fördjupa oss ytterligare i, hur improduktiv undervisningen blir utan nära och goda relationer mellan läraren och eleverna. Många ur den nya generationen lärares elevsyn var formad av idéerna från 68-rörelsen, på gott och på ont. Lärarens roll blev att vara en kompis mer än en kunskapsgigant, och lärarens plats blev längst bak i klassrummet istället för längst fram vid svarta tavlan. Läraren skulle vara schysst, förstående, snäll och trevlig. I TA-termer slängdes föräldra-jaget ut, på gott och ont, och ersattes av ett utpräglat barna-jag. Gränsen mellan lärare och elev suddades ut. Skolans uppgift blev oklar; om den inte skulle fostra och lära, vad var då dess uppgift? Ansvarstagande och en rad andra idag fundamentalt viktiga begrepp slängdes ut med badvattnet när skolan ideologiskt skulle tvättas ren. Även om avsikterna var goda, så kastades bebisen ut med badvattnet.

För att vara en inkännande lärare, den lärare som forskningen visar är den som lyckas bäst i sin undervisning, behöver du som sagt stanna i vuxen-jaget. Och det är lättare sagt än gjort i en vardag där oväntade problem ofta dyker upp och konflikter och konfrontationer alls inte är ovanliga. I vuxen-jaget behöver du vara balanserad oavsett vad som inträffar, resonerande när andra söker konflikt, pragmatisk i din problemlösning, konsekvent och resolut i ditt agerande, opartisk i din syn på såväl den egna undervisningen som på dina elever. Detta förhållningssätt har flera omedelbara fördelar.

Om du odlar ditt vuxen-jag i klassrummet, så frammanar du en bild av dig själv som lugn och balanserad, en kompetent auktoritet som inger trygghet. Denna inre bild hos dig kommer att smitta av sig på eleverna. Med bilden kommer ett ökat självförtroende hos dig, en insikt om att du faktiskt lugnt och sakligt klarar av att hantera alla de olika situationer som dyker upp i din vardag. Med det ökade självförtroendet ökar elevernas förtroende för dig.

En annan fördel är att om du lägger dig vinn om att bevara ditt lugn i alla lägen, så ger du dig själv en möjlighet att bättre klara varje enskild problemställning. Att arbeta rationellt med tanken istället för att reagera emotionellt gör att du behåller ditt lugn och kan använda ditt omdöme fullt ut. Din förmåga att tänka och resonera är betydligt bättre när du är lugn och balanserad i sinnet, och därför blir din analys av varje enskild situation mer nyanserad och insiktsfull, och därför mer användbar.

Det finns många vinster med att du försöker bevara ditt lugn i ditt dagliga värv. Genom att du är lugn kan du gå in i varje situation prestigelöst. Detta innebär att du inte känner att du förlorar ansiktet i svåra situationer. Hittar du själv ingen lösning, så fråga eleverna och resonera öppet och ärligt kring ditt upplevda predikament. Irrationella och känslomässiga överreaktioner skapar snabbt en förtroendekris mellan dig och dina elever. Förtroende bygger i mångt och mycket på att du föregår med gott exempel som den vuxne i rummet, vilket i sin tur förutsätter att du aldrig är oberäknelig i dina reaktioner eller, ännu värre, överreagerar.

Genom din objektivitet i vardagen och ditt upphöjda lugn kommer du snart att finna nya glädjeämnen. Ett lugnt positivt sinne smittar av sig på eleverna genom att du signalerar just detta genom språkbruk, röstläge, mimik och kroppsspråk. Sist men inte minst ger lugnet dig en fördjupad förmåga till reflektion. Du kommer snart att se nya aspekter av dina elever, din undervisning och din arbetssituation.

Sammanfattning Kapitel 4

- *Barn och ungdomar är beroende av en god relation med sina lärare för att utvecklas och prestera akademiskt i klassrummet.*
- *Läraren behöver spela rollen av den inkännande läraren. En inkännande lärare ska vara mottaglig, inkännande, uppmärksam och alert – inte överkänslig.*
- *För att lyckas vara den inkännande läraren och behöver läraren uppmuntra vuxna beteenden hos eleven och får klassrum som fungerar bättre med betydligt högre engagemang från elevernas sida. Läraren och eleverna ska mötas i jag-tillstånd som präglas av vuxenhet.*
- *Begreppet inkännande lärare sammanfattas med fyra karakteriserande egenskaper: medveten, mottaglig, lösningsorienterad samt god förmåga att skapa ett öppet klimat i klassrummet.*
- *Som lärare behöver du vara hundraprocentigt uppmärksam på var och en av dina elever från lektionens start till dess slut.*
- *Det gäller att ha en positiv elevsyn med en professionell distans till eleverna.*
- *Sträva efter att som lärare vara omtyckt och respekterad, inte populär.*

Kapitel 5. I andra huvudrollen: Den unge vuxne eleven.

Enligt Pianta så verkar många gånger förmågan saknas i skolan att göra klassrummen till platser som främjar utveckling hos eleverna. Detta trots att stora resurser läggs ned för att skapa just denna utveckling. Studier pekar tvärtom på att undervisningen i liten utsträckning grundar sig i ungdomars utvecklingsbehov. Faktorer som verkligen motiverar eleverna saknas.[47]

> Ungdomar beskriver sina erfarenheter från skolan som irrelevanta och som att passande och meningsfulla utmaningar saknats. Dessa mönster förvärras dramatiskt för ungdomar som går på skolor i låginkomstområden, på landsbygden, på stora skolor, och för dem med en bakgrund av svaga prestationer eller problembeteenden. (Pianta et al 2012)

Förra kapitlet inleddes med en diskussion kring rollfördelningen i klassrummet. För att en god lärmiljö ska kunna uppstå och för att ett effektiv lärande ska kunna ske, krävs ett samspel, en interaktion, mellan läraren och eleverna – därav begreppet Interaktiv undervisning. Om inte rollerna är klara och tydliga så blir samspelet bristfälligt, och resultatet av undervisningen därefter. Läraren behöver vara känslig, så till vida att hen är mottaglig och medveten, men också lösningsorienterad när problem uppstår. Sist men inte minst behöver hen förmå skapa ett klassrum med ett positivt och öppet klimat. För att samspelet ska fungera krävs att eleverna ikläder sig rollen som den «unge vuxne» av flera skäl.

Engagemanget i skolarbetet börjar avta tidigt i tonåren, och när gymnasiet börjar är detta avtagande så till en punkt uttalat att nästan hälften av gymnasieleverna från rader av olika skolor uttrycker att de inte tar sina studier på allvar ... Vidare drar ungdomarna med sig sina

---

47 Pianta et al 2012

kamrater; att göra bra ifrån sig i skolan går från att ha varit en högt värderad egenskap till något negativt i mitten av tonåren. Samtidig är engagemang och inneboende motivation avgörande i tonåren ... (Pianta et al 2012)

Den viktigaste orsaken till att samspelet mellan de två huvudrollsinnehavarna är så centralt är det som ska ske i klassrummet, nämligen undervisningen. Betänk att du går in på en lektion och förväntas leverera följande faktorer samtidigt. Ett: inom det huvudområde av den interaktiva undervisningen som kallas emotionellt stöd förväntas du se alla elever och ha en bra, öppen dialog med dem. Två: du förväntas samtidigt utifrån huvudområdet klassrumsorganisation ansvara för att klassrummet har god ordning och studiero samt att undervisning är engagerande och effektiv. Tre: parallellt med detta arbete ska du, utifrån huvudområdet undervisningsstöd, ideligen utmana eleverna intellektuellt och ge återkoppling som får dem att växa. I ditt klassrum kan stordåd ske, men de kommer inte av sig själva.

Enkelt uttryckt är en ung vuxen elev en elev som befinner sig i transaktionsanalysens vuxen-jag. I vuxen-jaget visar en person sidor som normalt associeras med ett vuxet beteende. En vuxen person förväntas – till skillnad från ett barn – vara ansvarsfull, resonlig, balanserad, korrekt, samarbetsvillig, öppen i sinnet, tålmodig, målmedveten, självdisciplinerad och självmotiverad. Naturligtvis är det alldeles för mycket begärt att en normal sextonåring konstant ska uppvisa alla dessa ädla karaktärsdrag varenda lektion, och dessutom helst också på rasterna. Men det är denna lista av karaktärsdrag som är målbilden, och någonstans måste man börja.

Inom TA så slår man fast att det eftersträvansvärda är att två personer möts som två vuxna – att relationer odlas mellan två vuxen-jag. Att konflikter löses genom ett utbyte av argument och synsätt mellan två vuxen-jag. Är dessa osams i någon fråga bör båda sträva efter att bevara lugnet och stanna i vuxenrutan. Då blir samtalet konstruktivt, prestigelöst och lösningsorienterat. Sakliga argument ställs mot varandra. Om vi tänker efter på vår egen vardag, så stämmer resonemanget med verkligheten mycket väl, de gånger vi umgås med andra utifrån vuxen-jaget.

Överfört till klassrummet kommer då en vuxen (den inkännande läraren) möta en grupp unga vuxna (eleverna). Så länge alla förblir i sina roller och anstränger sig för att visa sina vuxna sidor så uppstår ett konstruktivt och produktivt samarbete. Samtalen blir resonliga och kan gå på djupet och utmana. Alla får komma till tals. Lärandet blir kollektivt samtidigt som det i hög grad är individuellt. Själva kvaliteten på undervisningen är avhängig av detta samarbete. Forskarna bakom den interaktiva undervisningen ger en bild av vad den bakomliggande forskningen visat på:

> Man kan inte läsa dessa studier och undgå känslan av att ... de vuxna som ansvarar för kvaliteten helt enkelt inte är relationsmässigt involverade ... Ändå, trots denna dystra bild av klassrummen, är det också sant att nästan varje elev med passion och entusiasm kan beskriva en relation med en lärare som de kände som meningsfull och betydelsefull för dem, ofta med många belägg för sina påståenden.
> (Pianta et al 2012)

Paradoxen

Utmaningen i allt detta är att många svenska ungdomar som kommer till gymnasieskolan har en bakgrund från grundskolan där de till stor del behandlats som barn. De har tilltalats som barn. De har levt ett liv i skolan med litet eller inget ansvarstänkande, en behaglig tillvaro med många rättigheter men ytterst få skyldigheter, om ens några alls. I deras värld är det läraren och skolans medarbetare, de som ska vara de vuxna i rummet, som bär på ansvaret och skyldigheterna. I deras värld kan man bete sig nästan hur man vill utan konsekvenser. Hänsyn till kamraternas behov, eller för den delen lärarens, har blivit okända storheter för dem. Respekt är ett ord som förekommer i dokusåpor, rapmusik och möjligen någon actionrulle. Ordet respekt, som det förstås av oss vuxna, blir därför något abstrakt och svårförståeligt för varje elev med bakgrund i en mer eller mindre svajig högstadieskola. Konceptet hänsyn har många av dem inte konfronterats med tidigare, än mindre fundamentala idéer som alltid format vårt samhälle, såsom att alla handlingar har konsekvenser.

Det paradoxala i denna ganska dystra bild, är att i stort sett varje ungdom som kommer till gymnasieskolan verkar ha ett utvecklat vuxen-jag inom sig, färdigt att plocka fram och vidareutvecklas. Arbetar man som lärare medvetet från första början konstant med att bejaka den vuxna sidan hos eleverna så kan man nå väldigt långt med lärandet i klassrummet. Alla de delar som efterfrågas inom den interaktiva undervisningen blir naturliga beståndsdelar som sammantagna ger en högeffektiv undervisning. Å andra sidan, väljer läraren att fortsätta bejaka elevernas barna-jag i attityd, tilltal och relationer, så blir resultatet förödande. Det blir en infantilisering av eleverna vilken hämmar lärandet på ett allvarligt sätt, eftersom undervisningen och därmed kunskapsinhämtningen aldrig blir effektiv. Stoj och stök och barnsliga beteenden fungerar dåligt ihop med kunskapskraven i gymnasieskolan. Detta är min erfarenhet.

Paradoxen att elever som kommer till ditt klassrum aldrig så barnsliga, inom några få lektioner kan fungera och agera som unga vuxna, är oerhört intressant. För från lärarens sida krävs ingen kommandostämma eller bombastiska, auktoritära utfall. Förvandlingen sker, som vi strax ska se, relativt subtilt och åstadkoms med små medel. Min gissning är att nästan alla barn (läs ungdomar) redan har med sig denna sida från barnsben. Alla barn, nästan oavsett bakgrund, växer upp i familje- och släktkonstellationer där respekt, artighet, hänsyn och omtänksamhet är hörnstenar. Man har äldre släktingar eller vänner, kanske en farmor eller morfar, som tillsammans med föräldrarna lär barnen de sociala koderna inom familjen. I vissa kulturer är titulaturen viktig. Ofta är hälsningsfraser och förmågan att visa tacksamhet, ibland respekt som gränsar till vördnad, centrala. En rad olika normer och mer eller mindre nedärvda regler som styr det sociala sammanhanget inympas hos barnen redan från första början.

Det intressanta är att när barnen väl börjar skolan får de ofta lära sig att de beteenden som de lärde sig som små barn, inte alls behövs i denna nya kontext, grundskolan och gymnasiet. De kommer från hem där respekt, hänsyn och artiga umgängesformer är legio för barn såväl som vuxna, men behöver plötsligt inte använda denna kompetens. Här värdesätts istället barna-jaget, ansvarslöshet och ett utpräglat själviskt tänkande av lärare som bejakar de egna föräldra-jagen. Föräldern omhändertar och beskyddar det (inkompetenta) barnet.

Det börjar med ett enkelt «Hej!»

Men en tillvaro såsom den uttrycks inom den interaktiva undervisningen, präglad av att alla elever blir sedda, visar varandra hänsyn och respekt, interagerar med läraren och visar prov på mognad och begynnande självständighet, förutsätter egentligen att alla elever i en klass bejakar sina vuxen-jag samtidigt. Och detta efter att många av dem under år knappt haft någon som helst kontakt med det egna vuxen-jaget i skolans kontext. Hur gör man?

Jag börjar alltid enkelt med en enda sak, uttrycket «Hej!». Jag hälsar på alla elever överallt, varje gång vi ses, med ett «Hej!», och förväntar mig uttryckligen att bli bemött på samma sätt. Detta kan förvisso tyckas vara en plattityd, en intetsägande kliché, som har lite med verkligheten att göra. Inget kan vara mer fel. En hälsningsfras är i all sin enkelhet inte bara själva ingången till ett vuxet samarbete i och utanför klassrummet. Den är en hävstång som i grunden formar hela mitt umgänge med mina elever. I själva verket har människor ifrån alla kulturer alltid använt hälsningsfraser i det sociala umgänget. Våra förfäder handhalsade (hälsade) frith (frid) med varandra när de möttes, redan för tusentals år sedan, genom att med öppna händer fatta varandras handleder. Inuiter hälsar familj och nära vänner med en kinuk, där ansikten, företrädelsevis näsorna gnids mot varandra under inandning. På kinesiska betyder uttrycket «hej» ordagrant «Du (ä)r bra.»

Min poäng är att hälsningar och hälsningsfraser, vanligen vissa förutbestämda ord kopplade till en gest eller ett ansiktsuttryck, finns i alla mänskliga kulturer. Utom i den svenska skolan. Visst är vi många lärare och elever som hälsar på varandra, men min slutsats är att undantagen är ännu fler.

Undantagen är riktigt många, menar jag. Elever som hellre tittar ner i golvet eller mobilen istället för att glatt hälsa på sin lärare. Lika illa är det nästan om eleverna bara hälsar på vissa kamrater, men förbiser andra. Till slut finns där några som ingen hälsar på. Kamrater som inte blir sedda. Lärare som med blicken fäst i marken tigande kilar från lärarrummets trygghet till nästa lektionssal och defilerar förbi alla de elever som hen strax ska undervisa. Eller, nästan lika illa, lärare som selektivt hälsar på vissa kända ansikten men bortser från andra. Att hälsandet i många klassrum och skolor inte kommer naturligt för alla som befinner sig där, gör att vi går miste om några centrala delar: sammanhanget och samhörigheten.

Till och med våra husdjur hälsar på oss och varandra. Hunden tappar helt koncepterna av glädje när du kommer hem. Katten stryker sig ivrigt mot dig. Det ligger, skulle man alltså kunna argumentera, i vår natur att hälsa på varandra. Syftet med en hälsning är dels att göra vår närvaro och avsikt känd, dels att se de andra och bli sedd av dem. Det finns hälsningar som indikerar hierarkisk nivå, men dem lämnar jag därhän eftersom de, i sammanhanget, är irrelevanta. Att inte hälsa på en person som har sett dig och som du sett, signalerar att du inte erkänner personens närvaro. Det är ett tydligt avståndstagande och blir första steget till en utfrysning, på vilken ingen god relation kan byggas. Att inte hälsa på en medmänniska som du faktiskt är bekant med är inte bara djupt oartigt, det hindrar fortsatta naturliga sociala kontakter. Att inte hälsa på en annan människa kan stigmatisera. Att inte hälsa på en annan människa verkar alltid nedvärderande. En människa som du väljer att inte se, har inte samma värde som dem du väljer att hälsa på. Om du inte har hälsat på en elev tidigare i korridoren, och sedan går fram till hen med något viktigt, uppfattas du som påflugen och arrogant. Sådant är det sociala språket i stort sett i alla kulturer.

När jag vid första mötet med mina elever, ungdomar som kommer från vitt skilda delar av Storstockholm, förklarar hälsningens betydelse så möts jag av förvåning. De skruvar oförstående på sig och tycker att påfundet verkar onödigt och överdrivet. Samma elever som utanför klassrummet kan ge sig hän i rena hälsningsceremonier, komplexa med olika gester, ansiktsuttryck och miner, tycker plötsligt att det allmänna hälsandet är överdrivet. Det beror på att de har lärt sig att hälsandet ska vara selektivt i skolan, en ritual mellan människor man känner, ett uttryck för social tillhörighet – och en stigmatisering av de som inte inkluderas i gruppen. Jag fortsätter mitt första möte med att först presentera varför det är viktigt att hälsa och sedan diskutera ämnet. Därefter förväntar jag mig att vi, jag och eleverna, hälsar på varandra varhelst vi möts. I skolan eller utanför. Skulle det inte fungera, så tar jag konsekvent upp ämnet för diskussion tills det fungerar för varje elev i varje klass jag undervisar.

Att införa hälsningsritualen «Hej!» kan ju som sagt på ytan tyckas trivialt, lite onödigt, men det ger mig och mina elever flera fördelar. Först och främst ger det oss en svårslagen tillgänglighet. När vi väl hälsat första gången på dagen, så öppnar det upp för att diskutera andra ämnen: ett rättat prov, att någon kommer sent eller något annat som just denna dag känns viktigt för mig eller eleverna. För det andra ger det mig snabbt och enkelt en lägesrapport, utan att behöva göra mer än att uttrycka ett «Hej!». Under själva hälsningen möts våra blickar och vi utbyter i själva verket otaliga signaler mellan varandra, subtilt och omedvetet, i mimik, röstläge och blick. Blicken och intuitionen säger mer än tusen ord. Det ger mig fördelen att jag får reda på hur den enskilde eleven mår samt hur det för dagen är ställt med elevgruppen. Detta ger mig ytterligare en fördel eftersom jag redan före lektionen vet hur det är ställt med olika saker av relevans för mig och eleverna. Det innebär att jag kan ta initiativ till en ändring eller förebyggande åtgärd, istället för att anlända till lektion och mötas av allehanda överraskningar. För det femte följs hälsningarna ofta av meningsutbyten och kortare eller längre konversationer. Följaktligen lär jag känna eleverna bättre och snabbare genom att hälsa på dem. Sist men inte minst ger hälsningen mig ett initiativ som är viktigt för mitt ledarskap i klassrummet. Genom själva hälsningen etablerar vi nämligen ett socialt kontrakt oss emellan. Jag är Johan, (den inkännande) läraren, och du är (den unge vuxne) eleven. I detta kontrakt ingår, som vi ska se, ett antal uttalade och outtalade normer som tillsammans bygger förtroende mellan mig och varje enskild elev. Normer kring förväntningar, krav, tilltal, var gränserna går och vilket ansvar, vilka rättigheter och skyldigheter som ingår i respektive roll. Hälsningen är själva början på vår interaktiva undervisning.

Nästa steg är ansvarsfördelningen

På varje svensk arbetsplats regleras umgänget av alla som arbetar där av en uppsättning normer, som avgör vad som är okej att göra och säga. Hur man umgås, hur man hälsar, hur man hanterar meningsmotsättningar, vad man erkänner existerar i samvaron och vad man förvisar in i förnekelsens rum. Inte minst regleras ansvarsfördelningen mellan dem som jobbar på arbetsplatsen. Utan en ansvarsfördelning saknas samordning mellan dem som jobbar på arbetsplatsen. Endera så överlappar ansvaret vilket skapar dubbelarbete eller så faller viktiga arbetsuppgifter och frågor mellan stolarna, så att vissa uppgifter inte utförs alls, vilket påverkar ansvaret och arbetet för alla i gruppen.

Precis som på vilken annan arbetsplats som helst, behöver ansvarsfördelningen i ett klassrum vara tydlig. Detta är själva förutsättningen för att undervisningen ska kunna bli effektiv. Ansvarsfördelningen skapar förväntningar på vem som ska göra vad och varför. Lärarens ansvar är ju relativt tydligt. Hen ansvarar för sin undervisning samt bedömningen av hur elevernas kunskapsinhämtning fungerat. Av detta följer att läraren ansvarar för allt förarbete, själva undervisningen samt allt efterarbete efter varje lektion. Att lektionerna är väl strukturerade, lektionsdelarna varierade och att undervisningen lockar till lärande. Listan kan göras lång, men kan sammanfattas med att lärarens ansvarsområde är klart och tydligt.

Elevens ansvar är å andra sidan långt ifrån lika glasklart. En klok terapeut lärde mig en gång att:

Ett barn har inget ansvar, en vuxen har allt ansvar.

I mitt tycke en passande princip att utgå ifrån i detta resonemang. Barn har per definition inget ansvar. Därför ska vi vuxna finnas där och med omtanke varsamt vägleda, uppmuntra och diskutera, men också om så krävs, dra gränser. Det är den vuxnes ansvar. Begreppet ansvar brukar definieras som «något som det är ens uppgift eller plikt att ta hand om». Överfört till skolans värld så har en förskolelärare ett omfattande ansvar eftersom hens adepter rimligen inte kan förväntas ta hand om sig själva. Läraren måste vara närvarande hela tiden, ledsaga, trösta, uppmuntra och successivt undervisa de små i vad det innebär att vara människa, egentligen om vad livet innehåller.

Men barnet genomgår som bekant en omfattande och relativt snabb utveckling. Livets skola som handlar om grundläggande sociala normer, om relationer och liknande fylls gradvis på med kunskaper som är oumbärliga för barnen lite längre fram i livet. I lågstadiet har ansvarsfördelningen förändrats lite grann från den i barnomsorgen. Barnen söker sin självständighet längre ut på skolgården. Lekarna ändrar karaktär. Fostran, alltså lärandet om livet, hamnar lite mer i bakgrunden och kunskapsskolan tar vid. Kunskaper ska läras ut och färdigheter utvecklas. Först i högstadiet i samband med att puberteten gör sig gällande, förändras vardagen i grunden för barnen. Nu plötsligt ska de sociala färdigheterna sitta både i och utanför klassrummet. Tonåren innebär ett sökande efter den egna identiteten och grupptillhörigheten men också en inneboende längtan efter mer självständighet i tillvaron. En iver efter frigörelse, efter att stå på egna ben utan överinseende från de vuxna hela tiden. I gymnasieskolan, givet de kunskapsmässiga utmaningar och krav som väntar där, behöver barnet vara flygfärdigt, och man behöver kunna skönja konturerna av en ung vuxen. Ur ett forskningsperspektiv kan det se ut så här:

Ironiskt nog visar nära observationer av snart sagt varje gymnasieskola i USA att unga – både de som är svagpresterande och de som är högpresterande – ofta uppvisar slående höga nivåer av engagemang i skolan. Sällan är detta fallet i klassrummet. Gymnasieskolornas korridorer, lunchmatsalar och skolgårdar kokar bokstavligt talat över av ungdomlig energi, spänning och entusiasm … Bara när samma elever inträder i klassrummen sjunker energinivåerna markant, och det är sällsynt att en given elev känner anknytning med en lärare, ett innehåll i klassrummet eller ett ämne på ett sådant sätt att hen presterar högt eller får ett «flow».
(Pianta et al 2012)

Ungdomar som har svårigheter att anta denna nya roll har svårt att anpassa sig till kraven på gymnasiet. Elever som saknar impulskontroll tappar fort uppmärksamheten i klassrummet och lärandet blir som bäst fragmentariskt. Detta är naturligtvis inte fallet med särskilt många ungdomar. Barn som av olika skäl har svårt att anta rollen som ung vuxna, har denna svårighet eftersom de saknar viljan eller förmågan att ta eget ansvar. De förblir i ordets sanna mening just barn, och deras ungdom – och får man anta vuxenliv – riskerar att bli en förlängd barndom. Dock vill jag poängtera att sambandet med denna bristande samarbetsförmåga hos vissa elever har, i min erfarenhet, lite eller inget att göra med eventuella diagnoser hos dem. Snarare är de formade av erfarenheter hemifrån eller från skolan.

Min poäng är att ansvarstagandet är kärnan i att vara vuxen. Att man växer upp till en hedervärd person som går att lita på, som kan samarbeta, som kan hantera motgångar och frustration, som klarar av att visa hänsyn och omtanke, som klarar av att bygga vuxna relationer med omgivningen. Som klarar av att förstå att olika situationer ställer olika krav på en som individ. Barnkammarens och förskolans kravlöshet är på djupet en helt annan värld än gymnasieskolan. Av detta följer att barn som inte ges möjligheter att utveckla sin förmåga till ansvarstagande, hänsyn, krav, nyfikenhet och uppmärksamhet i form av vägledning och gränsdragning under högstadiet, riskerar att uppleva gymnasieskolan som förlorade år. Ännu värre är att den dåliga självbild som de får av att inte klara gymnasiet på det sätt som de själva tänkt sig, samtidigt som flertalet av deras kamrater klarar sig alldeles galant, kan komma att sitta kvar och forma deras framtid långt upp i vuxen ålder.

Å andra sidan har jag under åren sett många exempel på ungdomar som i rätt skolmiljö snabbt hittar sin nya roll, axlar ansvaret och antar utmaningarna på ett formidabelt sätt, trots att de kommer från hem och skolor som lämnar en hel del i övrigt att önska när det gäller fostran och utveckling. Med rätt skolmiljö menar jag då naturligtvis att de hamnar i klassrum som präglas av emotionellt stöd, klassrumsorganisation och undervisningsstöd. Inte minst med dessa ungdomar i åtanke är den interaktiva undervisningen oerhört central.

Ansvar och befogenhet

I vårt samhälle talar vi inte ofta om ansvar. Även om ansvarstagande är en oumbärlig del av varje mänsklig samvaro, så är ansvarstagande inte något vi gärna berör i det offentliga samtalet. Tvärtom. Istället skulle man kunna argumentera, att motsatsen, att skylla ifrån sig, har brett ut sig. Inom politiken är metoden att skylla på den motsatta sidan vanlig. Likaså tycks myndigheter och andra företrädare för det offentliga rummet ha svårt att ta ansvar när skiten slår i fläkten. Vilket händer ibland.

Med dylika förebilder i åtanke är det föga förvånande att ansvarstagande inte står högst på agendan i undervisningen på våra skolor. Dock kan man på ett övertygande sätt argumentera för att ansvarstagande hos såväl lärare som elever i högstadiet och gymnasieskolan är helt avgörande för god undervisning. Ärligt talat, kan jag inte se några motargument som håller ett trovärdighetstest. Varken utifrån evidensbaserad forskning, beprövad erfarenhet eller det sunda förnuftet, kan någon med fog hävda att en effektiv undervisning som ger goda elevprestationer kan uppstå i en miljö där eleverna inte tar ansvar.[48]

En god regel som gäller implicit vid all form av ansvarstagande är att nsvar och befogenhet måste följas åt. Befogenhet i betydelsen handlingsfrihet. Ska man ansvara för en viss uppgift behöver man rimligen tillräckligt mycket frihet för att fatta de beslut som behövs för att värna ansvaret. Inom den interaktiva undervisningen är detta ett återkommande tema eftersom elevernas självständighet, inte minst under gymnasietiden, är av stor vikt.[49] För att möta dessa centrala behov hos eleverna behöver därför både ansvaret och befogenheten öka gradvis under dessa år. I praktiken innebär detta att eleverna successivt behöver få möjlighet att fatta allt fler och allt större beslut. Beslut som i sig behöver vara meningsfulla.[50] Detta kan, för att konkretisera,

---

48 Hafen et al 2014
49 Pianta et al 2012
50 Hafen et al 2014

handla om ordningsregler, om lektionernas innehåll eller om när i tiden prövningar ska ske eller hur dessa ska se ut. Betoningen bör här ligga på gradvis ökande ansvar och befogenhet. Det finns inget eller lite lärande i att fatta beslut om eleverna fallerar i sitt ansvarstagande. Ska eleverna exempelvis ska dela ansvaret för ett kursavsnitts prövningsformer, så behöver de vara bekanta med styrdokumentet från Skolverket.

En viktig del i detta som ofta missförstås är hur detta elevinflytande konkret bör ske. Det finns en uppsjö pedagogiska lekar kring elevdemokrati. Det finns också en, i mitt tycke, missvisande bild av hur inflytande ser ut i praktiken. Man verkar ha fått för sig att inflytande i skolan bör ske genom handuppräckning, där majoriteten alltid vinner.

Naturligtvis kan detta vara lämpligt ibland, inte minst vad gäller frågor av mindre betydelse. Mitt motargument är att handuppräckning och liknande arrangemang är ytterst ovanliga ute i det samhälle som våra elever ska verka i. Jag har under snart ett halvsekel på olika arbetsplatser i olika länder nästan aldrig sett varken att majoritetsprincipen eller handuppräckning nyttjas i beslutsprocesser. Undantaget är för politiska val, eller beslut i bolagsstyrelser och olika ideella föreningar. Skolan är här inget undantag som arbetsplats. Rektor och ytterst huvudmannen har ansvaret för att leda och fördela arbetet.

De allra flesta av eleverna i gymnasieskolan kommer att tillbringa merparten av sina liv på helt vanliga arbetsplatser. Att ha inflytande över sitt arbete i någon omfattning är viktigt både för trivsel och hälsa. Därför är det av stor vikt att de tränar sig i att påverka sin arbetssituation genom att argumentera sakligt. De behöver tillägna sig den typ av inflytande som i olika former letar sig in i mediernas debattsidor, olika klipp på Youtube, men framför allt karaktäriserar vardagen både hemma och på arbetet. Nämligen argumentationstekniken. Visst anordnas det nu och då formella debatter i skolan kring förvisso angelägna och stora frågor. Men det är skillnad mellan att låta två elevlag argumentera exempelvis dödsstraffets för- och nackdelar och att besluta om en för dem riktigt viktig fråga i skolvardagen. Den senare kan dela klassen i diametralt motsatta uppfattningar. Plötsligt ställs inte bara elevernas analytiska och retoriska förmåga på sin spets. Diskussionen ska ju trots allt utmynna i ett beslut där allas vilja inte kan jämkas samman.

Naturligtvis är kompromisser angelägna, men långt ifrån alltid möjliga. Och ännu viktigare, om beslutet går emot vissa elevers uppfattningar, så behöver de lära sig att ta motgången prestigelöst, utan sura miner, och ställa sig bakom beslutet. Precis som i verkliga livet.

Arbetslivet för de allra flesta människorna karaktäriseras av två förhållanden, två förutsättningar, som man som anställd alltid måste förhålla sig till. För det första så råder ingen egentlig demokrati på någon arbetsplats. Utan där råder Lucia-principen. Att inte alla kan få vara Lucia i arbetslivets luciatåg, till skillnad från i tågen i småskolan, är en sanning med stora konsekvenser för var och en. Det innebär att du i egentlig mening har väldigt lite att säga till om, var du än väljer att arbeta. Du kommer alltid att ha en chef, och din chef kommer också att ha en chef, och så vidare. Bara om du är egen företagare och ordförande i din egen styrelse plus helt ekonomiskt oberoende, så kan du bestämma vad du önskar.

Alldeles särskilt gäller detta viktiga beslut om saker och ting som i sanning påverkar och berör dig. Betänk hur din vardag i skolan fungerar. Visst du får bestämma hur din undervisning ska vara och till viss del får du besluta om innehållet. Men du måste i allt du gör förhålla dig till Skolverkets styrdokument kring programmål, centrala områden, förmågor och kunskapskrav för dina ämnen. Dessutom har de flesta huvudmän och rektorer otaliga mer eller mindre tillämpbara idéer om vad du ska göra, säga, hur du ska agera i stort och i smått. Dessutom ska allt administreras ner på atomnivå. Inte därför att det finns lagstadgade krav på att allt ska bokföras på mikronivå, för ingenting i Skollagen eller Gymnasieförordningen dikterar något sådant. Nej, administrationen som fyller dina dagar syftar till att den som är «Lucia» på din skola (rektorn) ska kunna kontrollera dig. Detta på grund av att hens Lucia (verksamhetschefen) inte riktigt litar varken på dig eller din rektor. Det gör för den delen inte verksamhetschefens Lucia heller (utbildningschefen). Och så vidare, allt efter devisen: «Förtroende är bra. Kontroll är bättre».

Handen på hjärtat, om du hade fått besluta allt i ditt arbete efter eget huvud, visst hade saker och ting varit annorlunda på din skola? Det är just därför argumentationsförmågan är så central. Den ger den enskilde medarbetaren och grupper av medarbetare inflytande, och detta inflytande, oavsett hur

marginell det än kan tyckas, är ofta avgörande för vår trivsel på vår arbets-
plats. Att inte på något sätt kunna påverka den egna arbetssituationen, verkar
starkt demotiverande på alla människor. Med andra ord är en utvecklad
förmåga att kunna argumentera av stor vikt för eleverna, både i deras skol-
vardag och där de hamnar i framtiden. För det andra, och lika viktigt, är
att argument lyfts fram och värderas, att öppna diskussioner sker. Det är
avgörande för alla organisationers framgång, inte minst i skolans värld.

Det var länge sedan det ansågs lämpligt att en chef satt instängd på sitt kon-
tor och tänkte ut vad som skulle ske och sedan meddelade arbetarna detta
i form av dekret. Sådant kallas chefskap, alltså en auktoritär ledarstil, och
hör en förgången tid till. Det är länge sedan man insåg att en mångfald av
argument som stöts och blöts i en diskussion ger bättre beslut som gör att
organisationen lyckas bättre. Helt enkelt därför att det för organisationen
bästa argumentet då oftast vinner. Men ska man delta i denna diskussion
på sin arbetsplats och på allvar kunna bidra, så behöver argumentationsför-
mågan vara utvecklad, både retoriskt och analytiskt. Och man behöver lära
sig att vara prestigelös och respektera beslut.
Dessa förmågor bör utvecklas redan under högstadiet och gymnasiet.

Ansvar och tillräknelighet

Om vi sällan talar om ansvar i det offentliga rummet, så diskuteras den del
av ansvar som benämns tillräknelighet i stort sett aldrig. Tillräknelighet
handlar om själva utkrävandet av ansvar. Om ett ansvarsområde utvecklas
väl utifrån uppsatta mål, så får den ansvarige välförtjänt beröm. Om ansvars-
området däremot utvecklar sig mindre bra, kanske till och med dåligt, så får
den ansvarige kritiken. I bästa fall, även om så sällan sker, får den ansvarige
lämna över ansvaret till någon annan.

Exempelvis är begreppet ansvar centralt i de anglo-saxiska och tyska språk-
områdena. På engelska är uttrycket *accountability*, som i «to be accountable

for ones actions», fritt översatt: «att stå till svars för ens handlingar». I USA mer än i Storbritannien så kännetecknar denna devis en viktig del av arbetsmarknaden. Den chef som inte levererar få gå. I Tyskland ligger utkrävandet till och med implicit i den tyska glosan för att vara ansvarig för något: «*um fur etwas verantwortlich zu sein*».

Vad har nu detta med den svenska skolan att göra, kan man fråga sig? Jo, min poäng är att en fungerande undervisning behöver bygga på ansvarskänsla och att var och en, lärare som elev, inser att de egna handlingarna har konsekvenser. Det är till och med så att om man ger någon ett ansvar, utan att samtidigt göra hen tillräknelig, så blir ansvarstagandet som bäst undermåligt och ineffektivt. Jag talar inte om att människor presterar bättre under hot om bestraffningar och repressalier. Tvärtom. Rädslor hämmar, vill jag påstå, alltid prestationsförmågan (förutom det självklara faktum att en kultur byggd på rädslor alltid är moraliskt förkastlig). Men om du har ett ansvar för vilket du också uppbär vissa befogenheter och samtidigt är tillräknelig, så kommer du alltid känna dig mer motiverad att göra ditt bästa, eftersom vad du i grund och botten fått är ett förtroende av någon som litar och tror på dig. Och människor växer med förtroende. Våra elever behöver få förtroende precis som vi lärare behöver det i vår yrkesutövning.

I ett klassrum är det nämligen avgörande med en kultur byggd på förtroende, ansvar och hänsyn för att undervisningen ska kunna bli effektiv och för att eleverna ska lära sig så mycket som möjligt. Poängteras bör att vetskapen om att där finns konsekvenser är vad som gör att klassrummet fungerar. Ingen annan mänsklig sammanslutning har någonsin kunnat fungera utan regler och normer. Harmonisk anarki är och förblir en ren utopi. Om man ser till ursprungsfolk runtom i världen, och det vi vet om dem, så har alla dessa stammars överlevnad i alla tider vilat på regler och normer av olika slag.[51] Några av de äldsta bevarade skrifterna i vår egen kultur var just lagar och lagrum, exempelvis Västgötalagen. Många är nedtecknade muntliga traditioner med urgamla anor.

Med andra ord, syftet med lagar och normer, och deras vidhängande konsekvenser, är att skapa en kultur av ömsesidigt förtroende. En kultur där en inkännande lärare kan ge unga vuxna elever en förstklassig under-

---

51 Burenhult 2002

visning. Konsekvenserna av att någon medvetet bryter mot någon regel eller norm, finns bara där som en gemenskapens yttersta ramverk. Undervisning, såsom den formuleras inom den interaktiva undervisningen, kan i egentlig mening bara existera om konsekvenser, exempelvis att en elev avvisas från klassrummet, sällan eller aldrig behöver tillämpas.

> Enligt vår åsikt … är engagemang en relationsprocess. Den återspeglar elevernas kognitiva, känslomässiga, beteendemässiga och motivationsmässiga tillstånd och kapaciteter, men är till viss del betingad av mellanmänskliga relationer som igångsättare och organisatörer av dessa tillstånd och kapaciteter som tjänar ett högre utvecklingstillstånd eller mål.
> (Pianta et al 2012)

Om skyldigheter och rättigheter

Ansvar, rättigheter och skyldigheter är lite samma andas barn, eller hur? Tråkiga att tala om. Kantiga uttryck som vi gärna hoppar över. Samtidigt är vi i vår vardag, i skolan och utanför den, helt beroende av att dessa begrepp finns för handen. Utan dem skulle våra liv slungas i kaos och hela vår civilisation skakas om i grunden. Tycker du att jag överdriver? Betänk följande: vårt samhälle vilar på att alla tar sitt ansvar, att alla respekterar sina skyldigheter och bejakar sina rättigheter i motsvarande mån. Samhällen där detta inte fungerar berövar sina medborgare deras trygghet både fysiskt, psykiskt och ekonomisk. Laglöshet, korruption och förtryck breder ut sig. Vården, skolan och omsorgen upphör att fungera. Oro och rädsla är de känslor som behärskar ett sådant samhälle. Många är exemplen runt om i världen där grundläggande och samhällsbyggande begrepp såsom ansvar, rättigheter och skyldigheter lyser med sin frånvaro och situationen blir outhärdlig för många. Människor flyr.

I grund och botten är det dessa tre grundvalar, och några till, som vår demokrati vilar på. De är så självklara att vi sällan tänker på dem, än mindre talar om dem. Även i skolan måste ansvar, rättigheter och skyldigheter finnas för att en god och effektiv undervisning ska kunna ske. Detta eftersom samspelet mellan den inkännande läraren och hens elever bygger på att alla bejakar sina respektive roller, det ansvar, de rättigheter och skyldigheter som hör till dem. Begrepp som dessa blir själva grundstrukturen i klassrummet på vilka ömsesidigt förtroende kan byggas och klassrummet kan fungera som tänkt.

Egentligen är ovanstående inte helt korrekt, för vi pratar mer än gärna om våra rättigheter. Om vår rätt till vård, skola och omsorg, kommunikationer, rätten till arbete, bidrag och pension. Om vår rätt till att säga, tycka, och i stort sett, göra vad vi vill. Våra skyldigheter diskuterar vi mer sällan. Visst, den uppdaterade vet att vi har en civilförsvarsplikt från sexton års ålder, och de fåtaliga som gör militärtjänsten blir krigsplacerade. På våra arbeten har vi också en handfull skyldigheter att leva upp till. Men det finns en hel del oskrivna skyldigheter som också förväntas av oss. Att vi ska vara vänliga, omtänksamma och artiga mot varandra. Att vi hjälper den som behöver det. Ska man hårdra det fungerar våra gemensamma rättigheter bara så länge som tillräckligt många av oss lever upp till våra skyldigheter, skrivna som oskrivna.

Överfört till skolans värld finns det förstås en uppsjö likheter med hur det fungerar i ute i det samhälle som faktiskt omger skolan. För att lyckas måste ju skolan vara en återspegling av samhället den verkar i. Annars fostrar och utvecklar den näppeligen samhällsnyttiga medborgare. Eller, lika illa, blir orättvis, eftersom de elever som utbildas i en samhällsfrånvänd skola väl ute i verkligheten troligtvis kommer att lyckas dåligt, jämfört med andra elever som utbildats i skolor som tagit fasta på vad som försiggår runtomkring.

Våra elevers rättigheter är nog rätt uppenbara för oss lärare, för om dem pratar vi ofta och mycket. Lagstiftningen kring elevers rättigheter är omfattande. Skolmyndigheterna lägger mycket resurser på detta och kontrollerar att rättigheterna faktiskt också realiseras. Rätten till en god undervisning. Rätten till stöd och hjälp om så behövs. Rätten till trygghet och arbetsro. Rätten att välja i stort sett vilken skola och vilket gymnasieprogram de vill. Rätten att därefter komma in på högskolan. De två sistnämnda rättigheterna är intressanta eftersom de alls inte är lika självklara i alla länder. I Tyskland genomförs ett omfattande test av alla elever vid tolv års ålder. Bara de som presterar bäst på testet kan sedan söka vidare till gymnasieskolans teoretiska program. Övriga är hänvisade till enklare utbildningar, bland annat i ett omfattande lärlingssystem. På skolpolitisk svenska sorterar man alltså elever, vilket ses som en självklarhet i Tyskland. Intressant i fallet Tyskland, är att tydliga politiska skiljelinjer mellan partierna i skolpolitiken saknas. I Storbritannien är högskolor och universitet inte avgiftsfria, varför bara en minoritet i varje årskull kan bli akademiker. Man berövar följaktligen väldigt många elever en välbehövlig klassresa. I vårt land vore detta närmast otänkbart. Över 45 % av alla svenska ungdomar börjar på högskolan. Utöver alla reglerade rättigheter, nämnda och onämnda, så har en elev naturligtvis alltid rätt att bli bemött med respekt, omtanke och vänlighet. Hen har rätt till en god undervisning. Och så vidare.

Men vilka skyldigheter har då en ung vuxen elev? Man skulle kunna argumentera på ett övertygande sätt, att just denna oklarhet – egentligen vad läraren kan förvänta sig av sina elever – skapar problem i många klassrum. På ena sidan har vi elever som uppträder hotfullt eller till och med använder våld mot sin lärare. Enligt statistik från Arbetsmiljöverket anmäls ungefär tusen hot mot landets lärare årligen, en icke föraktlig del av detta med stickvapen i hand. Detta är elever som lever i en form av normlöshet, en förlängd barndom, där rättigheterna är många och skyldigheter en okänd storhet. Jag känner igen min egen vardag i detta. De senaste åren har jag flera gånger blivit hotad av elever i skolan. Så hotad att jag skrivit en incidentrapport om detta till rektorn. I ett par fall har jag stått mitt emellan två elever som utbytt knytnävsslag och invektiv med varandra. Men jag tillhör mörkertalet, precis som tusentals andra lärare, för det leder ingen vart att anmäla. Både huvudmän och rektorer, politiker och facket verkar stå handfallna inför denna nya företeelse. Jag skriver nya, för mitt entydiga intryck är att frekvensen och allvaret i hoten och respektlösheten mot oss lärare har ökat väsentligt under de senaste åren. Däremot, och här vill jag vara övertydlig, har det aldrig hänt mig i mitt eget klassrum eller med mina elever.

På den andra sidan har vi elever som kommer från hem och skolor där normer och regler är en del av vardagen. I min erfarenhet tillhör de allra flesta elever med genomsnittliga betyg eller strax därunder denna grupp. Problemeleverna är lätträknade, och i rätt typ av lärmiljö kommer dessa elevers goda sidor snabbt fram, medan de eventuellt negativa sidorna snabbt försvinner i glömska. Det handlar sällan om den enskilde eleven. I fel kontext kan många elever visa upp helt fel sidor. Det är sammanhanget vi behöver arbeta med.

Dags att återgå till frågan om den unge vuxne elevens skyldigheter. Dessa måste, menar jag, direkt återspegla mina skyldigheter som lärare eftersom hela samspelet i klassrummet är ett givande och tagande, en ömsesidighet, mellan läraren och eleverna. Om du som lärare alltid bemöter dina elever med respekt, omtanke och vänlighet, och det är ju din skyldighet, så är det precis så du ska förvänta dig att bli bemött. Alltid och utan undantag, från första skoldagen till studenten. Då invänder den ordningsamma läsaren att alla kan ha en dålig dag, vilket jag helt instämmer i. Om jag kommer till skolan på ett mindre än lysande humör, och visst händer det, så är detta fullt mänskligt. Men mitt usla humör får aldrig varken gå ut över mina kollegor eller mina adepter. Aldrig. Detta är en vattendelare mellan vuxen-jaget och barna-jaget. Barn är omedelbara, ofiltrerade och impulsiva. Humörsvängningar ger snabba och inte sällan dramatiska kast mellan glädje, sorg och vrede – känslor som de lever ut i både mimik, ljudvolym och kroppsspråk. Som vuxen förväntar sig din omgivning att du lägger band på åtminstone dina värsta känslosvallningar, och inte låter ditt humör för dagen gå ut över omgivningen. Andra ord för detta är hänsynstagande och respekt. Att springa omkring med ett påklistrat leende för att dölja inre känslostormar, är inte det jag menar. Är humöret inte på topp, bör man istället försöka klara arbetsdagen med att hålla sig relativt neutral. Man kan ju inte alltid vara sitt skojfriska jag.

Naturligtvis kan en sextonåring under den första månaden på gymnasiet inte behärska självkontrollens ädla konst till fullo, men lärarens och de andra elevernas förväntan behöver ligga där. Annars har du potentiellt alltid en till två elever med okontrollerade utbrott i ditt klassrum. Om du ska trösta och fördjupa dig vid varje elev som för dagen inte är på humör, så kan du inte undervisa såsom det förväntas av dig. Du har trots allt tjugonio ytterligare elever i klassen som har rätt till god undervisning.

Det är just i ett sammanhang som detta, som din enkla hälsningsceremoni i korridoren på väg till klassrummet blir som effektivast. Många gånger registrerar du nämligen i ögonvrån att en elev inte är sitt vanliga jag. Att lågmält fråga om eleven är okej på väg in i klassrummet hjälper ofta mycket. Att bli sedd när man inte mår hundra hjälper ofta mer än man tror. Då har du också öppnat upp din relation med eleven ifråga för vidare samtal. Inte sällan söker hen upp dig och berättar kort om sitt predikament. Om det behövs kan du i detta läge eventuellt ta hjälp av kollegorna på elevhälsoteamet. Även om eleven inte kan eller vill komma i kontakt med dem direkt, så är vetskapen om att ha blivit sedd av sin lärare och om att hjälp är på väg, normalt en lisa för själen.

Kontentan är att du kan förvänta dig en vanlig portion självkontroll av eleverna, precis som de gör av dig. Och att du ska ägna din tid åt undervisning, inte åt att vara en återkommande, kuratorsliknande samtalspartner åt dina elever. Det ovan sagda gäller självfallet endast de nittio fall av hundra som är av vardaglig karaktär. Är elevens situation allvarlig, så kan omedelbar hjälp behövas och du måste släppa allt du har för händerna.

Sammanfattning Kapitel 5.

- *För att en god lärmiljö ska kunna uppstå och för att ett effektiv lärande ska kunna ske, krävs ett samspel, en interaktion, mellan läraren och eleverna – därav begreppet Interaktiv undervisning.*
- *I klassrummet kommer en vuxen (den inkännande läraren) möta en grupp unga vuxna (eleverna). Så länge alla förblir i sina roller och anstränger sig för att visa sina vuxna sidor så uppstår ett konstruktivt och produktivt samarbete.*
- *Att börja med att elever och lärare hälsar på varandra är ett nödvändigt första steg i en fungerande undervisning. Att säga «Hej!» öppnar för sociala relationer och får alla att bli sedda och inbegripna i skolans och klassrummets sociala sammanhang.*
- *Ansvar, befogenhet och tillräknelighet är hörnstenar i alla fungerande sociala sammanhang. Naturligtvis behöver både läraren och eleverna vara ansvarskännande (vuxna) individer för att samspelet i undervisningen ska kunna fungera.*
- *Fördelningen av skyldigheter och rättigheter för lärare och elever i klassrummet behöver vara tydliga och respekteras av alla.*

Del 3.
Klassrummets organisation och struktur

Kapitel 6. Klassrummets organisation och struktur

I grund och botten handlar detta kapitel om hur man skapar en produktiv och positiv kultur i klassrummet. En kultur av energi och nyfikenhet där alla i rummet vill prestera och utvecklas. Se nya saker. Få en djupare förståelse. Få insikter och aha-upplevelser. Skaffa sig kunskaper och förmågor som de faktiskt har nytta av under resten av livet.

En mängd studier indikerar att klassrum med en positiv beteendestyrning tenderar att generera elever med större akademisk framgång ... lärare som är effektiva ledare i klassrummet skänker en förutsägbarhet som tillåter ungdomarna att fokusera på lärande... Etablerandet av ett komfortabelt och ordningsamt klassrum där läraren proaktivt [formar, författarens anmärkning] elevbeteenden ger elevengagemang som leder till högre akademiska prestationer.
(Hafen et al 2014)

Det är inom emotionellt stöd vi är som starkast i Norge. Vi kan bli bättre inom klassrumsorganisation och undervisningsstöd.
(SVT 2017)

Mina erfarenheter sammanfaller med Ertesvågs. Vi lärare i den svenska skolan är sannolikt också bäst på just emotionellt stöd. Å andra sidan, de lärare som jag upplevt verkligen lyckas lära ut på ett sätt som förhöjer elevernas prestationer har undantagslöst en betydligt bredare palett än «bara» goda relationer med alla elever. Dessa kollegor har klassrum där alla elever, utan undantag och hela tiden, är entusiastiskt sysselsatta med, och uppmärksamma på, det som de ska lära sig för stunden. Dessa lärare undervisar i klassrum där alla anstränger sig till de yttersta för att ta sig till nästa intellektuella nivå, för att förstå saker och ting på djupet. Så vad är hemligheten? Vad är det dessa framgångsrika kollegor gör, som andra inte gör? Först och främst arbetar de ständigt med att etablera en fungerande klassrumsorganisation och struktur. Detta gör att de i klassrummet kan fungera som den inkännande läraren som interagerar med elever vilka känner sig som unga vuxna. Detta möjliggör i sin tur för läraren att ge sina elever omfattande emotionellt stöd i undervisningen. Allt detta sammantaget ger en effektiv undervisning.

Klassrummets organisation

> Skolforskning och beprövad erfarenhet understryker med emfas den roll som organisation och ledarskap spelar när det gäller att skapa väl fungerande klassrum... Inom den interaktiva undervisningen är klassrumsorganisation det huvudområde av interaktionen mellan lärare och elev, i vilket läraren organiserar beteende, tid och uppmärksamhet.
> (Pianta et al 2012)

Forskningen kring klassrumsorganisation är med andra ord diger. Några av de främsta forskarna bakom klassrumsorganisationens betydelse för just beteende, tid och uppmärksamhet är Emmer och Stough. Deras arbeten kring Classroom Management och begreppets betydelse för psykologin i klassrummet är centrala. En rad arbeten om effektiva strategier för att styra beteenden är grundläggande. Både ovannämnda Emmer och Strough samt psykologer som McWilliams och Arnold bör nämnas. Andra studier kartlägger områden såsom betydelsen av rutiner och strukturer i klassrummet för ett bra lärande och goda studieresultat. Samtidigt återkommer man till vikten av att engagera eleverna till eget ansvar och självbestämmande.[52]

Ska man därför drista sig till en relevant definition av klassrumsorganisation så menar jag att det inte är ordning och reda. Visst handlar huvudområdet klassrumsorganisation inom den interaktiva undervisningen om ordningsfrågor till viss del, men dessa är inte något självändamål. Om man ska undervisa i ett klassrum som lyser av nyfikenhet, öppenhet och engagemang,

---

52 Pianta et al 2012

117

där eleverna lär sig massor, så kan man omöjligen göra detta med kadaver-disciplin, med en auktoritet som gränsar till förtryck. Då, om någon gång, uppstår ett negativt klimat i klassrummet. Respekten ersätts av rädsla och alla tankar går till att undvika bestraffningar genom att undvika att göra fel. Detta i sin tur leder till att effektiv inlärning upphör.[53] Definitionen av huvudområdet klassrumsorganisation skulle därför närmast vara: Alla aktiviteter som lärare och elever genomför i ett klassrum som syftar till att skapa gemensamma värderingar och normer kring hur undervisningen ska fungera effektivt långsiktigt. Samtidigt ska dessa aktiviteter möjliggöra ett positivt klimat och en god progression i elevernas prestationer.

Följaktligen är ordningsfrågan i sig inget självändamål, utan ett medel för att nå goda elevprestationer genom en effektiv undervisning. Omvänt förutsätter goda elevprestationer, enligt den interaktiva undervisningen, utan undantag en god ordning i klassrummet. Naturligtvis finns där inga bevis på motsatsen i forskningen. Lika lite har jag hört talas om att en lärare med ett klassrum halvt i upplösning skulle kunna genomföra undervisning värd namnet. Det ser kanske trevligt ut, och är säkert trevligt för några av eleverna, men något vidare lärande kan inte ske i ett sådant klimat.

Huvudområdet klassrumsorganisation och struktur inom den interaktiva undervisningen innefattar två huvudsakliga områden: styrning av beteenden och effektivitet i undervisningen. Med andra ord saker vi sällan eller aldrig diskuterar i den svenska skolan, men som enligt Pianta och Hamres studier är av avgörande betydelse för undervisningen.

---

53 Hamre et al 2013

Styrning av beteenden

Skolforskningen fastslår nämligen genom en rad olika studier att styrning av beteenden, Classroom Management, är centralt för att skapa engagemang hos eleverna och – detta är avgörande – detta engagemang är direkt kopplat till elevernas lärande.[54]

Styrning av beteenden är en direktöversättning av engelskans Behaviour Management, och skulle rimligen på skolsvenska kallas för ledarskap i klassrummet. Idealbilden för att leva upp till förväntningarna inom den interaktiva undervisningen, alltså för att graderas högt i deras observationer, beskrivs som:

> Där finns få, om ens några, tillfällen då eleverna beter sig oönskat i klassrummet.
> (Pianta et al 2008)

Sinnebilden av snörräta bänkrader med förskrämda elever dyker gärna upp när man läser denna krassa beskrivning. Här behöver man behålla kontexten för den interaktiva undervisningen och dess övriga delar i minnet samtidigt. Samma trettio elever som nu förväntas bete sig som klassens ljus, ska samtidigt vara positiva och ha en nära och känslosam relation med sin inkännande lärare (emotionellt stöd) samt vara nyfikna och ivrigt kasta sig över intellektuellt utmanande uppgifter (undervisningsstöd). Följaktligen implicerar inte den interaktiva undervisningen att icke önskvärda beteenden i klassrummet ska hållas stången genom naken auktoritet och kadaverdisciplin, utan att ordningen ska uppstå på helt andra sätt. Det är just denna, för många lärare lite oväntade vändning, som gör forskningen så värdefull. Om en lärare behöver säga till en elev ska detta ske väldigt subtilt, om ens över huvud taget. Allra helst ska problemet, att en elev beter sig på ett mindre önskvärt sätt, aldrig ens behöva uppstå. Hur uppnår man detta?

Svaret, enligt den interaktiva undervisningen, är att två faktorer alltid måste finnas för handen i klassrummet. Först behöver förväntningarna på

---

54 Pianta et al 2012

eleverna vara tydliga och glasklara till sin natur. Med förväntningar menas olika regler och normer som läraren tydliggör i klassrummet. Bäst beskrivs kanske dessa förväntningar som en form av implicita krav som läraren ställer på eleverna. Naturligtvis går dessa krav åt båda hållen, vilket är viktigt att poängtera. Om du förväntar dig att dina elever ska komma till klassrummet i god tid och väl förberedda, så blir dessa krav ömsesidiga. I ett samspel som det mellan den inkännande läraren och den unge vuxne eleven, måste läraren själv spegla varje krav (läs förväntan) han har på sina elever och mer därtill. För att tala i ledarskapstermer så behöver läraren leda med det goda exemplets makt. Anledningen till detta stavas ömsesidigt förtroende. Om dina elever ska ha ett förtroende för dig och de förväntningar du har på dem kring studiero, att ha en respektfull ton i och utanför klassrummet, så behöver du vara en ständig förebild. Du behöver tillse att arbetsron är väldigt god under alla dina lektioner. Utan undantag. Inget tisslande och tasslande eller andra tecken på ouppmärksamhet. Annars urholkas deras förtroende för dig och din förmåga att hålla god ordning i klassen tämligen kvickt. Du behöver tillse att dina förberedelser är minutiösa, utan undantag, om du vill att dina elever ska komma väl förberedda och ha gjort läxan. Och så vidare. Till syvende och sist är undervisning en ren förtroendebransch som handlar om i vilken mån ömsesidigt förtroende uppstår och utvecklas mellan läraren och hens elever.

För det andra behöver du vara ett hundra procent konsekvent i dina förväntningar på klassen och dig själv. Konsekvensens betydelse för din undervisning grundar sig i att du behöver vara förutsägbar för dina elever. Att ditt ledarskap, det du gör i klassrummet är förutsägbart för eleverna, skapar både en förväntan och en igenkänningseffekt.

«Detta känner jag igen, det brukar vi göra varje gång».

De förväntningar som successivt byggs upp skapar en undermedveten trygghet som gör att eleverna inte behöver fundera på vad som komma skall, utan kan ägna hela sin uppmärksamhet åt vad som för stunden är viktigt.
    För varje gång du gör ett undantag från en förväntan som du etablerat hos dina elever så eroderas det ömsesidiga förtroendet. I stället fylls i värsta fall

tomrummet i er relation av bristande trovärdighet. I bästa fall av frustration. Alla människor präglas av invanda trygga mönster. Värst är det i en situation då ditt undantag upplevs som orättvist utifrån det rättvisepatos som råder i elevgruppen. Något av det allvarligaste som kan hända i ett klassrum är att en situation uppstår där elever upplever att du favoriserar någon eller några i klassen. Eller att du låter din dagsform avgöra hur du agerar i en viss fråga. Har du och dina elever kommit överens och skapat en allmän förväntan kring vad som är ok och inte ok i en viss fråga, så är det detta som gäller. Alla former av inkonsekvens från din sida är negativt för din undervisning i allmänhet, och för hur du kommer att uppfattas av gruppen i synnerhet.

Allra särskilt gäller detta skolans ordningsregler. Den interaktiva undervisningen beskriver det önskvärda tillståndet i ett klassrum som:

Regler och förväntningar på beteenden är tydliga och följs konsekvent.
(Pianta 2008)

Skollagen stipulerar även att:

Ordningsregler ska finnas för varje skolenhet. De ska utarbetas under medverkan av eleverna och följas upp på varje skolenhet.
(Skollagen [2010:800] 5:5)

Samtidigt är ordningsreglerna i skolan, enligt min erfarenhet, något vi sällan talar om, varken med kollegor eller elever. Reglerna ligger ofta i byrålådan eller lever ett undanskymt liv någonstans på skolans intranät. Orsakerna till detta tycks vara en beröringsskräck hos rektorer, lärare och elever. Reglerna uppfattas ha en negativa inverkan på klimatet i skolan. Egentligen tycks fallet vara det motsatta. Enligt min erfarenhet tycks den minsta gemensamma nämnaren mellan skolor som fungerar som tänkt, det vill säga de som har ett tryggt klimat där studiero och engagerade lärare är en självklarhet, och så kallade problemskolor, vara just att ordningsreglerna efterlevs. Jag hade förmånen att i några år arbeta på en gymnasieskola, som på kort tid gick från att ha varit sin huvudmans sorgebarn med massiv kritik och förelägganden från Skolinspektionen, till att bli bäst i klassen. Åtminstone avseende studiero i klassrummen och elevnöjdhet. Naturligtvis blev huvudmannens övriga sorgebarn nyfikna på den tvära och positiva vändningen på min arbetsplats. Flera av dessa mindre framgångsrika rektorer kontaktade min rektor för att höra om hans hemliga framgångsrecept. Så fort de hörde orden «ordningsregler och tydliga konsekvenser» uttalas blev de hastigt ointresserade. Orsaken? En medicin som stavas ordningsregler var nog bra, men passade trots allt inte på deras skola med deras lärare och deras elever. Mer fel än dessa olycksfåglar är det nog inte möjligt att ha. Deras rädsla för konflikter var grundproblemet.

För, vid närmare eftertanke, är det på ordningsreglerna varje klassrum vilar. Ett samhälle utan lag och ordning är otänkbart. Bristen på rätt, ordning och rättvisa slungar ofrånkomligen samhället in i anarki. Och anarki är inte ett tillstånd som får människor att känna sig trygga och utveckla sig. Vårt land, liksom alla andra civiliserade länder, vilar på lag och ordning. Utan överdrift skulle man kunna påstå att landet Sverige fungerar väl och ger oss som bor där välstånd, just därför att vi alla känner och förstår alla lagar. I alla fall de viktigaste. Betänk motsatsen. Ett samhälle som präglas av laglöshet och korruption. Människor flyr hundratals, i många fall tusentals, mil under obeskrivliga umbäranden för att få leva i den trygghet som vårt samhälle genom våra lagar erbjuder dem. Vi ger dem en fristad.

Lagar i sig skapar förväntningar hos medborgarna i ett land. Vi får en bild av vad som förväntas av oss och vad vi kan förvänta oss av andra. Denna bild blir det allmänna rättsmedvetandet. Egentligen är det vårt undermedvetna som navigerar vårt beteende i samhället utifrån lagarna. Vi behöver inte tänka efter för att inte bryta mot lagarna. Vi vet att vi ska ge fotgängare företräde när vi kör bil. Att vi inte får snatta i affären. Att vi inte får hota, än mindre slåss med, våra medmänniskor. Visst finns där konsekvenser, olika former av straff, som drabbar den som bryter mot denna ordning. Med det är sällan på grund av hotet om att bli ertappad och bestraffad för en gärning som vi avhåller oss från att bryta mot lagen. Vi bryter inte mot lagen eftersom vi i grunden är goda människor, och. Till yttermera visso vet vi också att vi själva och alla andra i vårt land tjänar på en ömsesidig respekt för lagstiftningen. Denna respekt skapar nämligen ordning som ger oss både en individuell och kollektiv trygghet. Alla tjänar på lagen, utom lagbrytarna (såvida de inte lyckas hålla sig undan).

Ett klassrum behöver också vara en fristad. Precis på det sätt som lagstiftningen skapar ett tryggt samhälle, fungerar också ordningsreglerna i ett klassrum. De blir det fundament som allt annat egentligen vilar på, trygghet, nyfikenhet, intellektuell utveckling, motivation. När alla väl känner till reglerna och deras tillhörande eventuella konsekvenser, så förpassas de till lärarens och elevernas undermedvetna. Varje elev vet exempelvis att hen förväntas vara tyst, uppmärksam och delta i lärarens genomgångar. Och skulle hen bryta mot detta och prata med sin bordsgranne blir hen tillsagd vänligt, bestämt och omedelbart av läraren. Om en andra tillsägelse skulle bli nödvändig under lektionen, ber istället läraren lika vänligt eleven att lämna klassrummet. Å andra sidan händer det sällan eller aldrig att läraren behöver avvisa en elev från klassrummet. Inte för att eleven är skrämd till tystnad. Inte för eleven är rädd för straff och repressalier. Utan för att både eleven och hens kamrater besitter ett allmänt rättsmedvetande om de regler som gäller i klassrummet. I själva verket är ordningsreglerna och deras bakomliggande tankegångar själva basen i den positiva kultur som uppstår i varje väl fungerande klassrum.

Inom ramverket för interaktiv undervisning definieras beteendestyrning snävt till att omfatta de interaktioner mellan lärare och elever som avser att främja positiva beteenden och förebygga eller hindra negativa beteenden i klassrummet... Där föreligger en generell konsensus [inom den utbildningspsykologiska forskningen, författarens anmärkning] kring en uppsättning handhavanden som kan kopplas till mer positiva elevbeteenden:
a) Tillhandahålla tydliga och konsekventa förväntningar avseende beteenden
b) Överblicka klassrummet för potentiella problem och förekomma problem snarare än att reaktivt agera på dem
c) Effektivt omdirigera mindre beteendeproblem innan de eskalerar
d) Använda positiva proaktiva strategier såsom att berömma positiva

beteenden snarare än att skapa uppmärksamhet kring negativa beteenden

e) Lägga minimalt med tid på beteendestyrning

(Pianta et al 2012)

Att vara förutseende och arbeta förebyggande går som en röd tråd genom den interaktiva undervisningen, och kan därför ses som den skickliga lärarens främsta kännetecken.[55] Grundtanken är att läraren, genom att erfarenhetsmässigt förutse olika typer av positiva och negativa elevbeteenden, kan hitta metoder för att förebygga de senare och frammana de förstnämnda. För detta krävs naturligtvis en ganska diger erfarenhet. Internationella studier pekar på att nyblivna lärare under sin första tid i allmänhet är starka på emotionellt stöd, exempelvis att uppmärksamma alla elever och ge extra stöd till de som så behöver, men att det tar det upp till tre år innan de har samlat nog erfarenhet för att på allvar kunna förutse och förebygga mindre önskvärda beteenden bland eleverna i klassrummet.[56]

Betänk för en stund vad som händer en lärare som är oförutseende. Ett klassrum är, som tidigare påpekats, en komplex värld med myriader av samtidigt pågående processer där trettio elever och en lärare ska interagera. I den oförutseende lärarens klassrum uppstår plötsligt och frekvent olika situationer som mer eller mindre stör undervisningen. Ibland kan störningen ta tid att komma till rätta med. Läraren tappar fokus och eleverna den röda tråden. Inlärningen hämmas av den fragmentering som orsakas av ständiga oväntade avbrott. I den värsta av världar orsaker den oförutseende läraren, genom sitt agerande eller icke agerande, en kultur i klassrummet där förväntningar om stök och stoj över tiden cementeras till normer. En kultur i vilken undervisningen alltid kommer att bli lidande och därmed inte bara elevernas lärande och prestationer, utan också deras personliga välbefinnande.

Beteenden i klassrum kommer att drivas av samspelet mellan dess deltagare: relationerna mellan läraren och eleven och förhållandena mellan eleverna sinsemellan ... Det är ingen överdrift att påstå att barn och ungdomar

55 Pianta et al 2012
56 Hafen et al 2014

lever för sina sociala relationer ... och för många unga är relationerna med lärare grundläggande för att de ska kunna organisera deras erfarenheter; de är fundamentala för deras utveckling.

> Positiva relationer med vuxna är kanske den enskilt viktigaste ingre-diensen i att främja en positiv utveckling hos eleverna. Exempelvis, om lärare lär sig göra åtminstone modesta ansträngningar i att skapa personliga relationer med tonåriga elever – så pass mycket att eleverna känner sig sedda – kan de stärka elevernas motivation dramatiskt i skolan och deras emotionella sätt att fungera utanför skolan.
> (Pianta et al 2012)

Tre saker krävs av den oförutseende för att denne ska bli förutseende och uppnå en väl fungerande undervisning. För det första krävs det medvetande som diskuterades tidigare i samband med den inkännande läraren. Du behö-ver med andra ord succesivt bli mer uppmärksam på hela klassrummet och på var och en av eleverna i det. Och du behöver bli mer mottaglig för varje liten signal, oavsett hur subtil, om vad som försiggår i ditt klassrum. För det andra fordras lika portioner tid och tålamod. Processerna som samtidigt försiggår i ett klassrum är många, komplexa och olikartade. Det krävs tid för att hinna uppleva olika situationer några gånger för att kunna tolka dem.

För det tredje krävs stora mått självkritik och reflektion. Man behöver förvisso ta med sig de bra och produktiva delarna från varje lektion. Saker som verkligen fungerade. Oväntade och positiva elevreaktioner på saker du gjorde. En lärare behöver i mångt och mycket vara självmotiverande. Varje positiv signal i ens vardag behöver tas tillvara och läggas på minnet. Positiva elevreaktioner kan ju på lite sikt, givet att de upprepas, skapa förväntningar och så småningom en kultur, precis som vi sett att de negativa gör. Men för att så småningom kunna bli förutseende och förebygga störningar i klass-rummet krävs reflektion efter varje lektionspass. En stund då du funderar på olika incidenten och vad i din undervisning som triggade dessa. När du väl ringat in den troliga grundorsaken till incidenten kan du i nästa steg reflektera över vad du behöver göra för att undvika triggern ifråga. Kanske ska du vara mer uppmärksam på en enskild elev, lägga om delar i ett lektionsmoment eller helt sonika arbeta med en bestämd placering av alla eller några elever. På så sätt bygger du över tid, incident för incident, motåtgärd för motåtgärd, upp en bank av förebyggande åtgärder, utifrån dina erfarenheter.[57]

Vad är bra ordning i klassrummet egentligen?

I skolan reduceras ordningen i klassrummen inte sällan till frågan om studiero, inte minst bristande studiero. Skolinspektionen har nyligen lagt till skrivelser och tankar kring hur studiero ska uppnås. Skolinspektionen bedömer vid sina kontroller av skolor just arbetsron. En större studie av myndigheten visade på att ungefär vartannat klassrum saknar studiero.

Jag har sett liknande statistik från undersökningar hos huvudmän inom friskolevärlden. Härförleden gjorde statsminister Stefan Löfvén och skolminister Gustav Fridolin ett gemensamt utspel i frågan om den bristande ordningen i skolan i allmänhet och den icke existerande studieron i synnerhet. De uttryckte att de skulle se till att «stoppa skolstöket».[58][59]

Om jag tolkar de omfattande studier av tusentals klassrum som gjorts inom ramarna för den interaktiva undervisningen, och om jag betänker alla de kollegor och klassrum som jag haft förmånen att besöka under åren, så vill jag bestämt hävda att bristande studiero i sig inte är problemet. För att förstå en problematik på djupet behöver symptom skiljas från orsaken (läs sjukdomen). Man behöver egentligen förstå vad som orsakar vad, om man vill komma tillrätta med ett problem. Alltså, besvara frågan om vad som orsakar problemet. Om A så B. Väldigt många fenomen i ett klassrum består av så kallade orsakssamband, kausaliteter. I ett klassrum som kännetecknas av stoj och stök är den uteblivna arbetsron enbart ett symptom. Förvisso

---

57 Pianta et al 2008
58 Skolinspektionen 2016
59 Skolinspektionen 2016

ett allvarligt symptom som effektivt förhindrar allt meningsfullt lärande i klassrummet så länge stöket varar, men bara ett tecken på att allt inte står rätt till i klassrummet. Min poäng är att om du vill göra någonting åt ett stökigt klassrum så kan du välja olika vägar. Vore det så enkelt att bara studieron var problemet, så skulle en auktoritär lärare eller två ganska snabbt få ordning på problemet. Plötsligt har du trettio tysta elever. Då är det enkelt att sätta igång att undervisa på allvar och inlärningen blir automatiskt utomordentlig, eller hur?

Fel, skulle jag hävda, av två skäl. För det första är de trettio för stunden tysta eleverna tysta just därför att de är rädda för den auktoritära läraren som i värsta fall skrämt vettet ur dem. Rädda elever lär sig dåligt, som vi tidigare konstaterat. För det andra har du inte elevernas uppmärksamhet bara för att de är tysta. Långt därifrån. Ganska snart skulle mobiler mer eller mindre diskret plockas fram och elevernas uppmärksamhet uppslukas av någon av cyberrymdens meningslösheter. Eftersom olika störande beteenden inpräntats i eleverna under år av undervisning, beteenden som med tiden normaliserats, så kommer decibeltalet öka dramatiskt så fort den auktoritära läraren lämnar klassrummet. Blir elakingen trots allt kvar, så kommer gruppen gång på gång testa hens ihärdighet och stjäla energi från undervisningen.

Problemet i klassrum som är stökiga och som saknar studiero är inte i sig bristande studiero, utan brister i den rådande klassrumskulturen. De stökiga elevernas lärare har under år, medvetet eller omedvetet, lärt eleverna en kultur där undermålig arbetsro är en naturlig del. Ska man tro på Skolinspektionens studier (se ovan) så är detta fallet i vartannat svenskt klassrum. För att få lösa problemet måste man byta ut denna negativa kultur som ger en dålig lärmiljö på alla sätt och vis, mot en positiv kultur som skapar en lärmiljö där eleverna får lära sig så mycket som bara möjligt. Annars blir det som när du stoppar rinnsnuvan (symptomet) med näsdroppar (medicinen) när du är förkyld (sjukdomen). De hjälper bara delvis och snart är snuvan tillbaka och näsgångarna rinner och slemmar åter igen. Lösningen är att bota förkylningen – eller ännu bättre – att inte bli förkyld till att börja med. Det sägs att förkylningar inte går att bota. En bristande klassrumskultur går däremot att bota med enkla medel.

Att skapa en positiv och seriös kultur i klassrummet

Klassrummet liknar en väloljad maskin, alla vet vad som förväntas
av dem och vad de ska göra.
(Pianta et al 2008)

Läs meningen en gång till och reflektera över vad som krävs av en lärare
och en grupp elever för att det väloljade maskineriet ska fungera. Meningen
beskriver ett önskvärt tillstånd i ett klassrum enligt den interaktiva undervis-
ningen. Det arbetande ordet är «förväntas», menar jag. Att både eleverna och
läraren redan innan de stiger in i klassrummet förstår vad som förväntas av
dem. Den centrala principen i detta kulturbygge är: om alla i klassrummet
gör det som förväntas av dem, så förebyggs de allra flesta problem. Att skapa
och utveckla förväntningar för att förebygga problem, skulle vara ett sätt att
uttrycka denna strategi.

Som jag tidigare beskrev behöver kulturen i en skolklass etableras och ut-
vecklas från allra första stund. Många är de kollegor som börjar i fel ände.
De första skoldagarna och veckorna för en helt nyligen sammansatt grupp
elever ska, enligt deras modell, vara så lustfyllda och mjuka i formerna som
möjligt. Sällskapslekar och fikande blandas med lagbyggande övningar. Allt
med en glättig inramning om att «det här med gymnasiet är inte så farligt».
Efter några veckor av mjukstart och inledande mjuka lektioner, så har de
sociala strukturerna börjat sätta sig i den nya klassen. Sociala rangordningar
byggs undermedvetet upp mellan klasskamraterna allteftersom relationer
etableras. Dominanta och passiva roller etableras bland eleverna. Någon
blir inte sällan helt utanför. Eftersom lärarna inte passat på att bygga en
ny kultur med mål och mening hos eleverna etablerar eleverna själv en ny
kultur. Allt sker mer eller mindre undermedvetet. Ett socialt spel framma-
nar en klasskultur som i sig är en syntes av olika kulturella yttringar och
symboler som de dominanta eleverna eller elevgrupperna i klassen burit
med sig från sina tidigare skolor. Sammantaget bildar dessa yttringar och
symboler en attityd som blir förhärskande i den nya klassen. För tonåringar
är det viktigt vad som är coolt eller inte. Om klassen blir plugginriktad
eller får en loj attityd till studier avgörs under de första dagarna och veck-

orna som de tillbringar tillsammans. Vilka i klassen som står högst i social rang avgörs också. Och deras motsatser. Men också synen på lärare, skolan och framtiden. Under dessa inledande formativa veckor utvecklar eleverna i gruppen undermedvetet hundratals förväntningar om vad som kommer att gälla under deras resterande tid tillsammans. Efter ett par tre månader är denna kollektiva attityd så pass cementerad, enligt min erfarenhet, att den bara temporärt och då bara i nyansskillnader, går att rucka på. Kontentan är att om man ska uppnå det tillstånd som den interaktiva undervisningen beskriver som «en väloljad maskin» i sitt klassrum så gäller det att börja väldigt tidigt. Egentligen under de första sekunderna av de första minuterna av det första lektionspasset.

En kultur i klassrummet är en uppsättning värderingar och normer som delas av alla. För att komma dithän behöver, enligt min erfarenhet, målbilden artikuleras och diskuteras. Det talas ofta om ledarskap i klassrummet som en lösning på det mesta. Det kan, som sagt, diskuteras. Men just under de första lektionerna med en ny grupp behöver en lärare behärska själva grundkriteriet i allt ledarskap, nämligen att ta initiativet. En god ledare behöver alls inte bestämma allt. Ofta låter han gruppen nå konsensus istället. Men för detta behövs en ansvarstagande och mogen grupp. Att överlämna ansvaret för viktiga och komplexa beslut till en grupp barn är en riktigt dålig, för att inte säga farlig, idé. Viktiga beslut ska tas av vuxna och till det krävs där vuxna i rummet. Genom att ta och behålla initiativet så behåller du ledarskapet i klassrummet.

Nedan kommer jag att ge ett antal konkreta exempel på hur man kan, del för del, bygga och utveckla en positiv kultur i klassrummet. Min poäng är att visa hur man kan gå tillväga för att lyckas. Märk väl, det finns säkerligen lika många olika framgångsrika metoder för att uppnå exakt samma resultat som det finns framgångsrika lärare. Utgångspunkten i detta arbete är att du ska fundera på vem du är som person och vad du vill uppnå konkret med en åtgärd. De steg om hur jag arbetar som jag beskriver bygger på tydliga syften och målsättningar. Hur jag sedan utformar ett steg, exempelvis presentationen av mig själv eller en diskussion om normer och regler i klassrummet, bygger på år av erfarenhet. Är då jag försökt och misslyckats eller i alla fall bara lyckats delvis. Till slut, efter självkritiska granskningar och förändringar, tycker jag mig ha funnit ett framgångsrecept som verkar fungera oavsett gruppkonstellation. Min metodik bygger på ett hopplock av självlärda metoder, saker jag lärt mig av duktiga kollegor och sådant som jag har med mig från mina trettiofem år inom näringslivet. Jag uppmanar läsaren att se det nedanstående som inspiration och en tankeställare, och istället utgå ifrån sig själv och sin situation. Dock kan tillvägagångssättet att nå dit med fördel variera.

Det första du behöver göra i ett klassrum med en helt ny grupp är att få deras odelade uppmärksamhet. Jag menar att alla trettio elever behöver vara helt och fullt koncentrerade på dig. För att vara det måste de vara tysta under dessa första ögonblick tillsammans med dig. Du har aldrig träffat dem förut. Och eleverna har varken träffat dig eller varandra om det är en helt nyligen sammansatt klass. Du kommer under några minuter inte bara ha deras odelade uppmärksamhet, utan också deras nyfikenhet, till låns. Detta är den dyrbaraste gåva du någonsin kommer att få som deras lärare. «First impressions last», säger engelsmännen. «Det går aldrig att göra om ett första intryck», brukar vi svenskar säga. Följaktligen gäller det att vara väl förberedd inför dessa minuter och verkligen ta initiativet.

När den nya klassen kommer in i klassrummet brukar jag, medan de sätter sig, skriva upp mitt namn på tavlan. Vi känner inte varandra ännu, så jag gör ingen stor grej av att hälsa på var och en. Det kommer i sinom tid. När alla väl sitter råder normalt ett mumlande och en lite spänd stämning. Om några elever redan känner varandra så kan ljudnivån stiga rätt rejält. Jag vänder mig mot klassen och betraktar den under tystnad. Efter en liten stund räknar jag ner, högt och resolut. Jag avslutar med att föra höger pekfinger mot läpparna för att signalera den tystnad som jag förväntar mig.

«Tre, två, ett, schhhh!»

Inte sällan är någon eller några elever ovana vid mitt konstiga krav på plötslig tystnad. Jag rör mig alltid fritt i hela klassrummet, och tar därför kvickt ett par bestämda steg i deras riktning, utan att säga något, men med blicken fäst vid dem som fortsätter prata. Ett viskande:

«Hör ni!»

Kvickt och subtilt har jag nu trettio elevers odelade uppmärksamhet. Men bara för en liten stund. Nu hälsar jag på klassen en första gång med ett: «Hej!»

Det brukar behövas ett par försök innan trettio nya elever inser att det som förväntas av dem är att de unisont hälsar tillbaka. Förvåningen över mitt tilltag, att vi möts i en enkel hälsning denna första gång vi ses, är närmast total. Min tolkning är att många av dem aldrig inlett en lektion med att hälsa på sin lärare. Men om de var uppmärksamma före utbytet av «Hej», så är de nu alerta och iakttar mig med stigande förvåning.

Det första eleverna sedan behöver veta är vem jag är, så jag går i nästa andetag över i min egen presentation.

«Mitt namn är Johan Stenebo ...», berättar jag med klar och bärkraftig stämma över klassrummet medan jag fångar deras blickar en och en.

Min framtoning behöver vara säker, men inte auktoritär, sympatisk men inte mesig, intresseväckande men inte skrytsam, eftersom mitt omedelbara syfte med presentationen av mig själv är att förmedla en känsla av kompetens, sympati och trygghet. En känsla som får bilda bas för nästa fas av mina första minuter med en ny klass. Jag berättar om min ålder, eftersom jag är äldre än många kollegor, kort om mina nära och kära eftersom det fördjupar elevernas bild av mig, ger mig fler dimensioner, än bara läraren framför dem. Att min fru är flygledare väcker ofta lite extra nyfikenhet eftersom det är ett ovanligt yrke. Jag fortsätter kort om min akademiska utbildning och mina år på IKEA med Ingvar Kamprad samt mitt tidigare författarskap och fortsätter raskt med mina intressen. Allt på mindre än en minut.

Det gäller att ha lite sinne, menar jag, för dramatiska effekter. Att hitta det där lilla extra som alla människor har i sig, men som sällan kommer fram. Att jag tävlar i fasan- och kaninjakt med mina hundar väcker förvåning. Att jag i mitt hem odlar giftiga grodor i bjärta färger, så små att de får plats på en tumnagel, köper mig lite extra av deras uppmärksamhet.

Ett par minuter har gått och jag har fortfarande trettio elevers fulla uppmärksamhet. Dessutom har jag skapat en positiv och intresseväckande bild av mig själv. Jag behåller initiativet och växlar kvickt över till nästa fas.

«Fundera under tystnad en liten stund. Berätta sedan helt kort vad du heter och vad du är riktigt bra på.»

Strax därpå, utan att förlora tid, låter jag eleverna en och en berätta vad de heter och vad de är bra på för kamraterna. Jag väljer ut nästa talare slumpvist, för att inte bygga på oron att tala inför gruppen i onödan. Namnet ger dem en första identitet i gruppen. Förväntan att berätta om något de är bra på är så ovanlig, att de med ens intensivt granskar sig själva. Sedan ofta stolt och ibland skämtsamt lyfter fram något för oss andra okänt om dem som individer. Alla är bra på något inser de snart. En kan baka bäst. En är bra på att umgås med kompisar. En tredje på gymnastik och så vidare. Vi har början till ett samtal mellan mig och gruppen.

Nästa byggsten i den positiva och seriösa kulturen i klassrummet stavas ordningsregler. Som nämndes tidigare är reglernas syfte att skapa grunden till kulturen, ge en uppsättning bestämmelser som bygger på elevernas och lärarens delade värderingar och normer kring vad som är okej och vad som inte är okej. Några saker är viktiga att tänka på. Det är av yttersta vikt att alla delar synen kring varje regel och förstår vikten av dem. Att studiero är en förutsättning för all undervisning. Att man inte sonika klampar in i klassrummet och stör om man kommer försent, utan väntar tills läraren släpper in en. Att mobiler i klassrummet, enligt otaliga studier, förstör inlärningen genom att hämma uppmärksamheten kring undervisningen. Och så vidare. Jag brukar lägga till en norm som lyder: «Att tiga är att samtycka». Man får gärna argumentera mot någon regel eller norm, men då ska argumenten vara sakliga och ta sats i syftet med undervisningen, alltså lärandet, och inte i egocentrism.

Normer som gagnar lärandet

En bra grund till ett utvecklande samtal kring normer och förväntningar med en ny klass är att utgå ifrån det faktum att både du som lärare, och eleverna som unga vuxna, faktiskt är vuxna. Med vuxenheten följer ansvar. Och elevens skolsituation är i allra högsta grad en funktion av att alla i rummet tar sitt ansvar. Rent konkret innebär ansvarstagande olika önskvärda beteenden, på skolsvenska att eleven «utför vissa saker på tänkt sätt» i klassrummet.

Hen förväntas komma i tid, ha med sig läroboken och övrigt material som kan behövas i din undervisning och hen förväntas vara uppmärksam, delta nyfiket i diskussioner, anteckna och så vidare. För att introducera normer av praktisk karaktär bör man först förklara och diskutera dem med klassen. Om olika typer av ritualer kan kopplas till en norm, är det ofta ett pragmatiskt sätt att få en ny norm att bli det normala, gängse beteendet i klassrummet. Ritualerna blir till vanebeteenden som förebygger oönskade beteenden på ett subtilt och enkelt sätt.

Elevernas prestationer ökar när läraren förser dem med tydliga mål och specifik återkoppling i ett organiserat klassrum med få beteende-mässiga störningar ... Variation och förnyelse i presentationsformerna och typen av aktiviteter är också viktiga delar i lärares metodik för elevernas lärande ... Härav följer att varierade instruktioner som aktivt skapar engagemang sannolikt leder till ett högre lärande i gymnasieskolans klassrum.
(Hafen et al 2014)

En norm som är ovärderlig för undervisningen är att eleverna ska komma i tid till lektionen, vilket innebär minst en minut före utsatt tid. Detta ger dig en stor effektivitetsvinst och eleverna ökade möjligheter till effektivt lärande. I sammanhanget bör nämnas att Sverige, enligt PISA-undersökningen, är sämst i världen på att få våra elever att komma i tid.[60] En slutsats är med andra ord att skolans hantering av elevernas tidsuppfattning i allmänhet och respekten för andras tid i synnerhet, lämnar en hel del i övrigt att önska.

Jag har provat mig fram under åren och diskuterat frågan på längden och på tvären med kollegor. En skola som jag arbetade på hade kommit betydligt längre än andra när det gällde att få eleverna att komma i tid. Principerna där var enkla. När det är dags att börja lektionen låste läraren dörren och påbörjade lektionen. Efter en kvart, normalt mot slutet av genomgången, släpptes eftersläntrarna in kvickt. Under tystnad försvann de snabbt ner i sina stolar. Nästa insläpp var en kvart senare. Kvarten blev som en ritual där eleverna innanför eller utanför dörren till klassrummet diskret höll koll på tiden. När

---

60 Corren.se 2013

kvarten hade gått hördes en diskret knackning på dörren. Läraren tog ingen mer notis av de sena eleverna än vanligt. Läraren delade heller inte ut några kopior på det material som genomgången hade behandlat åt de sena eleverna, utan de fick efter bästa förmåga försöka komma in ikapp. De som kommit i tid hade antecknat allt väsentligt under föreläsningen. Snabbt utvecklades förmågan att komma i tid hos eleverna. En typisk fråga som man möts av när en sådan rutin beskrivs, är om eleverna som kommer försent inte halkar efter. Svaret är enkelt. Visst halkar de efter, men bara högst temporärt. Så fort de inser sitt ansvar och vikten av att komma i tid, så kommer de ikapp. Jag gjorde däremot till min rutin att ändå diskret ge svaga elever som kom försent lite extrahjälp. Att någon elev skulle ha misslyckats med att uppnå kursmålen på grund av ett sådant bemötande vid sen ankomst, har jag aldrig hört talas om. Däremot var sällsynt många elever på plats när lektionerna började. Elever som samtliga fick åtnjuta engagerande genomgångar utan avbrott av insläntrande kamrater. Mitt standardargument till mina elever i diskussioner kring vikten av att komma i tid är:

Jag som lärare är alltid i tid och alltid förberedd. Exakt samma sak förväntar jag mig av er. Jag förstår att ni är trötta på morgonen. Är jag det också? Det kan ni ge er på. Men jag sätter mig upp i sängen när klockan ringer och går till mitt arbete. Det förväntar jag mig att ni gör också.

Alltså ett resonemang kring det delade och gemensamma vuxenansvaret att komma i tid. En självklarhet eftersom gymnasieskolan är alltför viktig för våra elever för att den ska reduceras till tre års drop-in-party med svängdörrar. Ingen annan arbetsplats skulle någonsin tillåta något liknande.

En annan norm, och i vissa skolor ordningsregel, är att mobiler inte ska användas eller synas i klassrummet. Tillsammans med studiero är det sannolikt den regel som diskuteras mest inom skolan. Och som verkar skapa mest frustration. Lagstiftarens plan är i skrivande stund att ett generellt mobilförbud ska införas på svenska skolor. Att en så betydelsefull bestämmelse som mobilförbud kan skapa sådant huvudbry är lite svårförståeligt. Under åren har jag arbetat både i skolor med, mer eller mindre, fritt mobilflöde och i skolor med fungerande förbud, och i några med något så märkligt som mobilhotell. Min erfarenhet är att om ett mobilförbud ska fungera så måste det införas omedelbart och helt konsekvent. Men viktigast av allt är att eleverna på djupet förstår varför, och har fått möjlighet att diskutera bestämmelsen. Mobiler brukar jag diskutera en gång, första lektionen, med mina elever. Sedan är detta en icke-fråga under tre år.

Utgångspunkten måste vara nödvändigheten med förbudet. De flesta av oss, gamla som unga, har ett mer eller mindre sjukligt mobilberoende. Att reducera mobilberoende till tonåringar är, i min mening, bara arrogant. Däremot finns där en tid och en plats för mobiler, och normer och regler behöver styra användningen av dem. En viktig del är att man är hänsynsfull och inte stör människor i sin närhet med sin mobil, varken i eller utanför skolan. Och i klassrummet hör mobiler över huvud taget inte hemma, visar entydiga studier sedan lång tid. Forskning hävdar att elevprestationerna i ett klassrum ökar med avståndet mellan eleven och dennes mobil. Ligger den öppet på bänken så stör den frekvent. Sms ska kontrolleras och besvaras, och Instagram-flashar studeras.

Efter varje störning – där läraren måste använda dyrbar undervisningstid åt att korrigera en situation som aldrig borde uppkommit över huvud taget – följer en ställtid på flera minuter innan eleven åter är uppmärksam på läraren eller läroboken, har återfått koncentrationen och äntligen hittat den röda tråd som hen tappade i samband med sms:et. Att mobilen ligger i väskan bredvid eleven är alltså betydligt bättre ur ett lärandeperspektiv. Ligger den i skåpet är det ännu bättre, och så vidare.[61]

Jag arbetade under några år i en skola med ett välfungerande mobilförbud. Regeln var att mobiler aldrig fick vara synliga innanför tröskeln till klassrummet, oavsett om lektionen pågick, hade börjat eller avslutats. Konsekvensen vid en överträdelse var att mobilen skyndsamt beslagtogs av läraren som sedan inlämnade den till rektorn tillsammans med en incidentrapport. Eleven kallades under skoldagen till rektorn och tilldelades normalt en muntlig varning samtidigt som föräldrarna kontaktades via

---

61 Riutzler 2018

mejl. Efter skoldagens slut, normalt vid fyratiden på eftermiddagen, kunde så eleven få tillbaka sin mobil. Skulle någon elev bryta mot mobilförbudet en andra gång så följde samma procedur, fast denna gång blev varningen skriftlig, föräldrarna kontaktades per telefon och rektor behöll mobilen i fyra skoldagar. I denna skola var mobiler på alla sätt en ickefråga i klassrummen, och jag beslagtog så gott som aldrig några mobiler, eftersom jag aldrig såg några i mina klassrum. Tiden kunde istället ägnas åt lärande och undervisning.

Ett annat omdiskuterat område inom skolan är studieron. Precis som mobiltelefonerna anses bristande studiero hämma lärandet och skapa oordning. Tre omständigheter är av yttersta vikt avseende studieron. Som vi ska se i avsnittet om lektionsstruktur så ska studieron variera med det lektionsmoment man för stunden håller på med. Ibland måste det vara helt tyst i klassrummet, exempelvis under genomgångar. Det viktigaste med studiero är därför att du är extremt lyhörd för vad som sker i klassrummet. Entusiastiska elever som precis kommit in från rasten fortsätter logiskt nog gärna sina samtal under lektionen, om de inte tänker sig för. Samtidigt tenderar tisslande och tasslande och viskningar under en genomgång, förutom att du blir störd i din väl förberedda presentation kring något abstrakt och lagom komplext ämne, att trigga klasskamraterna i bänkarna bredvid. Inom sekunder kan du ha två, tre bänkar som viskande samtalar med varandra, och inom minuter kan hälften av klassen i vanlig samtalston hänge sig åt allt annat än din presentation. Någonstans där så blir din undervisning tämligen meningslös, eftersom inte ens den halvan av klassen som vill lära sig något av din genomgång, kan tillgodogöra sig något i de 60–70 decibel av larm som ekar mellan väggarna i din lektionssal. De stora förlorarna i detta begynnande kaos är de studiesvaga eleverna samt de med koncentrationssvårigheter, bristande språkkunskaper eller liknande. Deras lärande, även om de anstränger sig aldrig så mycket, blir högst fragmentariskt. Förr eller senare tappar de också sugen och börjar hänge sig åt annat.

För att återgå till dig som lärare så är det centralt att du, förutom att du är så lyhörd så att du upptäcker minsta knyst, också omedelbart reagerar på det. Subtilt viskar du namnet på fridstörarna högt nog för att de ska sluta, men utan att visa annat än ditt vanliga goda men seriösa humör. Låt händelsen passera relativt obemärkt förbi och fortsätt din genomgång som om inget hade hänt. Detta är viktigt, för eleverna anlände ju till ditt klassrum ivriga och energiska. En åthutning kommer garanterat ta varje uns av entusiasm ur dem, och då har både du och eleverna förlorat. Åthutningen kommer också förstärkas av att du tillrättavisar dem inför gruppen, vilket sannolikt kommer att uppfattas som förödmjukande. Därtill kommer deras förtroende för dig att naggas i kanten av din obalanserade reaktion. Detta är just det som är kärnan inom den interaktiva undervisningen: Eleverna behöver vara positiva och vid gott humör och för att lära sig så mycket som möjligt. Samtidigt behöver de följsamt följa med i din undervisning utan att störa. Och utan att du får dem på dåligt humör. Det hjälper följaktligen inte hur mycket du än minutiöst krattat manegen för att odla en positiv kultur i din klass, om du inte samtidigt är både lyhörd för varje avvikelse från kulturen (här överenskommelsen mellan dig och eleverna om vikten av studiero) och omedelbart, men subtilt, reagerar på avvikelsen och får din undervisning att flyta på.

Tidigare diskuterades att det inte var den bristande studiero i sig som var orsaken i många klassrum, utan att klassen helt enkelt levde ut en destruktiv kultur som de lärt sig och utvecklat tillsammans. För studieron i sig är inget självändamål i vår lärargärning. Den primära anledningen till att studiero är av avgörande betydelse i skolan är inte vår arbetsmiljö, att vi ska ha det tyst och lugnt. Då hade vi alla kunnat bära hörselkåpor på vår arbetsplats, så hade den saken varit avklarad. (Sådant förekommer tyvärr.) Nej, orsaken till varför studiero är viktigt är att studiero är en förutsättning för den kanske viktigaste tillgången du har i din undervisning: elevernas odelade uppmärksamhet. Elever som viskar till varandra har sällan eller aldrig den simultankapacitet som krävs för att de obehindrat ska kunna följa din genomgång och anteckna allt av vikt.

Det är av just den anledningen att du vill ha och behålla deras uppmärksamhet som du gör allt detta: hälsningsceremonier, väl förberedda genomgångar och en varierad undervisning. Och omvänt, varje gång som du förlorar en elevs fulla uppmärksamhet är det en stor förlust för dig i din undervisning. Om du har problem med just elevernas uppmärksamhet bör du reflektera över vad det kan bero på. Det är lätt att skylla på ditt ämne eller på eleverna, men det är betydligt lättare för dig att ändra på detaljer i din undervisning än att försöka göra om eleverna från grunden. Det senare är ju som bekant omöjligt. Vi har det elevmaterial vi har, och det gäller för oss att skräddarsy en undervisning som fungerar och ger goda elevprestationer utifrån detta elevmaterial. Du och dina elever kan gemensamt skapa en kultur i klassrummet som får alla att vilja följa med på resan hela tiden.

Sammanfattning Kapitel 6.

- *Skolforskning och beprövad erfarenhet understryker med emfas den roll som organisation och ledarskap spelar när det gäller att skapa väl fungerande klassrum*
- *Den minsta gemensamma nämnaren mellan skolor som fungerar som tänkt, det vill säga de som har ett tryggt klimat där studiero och engagerade lärare är en självklarhet, till skillnad från så kallade problemskolor, tycks vara just att ordningsreglerna efterlevs.*
- *Lärarens förväntningar på elevernas beteenden behöver vara tydliga och uppfattas av alla.*
- *Genom att vara konsekvent skapar du en förutsägbarhet som ger eleverna en trygghet.*
- *Ordningsreglerna och normerna i klassrummet blir det fundament som allt annat egentligen vilar på, elevernas trygghet, nyfikenhet, intellektuella utveckling, motivation.*
- *Läraren behöver vara förutseende och arbeta förebyggande när det gäller beteendestyrningen, med målsättningen att behöva lägga så lite tid på den som möjligt.*
- *Problemet i klassrum som är stökiga och som saknar studiero är inte i sig bristande studiero, utan brister i den rådande klassrumskulturen.*
- *Kulturen i en skolklass behöver etableras och utvecklas från allra första stund. Det första du behöver göra i ett klassrum med en helt ny grupp är att få deras odelade uppmärksamhet.*

- *En bra grund till ett utvecklande samtal kring normer och förväntningar med en ny klass är att utgå ifrån det faktum att både du som lärare, och eleverna som unga vuxna, faktiskt är vuxna. Med vuxenheten följer ansvar. Och elevens skolsituation är i allra högsta grad en funktion av att alla i rummet tar sitt ansvar.*

- *Orsaken till varför studiero är viktigt är att studiero är en förutsättning för den kanske viktigaste tillgången du har i din undervisning: elevernas odelade uppmärksamhet.*

Kapitel 7. När klassrummet trots allt inte fungerar

Självfallet är det inte så enkelt att jag som lärare presenterar en uppsättning regler, förklarar deras syfte, så fungerar mitt klassrum som en väloljad maskin. Under de första lektionerna med klassen är det nästan så enkelt. Problemen med att elever glömmer regler eller utmanar läraren, det senare ett sunt uttryck för en självständighetssträvan hos eleven, kommer och går över de kommande veckorna. Det är egentligen där och då under de första fem till tio veckorna som slaget om klasskulturen avgörs, i takt med att eleverna lär känna varandra och någon form av social hierarki och uppdelning av gruppen uppstår.

Ska klassen anamma en kultur som är positiv och seriös, eller en som är negativ? Av mig som lärare krävs två egenskaper, skickligheter, mer än någonsin, under denna tid. Först och främst måste jag vara alert och uppmärksam på signaler från eleverna. Även aldrig så vaga tecken på att inte allt står rätt till behöver fångas upp. För det andra behöver jag, som den inkännande läraren, kvickt och resolut åtgärda de orosmoment som nämndes ovan. Men, och detta är centralt, åtgärderna ska alltid göras med sympati och ett upphöjt lugn. Höjd röst eller irritation är tecken som eleverna tolkar som bristande ledarskap, och med ens får deras förtroende för dig sig en törn. Det är effektivt att lägga sig vinn om att i alla elevsamtal vara övertydlig och återkoppla till det första mötet mellan dig och klassen, där ni nådde konsensus kring ett antal regler och normer. Repetera vad ni diskuterade, hur ni resonerade och framför allt, vad ni kom överens om. Ännu viktigare är det att gå tillbaka till varför studiero eller mobilförbud är viktigt.

Observera dock att om någon medvetet bryter mot de överenskomna reglerna och inte åtföljer din tillsägelse så ska du aldrig – och jag menar aldrig – gå in i en diskussion med eleven framför klassen. Detta av tre skäl. Eleven är sannolikt van vid att vrida och vända på överenskommelser, allt efter eget skön, med till exempel sina föräldrar. Utan att komma med sakliga argument får hen inte sällan igenom sin vilja hemma. Det är ett vanligt och i grunden sunt tonårsbeteende som grundar sig i en för åldern naturlig självständighetssträvan.[62] För det andra så använder elever ibland diskussioner som följer på regelöverträdelser som en möjlighet att klättra i social rang i klassen. Också detta ett högst normalt beteende, givet åldern och situationen. Klassrummet är dock absolut inte platsen för denna diskussion eftersom det är en arbetsplats. Din arbetsplats och elevernas – de unga vuxnas – arbetsplats. På en arbetsplats förväntas man följa regler och normer, ta hänsyn till sin omgivning och arbeta för gruppens mål, och inte enkom för att tillskansa sig egna fördelar. Det senare vore synnerligen dålig arbetsmoral. Så är det på varje arbetsplats, och så bör det också vara i ett klassrum. Detta faktum behöver man som lärare ofta återkomma till under de första formativa veckorna som klassen går på skolan. Därutöver och lika viktigt, så kan du aldrig vinna en diskussion på sakliga argumenterande grunder mot en elev som medvetet väljer att prata och stöka eller plocka fram mobilen under din lektion. Eleven gör det helt och hållet av själviska och känslomässiga skäl. Att vinna diskussionen på saklig grund mot elevens emotionella argument går inte. Ni kommer att prata förbi varandra och du riskerar att göra eleven arg eller ledsen, samtidigt som du blir besviken på dig själv för att du förlorat kontrollen och dessutom tappat i förtroende hos de tjugonio åskådare som tvingats bevittna er kamp.

Så vad ska man som lärare göra istället för att diskutera regelöverträdelsen med eleven i klassrummet? Det enkla svaret är att vänligt men bestämt be eleven lämna klassrummet för resten av lektionen. För att kunna göra det krävs dock två viktiga förutsättningar. Först och främst att händelsen som du ber eleven lämna klassrummet för verkligen är en engångsföreteelse, och inte ett ständigt upprepat ceremoniel på dina lektioner. Anledningen är att om du lagt tillräckligt med tid och energi under de första sekunderna, minuterna och lektionerna på att genomtänkt och konsekvent skapa en gemensam kultur, så ska incidenter där de gemensamma ordningsreglerna och normerna ifrågasätts egentligen inte förekomma.

Visst kommer en och annan elev att komma försent, några brister ibland i uppmärksamhet, en tredje är dåligt påläst och någon eller några kan till och

62 Hafen et al 2014

med ibland glömma sitt material. Men detta är vardagliga situationer som ska behandlas som sådana – subtilt och vänligt, men bestämt. Att en elev ifrågasätter den gemensamma överenskommelsen öppet, väljer att utmana dig och samtidigt visar ett hänsynslöst beteende mot sina kamrater genom att ta över klassrummet i en vendetta med sin lärare, är något annat. Eleven erkänner i och med detta varken dig som den inkännande läraren eller hens egen roll som ung vuxen, utan väljer av högst egoistiska skäl att bortse ifrån tidigare avtal som slutits mellan alla närvarande.

Återigen, nyckeln till en öppen och positiv kultur i klassrummet är att man utvecklar rollspelet mellan den inkännande läraren och den unge vuxne eleven. När man väl är överens om spelreglerna i klassrummet, så inleds den egentliga interaktionen i undervisningen. När trettio unga människor och en lärare tillbringar tid tillsammans, kring mer eller mindre utmanande intellektuella övningar, så kan saker inträffa. Stunder av ouppmärksamhet. Något annat än din genomgång fångar elevens intresse. Det är högst naturligt. De här små blipparna i protokollet är inte ovanliga de första veckorna. Därefter vaggas allt in i en lunk av förväntningar som infrias och utmaningar som antas. De första veckorna är helt avgörande för de kommande tre åren.

Många lärare gör kardinalfelet att reagera försent på en liten incident de trots allt visste, eller kunde ana, skulle inträffa innan den ens uppstod i klassrummet. Inte sällan tvekar de eftersom de inte är säkra, de inte tycker att störningen är nog allvarlig eller eftersom de inte vågar agera. Det är precis tvärtom. Att säga till en eller ett par elever väldigt tidigt i processen tillåter dig att nästan lekfullt ge dem en påminnelse om er överenskommelse om ansvar i allmänhet och uppmärksamhet i synnerhet. En påminnelse är inte utmanande, förödmjukande eller provocerande såsom en regelrätt tillrättavisning från en auktoritet blir. Enkelt uttryckt är påminnelser och nätta fingervisningar alltid en vinst för dig, för den enskilde eleven och för klassen. I själva verket utvecklar enstaka oönskade incidenter som uppstår den första tiden kulturen i klassrummet. Eleverna lär sig att de kan vara förvissade om att är allt tryggt på dina lektioner och att du är en snäll men bestämd person.
Samtidigt, varje gång du behöver höja rösten och tala maktspråk, även om det för stunden är nödvändigt för att återställa ordningen, är alltid en förlust

för både dig, eleven som mottar din skrapa och klassen. Skulle det hända så reflektera över situationerna före, under och efter incidenten självkritiskt och försök finna var ditt agerande gick fel. Egentligen är det så enkelt att det gäller att aldrig hamna i sådana situationer med dina elever. Vilket naturligtvis är lättare sagt än gjort ...

Det andra kardinalfelet som många lärare gör är att korrigera klassen kollektivt. Kollektiva tillsägelser är nästan alltid fel eftersom det sällan är hela klassen som har stökat, fört liv, eller vad det nu kan vara, utan enskilda elever. Rikta alltid in dig på den eller de elever som stör. Säg deras namn tillräckligt högt, men inte så högt att du uppfattas som aggressiv, för att fånga redas uppmärksamhet. För ett pekfinger mot munnen eller ge dem något annat tyst tecken. Det som avgör om du lyckas är att du reagerar i tid. Om det är så att stora delar av klassen redan tappat intresset för din undervisning, så återstår inget annat än en kollektiv – och högljudd – tillsägelse. För dig innebär detta arbete efter lektionen, med att reflektera över exakt vad som utspelat sig i ditt klassrum. Dra dig till minnes vad du gjorde när störningen började och hur det hela eskalerade. Utgångspunkten måste normalt vara ditt eget agerande, och inte elevernas. Du kan ändra på dig själv betydligt snabbare än vad du kan ändra på eleverna. Om du ska ha en möjlighet att få ordning på kulturen i klassen, och på din undervisning, så behöver du gå tillbakatill ritbordet och följa stegen ovan. Det krävs en process som inleds med att du öppet och ärligt ur vuxenrutan diskuterar igenom med fridstörarna vad som hände på din undervisning, samt att ni tillsammans börjar nysta i hur sådant kan undvikas.

«Mirakelmedicinen»

Det finns en metod som alltid tycks hjälpa om du befarar att det kan uppstå problem i din klass, nämligen slumpad sittning. I en helt ny klass finns en utbredd otrygghet bland eleverna de första dagarna, eftersom de inte känner varandra. Inom dagar eller veckor bildas bestående sociala band mellan eleverna. De känner igen varandra, några kan namnen på några kompisar, andra kanske kommer från samma grundskola men har inte gått i samma klass. Inom en till två veckor uppstår en osynlig, men verklig, social hierarki i klassen, grupperingar mellan elever som tyr sig till varandra och avstånd mellan dem som av olika skäl känner en misstänksamhet mot några grupper eller individer.

Det bildas normalt en social skiljelinje mellan könen. Inte oväntat, eftersom tjejerna tenderar att vara betydligt mer mogna än pojkarna. Som jag tidigare diskuterade, kan det mognadsmässigt skilja åtskilliga år mellan den mest omogna eleven och den mest mogna. I detta gytter knyts strax bestående sociala band mellan olika elever. Samtidigt försöker eleverna bedöma varandras styrkor i det sociala spelet, precis som vi vuxna gör, om än undermedvetet, så fort vi hamnar bland människor vi inte känner. Det är kampen om positioner i det sociala spelet i klassen som kan ge olika typer av störningar i klassrummet. En vill visa kamraterna att hen vågar utmana dig som lärare, en annan blir så upptagen av sin nyvunna bekantskap att hen blir ouppmärksam på lektionen och en tredje kan inte låta bli att visa upp sitt eget skojfriska jag med allehanda upptåg.

Allt helt normalt och till och med eftersträvansvärt av två skäl. Dels är den sociala strukturen i klassen, när den väl har satt sig, en förutsättning för att kulturen ska kunna utvecklas i positiv riktning. Den ger tillhörighet och identitet och därigenom trygghet. Dels har ungdomar, visar omfattande studier, ett inneboende självständighetsbehov, ett sökande efter den egna identiteten och platsen i gruppen. Detta behov behöver få utlopp.[63]

Klassrummet är dock fel plats för stora delar av det sociala spelet. Enligt min erfarenhet kommer samspelet mellan eleverna att under de närmaste veckorna och månaderna utvecklas utanför klassrummet på ett positivt sätt. Jag vet kollegor som försökt frammana denna sociala utveckling på artificiell väg, alltså med mer eller mindre avancerade gruppövningar och lekar. Jag har dock aldrig sett någon påtaglig positiv effekt av detta över tiden. Min tolkning är att om man som lärare lägger kraft på att skapa en god klassrumskultur, med allt vad det innebär av schyssta värderingar, respekt och normer, så kommer eleverna utvecklas på bästa sätt.

---

63 Hafen et al. 2013

Slumpad sittning, en metod jag relativt nyligen fick lära mig av en erfaren kollega, innebär att du själv placerar eleverna i klassrummet med hjälp av vanliga placeringskort, sådana som används på större fester. Den framgångsrika metod för placering som jag känner till är att placera elever som inte känner varandra bredvid varandra. Att försöka placera varannan damernas brukar fungera. Samtidigt får du då möjlighet att placera eleverna utifrån deras särskilda behov och andra aspekter. Kortet ställs längst fram på bänken, och placeringen behöver vara färdig innan du släpper in dina elever. Vidare behöver placeringsmetoden vara påannonserad och diskuterad vid ett tidigare tillfälle där du nogsamt förklarar fördelarna med slumpad sittning.

Vad som nu händer är att det sociala spel som pågått för fullt utanför klassrummet abrupt stannar upp i klassrummet. Eftersom du mer eller mindre slumpvis placerat ut dina trettio elever är sannolikheten inte särskilt stor att två individer som hemskt gärna vill sitta bredvid varandra hamnar bredvid varandra. Istället hamnar de nu troligtvis bredvid någon som de inte «bondat» med tidigare. Socialt är större delen av klassen under lektionen tillbakaförflyttade till ruta ett. Den osäkerhet som uppstår i relationerna mellan eleverna är naturligtvis högst temporär. Så fort de lämnar klassrummet återupptar de raskt det spel som pausades när de gick in en timme tidigare.

Fördelarna med slumpad sittning är många. Du kan odla kulturen i klassrummet och genomföra din undervisning utan att ideligen bli störd av olika incidenter. Även väldigt stökiga elevgrupper med en negativ klasskultur blir hanterbara, och därmed utvecklingsbara, med slumpad sittning. Eleverna får under de moment då de arbetar parvis möjligheten att interagera med – och lära känna – en klasskamrat som de sällan eller aldrig brukar hänga med utanför lektionerna.

Där finns dock nackdelar, menar jag, med slumpad sittning. Min erfarenhet är att om den blir regel snarare än undantag, så hämmar den kulturen i klassen. Det tycks som om den positiva stämningen kan utebli och elever hämmas av att alltid behöva sitta bredvid någon som de normalt inte skulle umgås med. Möjligen kan det förhålla sig så att den slumpade sittningen över tid, jag talar här om månader eller en termin, cementerar en förväntan om otrygghet och en negativ syn på undervisningen. Möjligen sätts den självständighetssträvan och utveckling som eleverna så väl behöver ur spel. Om eleverna däremot återigen får som de själva önskar, vilket faktiskt är ett kriterium[64] inom den interaktiva undervisningen, så tycks otryggheten och hämningarna snabbt försvinna och ett positivt klimat åter ta över. Ett klassrum ska ha ett positivt klimat som yttrar sig i att eleverna och läraren interagerar chosefritt med värme och sympati. Det handlar alltså om en balansgång mellan å ena sidan klassens behov av organisation och struktur, och å andra sidan utvecklingen av en positiv kultur som kultiverar elevernas självständighet.

Skillnader i elevgrupper

Studier visar att en elevgrupps betygsmedian från grundskolan har en påverkan på hur de kommer att fungera och prestera i gymnasieskolans klassrum. Inte minst gäller det förmågor som självbehärskning och självkontroll, vilka är avgörande för Klassrumsinteraktionen och ytterst påverkar prestationerna. En gymnasieklass med en hög betygsmedian från grundskolan, kan förväntas agera och bete sig annorlunda samt ha en annan attityd till utbildning, än en elevgrupp med en lägre median. Den förra gruppen kommer normalt också med en annan socioekonomisk bakgrund än gruppen med svagare betyg. Något förenklat kan vi förvänta oss att den högpresterande gruppen kommer att vara betydligt mer självgående och bjuda mindre utmaningar för läraren.

Skillnaden är viktig eftersom ett av skolans mål är att ge alla elever studier som utmanar och en möjlighet till utvecklande framtida arbeten. Det man förr kallade för klassresor. Jag har undervisat både yrkesprogram och högskoleförberedande program med medianer i den lägre halvan av betygsskalan, och klasser som legat väldigt högt. Min erfarenhet är tudelad.

---

64 Hafen et al 2014

Skillnaderna är stora, men framför allt ser utmaningarna helt olika ut för läraren. Att ge elever som kommer från mer eller mindre kaotiska grundskolor en positiv och fungerande kultur i klassrummet är i sanning att ge dem en möjlighet att utveckla sin fulla potential. Det är just här vi lärare kan göra en avgörande skillnad. Den stora skillnaden är att elever med en sådan bakgrund kommer, allt annat oförändrat, ha lite svårare att assimilera kulturen. Det kommer att ta lite extra tid och kräva en ännu mer inkännande lärare som är ännu mer alert och skickligt hanterar varje incident. Men de kommer snart att inse fördelarna med ett klassrum med ett positivt klimat. I den starkare gruppen känner många igen det mesta av det som diskuteras. För dem har studiero och mobilförbud ofta varit ett normalläge i grundskolan.[65]

Sammanfattning Kapitel 7.

- *Det är under de första fem till tio veckorna som slaget om klasskulturen avgörs, i takt med att eleverna lär känna varandra och någon form av social hierarki och uppdelning av gruppen uppstår.*
- *Läraren behöver vara alert och uppmärksam på signaler från eleverna. Även aldrig så vaga tecken på att inte allt står rätt till behöver fångas upp.*
- *Att en elev ifrågasätter den gemensamma överenskommelsen om överenskomna regler öppet och osakligt, väljer att utmana dig och samtidigt visar ett hänsynslöst beteende mot sina kamrater genom att ta över klassrummet i en vendetta med sin lärare, är allvarligt.*
- *Ta inte diskussioner med elever som bryter mot regler och överenskommelser i klassrummet. Hantera diskussionen efteråt mellan fyra ögon.*
- *Nyckeln till en öppen och positiv kultur i klassrummet är att man utvecklar rollspelet mellan den inkännande läraren och den unge vuxne eleven. När man väl är överens om spelreglerna i klassrummet, så inleds den egentliga interaktionen i undervisningen.*
- *Många lärare gör kardinalfelet att reagera för sent på en liten incident de trots allt visste, eller kunde ana, skulle inträffa innan den ens uppstod i*

---

65 Hamre et al 2013

147

klassrummet. Inte sällan tvekar de eftersom de inte är säkra, de inte tycker att störningen är nog allvarlig eller eftersom de inte vågar agera. Det är precis tvärtom.

- *Det andra kardinalfelet som många lärare gör är att korrigera klassen kollektivt. Kollektiva tillsägelser är nästan alltid fel eftersom det sällan är hela klassen som har stökat, fört liv, eller vad det nu kan vara, utan enskilda elever. Rikta alltid in dig på den eller de elever som stör.*

- *En temporär lösning på ordningsproblem i en klass är slumpad sittning, att du med exempelvis namnskyltar bestämmer vem som ska sitta var i klassrummet. För varje lektion ändras placeringen.*

- *En gymnasieklass med en hög betygsmedian från grundskolan, kan förväntas agera och bete sig annorlunda samt ha en annan attityd till utbildning, än en elevgrupp med en lägre median. Läraren behöver anpassa sin undervisning därefter.*

- *Att ge elever som kommer från mer eller mindre kaotiska grundskolor en positiv och fungerande kultur i klassrummet är i sanning att ge dem en möjlighet att utveckla sin fulla potential.*

Kapitel 8. Lektionsstrukturen är undervisningens skelett

Den interaktiva undervisningens tre huvudområden behöver samverka; det är själva poängen i det som forskningsresultaten försöker lära oss. Undervisningens kvalitet är den helt avgörande faktorn. Ett välorganiserat klassrum med en levande kultur av seriositet och nyfikenhet är en förutsättning för att de andra huvudområdena ska kunna fungera. Emotionellt stöd i klassrummet skapar ett positivt klimat för lärande. Undervisningsstöd utvecklar lärandet mot nya höjder. Allt detta kretsar kring den inkännande läraren och hens interaktion med de unga vuxna eleverna. Och i det välorganiserade klassrummet är lektionsstrukturen helt central. Utan en fungerande lektionsstruktur blir undervisningen rörig och lärandet bara osammanhängande. Insikter och förståelse på en högre nivå kan aldrig nås. Ändå är lektionsstruktur ett eftersatt område i skolans värld. Ett område som sällan diskuteras och ännu mer sällan analyseras. Det finns trots allt rikligt med internationell forskning på vad en bra lektionsstruktur bör innehålla.

... att göra med hur lärandet är direkt kopplade till omfattningen som lärare förser eleverna med intressanta aktiviteter, stöd, projektuppgifter och material och faciliterar dessa aktiviteter så att eleverna ... aktivt engageras. I överensstämmelse med konstruktivistiska teorier ... och kognition. ... ska undervisningen främja ... möjlighet till lärande, så att eleverna inte bara deltar ... utan även engageras kognitivt ... Återigen, utvecklingen av undervisningsformatet hänger inte bara samman med typen av undervisning eller antalet material som läraren använder, utan även med hur effektivt läraren interagerar och använder materialet och instruktionerna för att engagera eleverna. (Robert Pianta et al 2012)

Inom den interaktiva undervisningen analyseras och bedöms de ämnesövergripande grunderna av lektionsstrukturen. Man tar fasta på de delar som alla ämnen har gemensamt snarare än vad som skiljer dem åt. Omfattande studier av undervisningen inom olika ämnesområden, visar på att när undervisningen fungerar väl så finns där påtagliga gemensamma nämnare mellan områdena. Det vill säga, en bra mattelärare som får eleverna att lära sig mer för varje lektion, hade med sin metodik lyckats i princip lika bra, oavsett om hen hade valt att undervisa i språk eller idrott och hälsa istället.[66] Av rena utrymmesskäl kommer jag i det följande behandla bara de områden och faktorer inom lektionsstrukturens kunskapsområde som direkt eller indirekt behandlas inom forskningen. Därutöver kommer jag att belysa ytterligare ett par faktorer som jag anser är relevanta för att uppnå en i sanning effektiv undervisning.[67]

Termerna varierad och engagerande förekommer ofta i skolans värld i diskussionen om hur bra undervisning ska vara. Bevisen för att engagemang och variation verkligen har effekt är många inom den interaktiva undervisningens forskningsfält. En minst lika viktig term som jag själv, innan jag stötte på Pianta och Hamres forskning, hade hört talas om är undervisningens effektivitet. En tolkning av forskningen inom interaktiv undervisning och de situationer som där beskrivs som önskvärda, inte minst det förutnämnda väloljade maskineriet, är att allt arbete som sker i klassrummet syftar till att generera denna effektivitet i lärandet. Detta innebär att elever som får en god undervisning lär sig mer än de som får en medioker undervisning.

Om man ska ge lektionsstrukturen en metafor så vore det undervisningens skelett. Egentligen behöver en lärare som funnit en för hen och hens ämne välfungerande lektionsstruktur sällan eller aldrig ändra på den. Skelettet är detsamma från första till sista lektion, men innehållet behöver naturligtvis variera ordentligt. I grund och botten är lektionsstrukturen ett körschema, en planering, över hur läraren vill genomföra sina lektioner. Fördelen med att använda samma struktur varje gång du undervisar är att eleverna känner igen sig och att deras förväntningar gång efter annan infrias. Mycket kan vara abstrakt och svårfångat i ens ämne, det stoff som eleverna ska lära sig, men lektionsstrukturen är lättbegriplig och återkommande. Fungerar den

---

66 Pianta et al 2012
67 Pianta et al 2012

skänker det eleverna ett lugn och de kan lägga all energi på att lära sig det du för ögonblicket lär ut, utan tankar på vad som komma skall. För det vet de redan.

Syftet med strukturen för undervisningen är att fånga elevernas uppmärksamhet omedelbart då lektionen startar, och sedan behålla den hela vägen utan avbrott tills ni tar adjö från varandra för dagen. Vi talar om sextio till sjuttio minuters komprimerat lärande, varken mer eller mindre. I sammanhanget bör nämnas att det förekommer skolor där man blockläser ämnen, andra där man har dubbellektioner istället för två enkellektioner per vecka, samt en del varianter på detta. Jag utgår ifrån två enkellektioner per vecka, eftersom de andra uppläggen mer handlar om pedagogiska nycker, utan något som helst stöd i vetenskapen. Vissa skolor som av finansiella effektivitetsskäl suboptimerar sina lärares undervisning och elevers lärande förekommer. Oavsett orsak så gagnar dessa skolors syn på lektionernas längd inte eleverna.

En nyckel till framgång för att fånga och behålla uppmärksamheten heter tempo, alltså den tidsmässiga takt med vilken du undervisar. Rätt tempo är det som får eleverna att uppmärksamt delta i och arbeta med undervisningen utan uppehåll i en timme. Fel tempo är det då du förlorar elever till dagdrömmar, konversationer, sömn, utsikten genom närmaste fönster eller anblicken av datorskärmen. Eller, om du driver på för fort, att de reagerar med frustration på grund av att de inte hinner med eller förstår. Rätt tempo innebär konkret att du nogsamt avsätter en lagom tidslängd till respektive lektionsmoment. Den avsatta tiden ska knapp, det vill säga, det ska inte vara av stor vikt att alla hunnit helt klart. Du kommer att få en spridning i var eleverna befinner sig när du avbryter för nästa moment, men om du instruerar väl så tar de allra flesta igen detta hemma före nästa lektion. Hur som helst får det inte vara av någon avgörande betydelse för nästkommande lektionsmoment att de hunnit färdigt med det föregående. Lägg in ett uppsamlingsheat nu och då i dina lektioner så att du vet att alla är någorlunda ikapp.[68]

---

68 Hamre et al 2013

En annan framgångsfaktor är variation. Att varje lektionsmoment, med detta menar jag varje enskild byggsten av en lektion, skiljer sig markant i innehåll och genomförande från det förra lektionsmomentet. Och gärna därtill att du tar hänsyn till vilka sinnen som används för inlärningen vid det enskilda lektionsmomentet. Med andra ord ska lektionsmomenten vara varierade sinsemellan. Till exempel så låter jag gärna analytiska frågor som ska besvaras parvis i klassen i form av bikupor gärna följa på ett moment av läsning ur läroboken.

Läsningen är en enskild uppgift som måste ske under tystnad och med hög koncentration. Dessutom ska den genomföras studietekniskt korrekt. Syftet med läsmomentet på mina lektioner är inte primärt att eleverna ska lära sig fakta eller förstå processer eller principer; den delen av inlärningen arbetar jag med på genomgången och repetitionerna. Syftet är istället att de ska lära sig att disciplinerat och effektivt ta in en text som både kan vara svårtillgänglig och tråkig för en oövad tonåring. I alla fall till en början.

Jag undervisar på högskoleförberedande program. Förmågan att ta till sig och tillämpa textmängder som ofta är varken lättillgängliga eller skrivna på modersmålet är akademikerns kännemärke. Den färdigutvecklade förmågan kan man beskåda i läsesalarna på Carolina Rediviva eller andra universitetsbibliotek runtom i landet. I klassrummet gäller det att lära sig krypa innan man kan gå och springa. Att varligt och stegvis bygga upp förmågan till läsning av akademisk litteratur. Hos en grupp sextonåringar i en klass med en betygsmedian kring DC är dryga tio minuter koncentrerad läsning ungefär vad eleverna mäktar med, givet det tempo jag tidigare underströk. Regeln är att de aldrig får tröttna och känna att det blir långtråkigt. Att de bara ges knappt tillräckligt med tid för att lösa uppgiften är ett sätta att bygga upp ett driv i lektionen. Jag går alltså relativt raskt från ett lektionsmoment med läsning, till ett med utmanande analytiska frågor som löses i bikupor. Fördelen med en bikupa är att eleverna plötsligt ska växla från läsning, som till sin karaktär är en högst individuell uppgift, till samtal där de ska utbyta information med bänkkamraten. Svaret på frågorna nås bara genom en djupare förståelse av ämnesområdet och är normalt inte explicit skrivet i läroboken. Inte heller går svaren att direkt utläsa ur min genomgång som föregick läsmomentet.

En viktig del inom didaktiken är som bekant hur elefanten, alltså stoffet, ska styckas och göras tillgängligt för eleverna. För stora munsbitar blir eleverna övermäktiga, och för små upplevs inte som utmanande; undervisningen står och stampar och en tristess riskerar att breda ut sig över klassrummet. Jag planerar min undervisning utifrån ett antal aspekter och försöker använda Werner Jank och Herbert Meyers didaktiska strukturmodell[69] som grund. I korthet belyser analysmodellen det som läraren behöver ta reda på för att planera sina lektioner utifrån elva dimensioner som inkluderar allt från socioekonomiska förhållanden i elevgruppen till komplexiteten av det stoff som ska undervisas.

> Effektiva lärare presenterar nytt material i små steg, återkommer till både tidigare kunskaper av relevans och erforderliga förkunskaper och skickligheter.
> (Hafen et al 2014)

I ett första steg tar jag, som modellen ovan anger, utgångspunkt i hur gruppen som jag ska undervisa ser ut avseende betygsmedian, studiemotivation och andra liknande aspekter, samt naturligtvis mitt allmänna intryck av eleverna i klassen. Är gruppen något svagare så blir varje munsbit, alltså hur jag delar upp stoffet i det arbetsområde som jag ska undervisa mindre, och omvänt om gruppen är starkare. Likaså är delarna mindre i början av arbetet med ett nytt område jämfört med i slutfasen, eftersom erfarenheten säger att elever upplever ett nytt område som mer utmanande. Nya begrepp och principer måste läras in, och eleverna ser till en början inte helheten av alla delar, så de första lektionerna med ett nytt område upplevs av eleverna som ett större kunskapssteg än de sista. Nästa steg är att dela in arbetsområdet utifrån komplexitet. Svårare områden tarvar mindre munsbitar för varje lektion och kräver därför mer tid. Till slut har jag utportionerat arbetsområdet över ett antal lektioner.

Varje lektionsportion behöver sedan göras relevant för eleverna. Syftet är att lärandet ska kännas angeläget för eleverna. En analysmodell som jag finner

---

69 Jank et al 2011

mycket användbar är den tyske pedagogen Wolfgang Klafskis vid det här laget klassiska didaktiska grundfrågor[70] som i korthet kan uttryckas:

1. Vad kan eleverna redan om det som ska läras in?
2. Vad betyder det som ska läras in för eleverna idag?
3. Vad betyder det som ska läras in för eleverna i framtiden?
4. Hur passar det som eleverna ska lära in, i helheten?
5. Hur gör man det som ska läras in mest lättillgängligt för eleverna?

Klafskis frågor syftar ju samtliga till att höja relevansen hos det material som ska undervisas. Och just relevansen för eleverna löper som en röd tråd genom forskningen om den interaktiva undervisningen. Exempelvis är det avgörande att läraren anstränger sig för att ideligen koppla det som lärs ut till verkligheten utanför klassrummet. Det finns alltså ett krav på oss lärare att koppla även de mest abstrakta delarna i våra ämnesområden till världen runt omkring oss.[71] Allt för att bibehålla elevernas uppmärksamhet från lektionens första till sista stund.

För att bearbeta varje portion av stoffet så att det blir lättillgänglig kan man med fördel använda en uppsättning andra didaktiska grundfrågor, nämligen de klassiska: vad, vem, hur, när, varför. Besvarar man dem för varje portion så brukar den inre logiken bli tydlig, och därmed ökar lättillgängligheten. Undervisningen handlar då om att successivt besvara var och en av frågorna, nästan som en checklista. Stoffet kan med ens förklaras utifrån sina viktigaste perspektiv. Varför som i «Varför är detta viktigt att kunna?» diskuterades ovan. Det som ska läras ut sätts in i en logisk helhet: «Det här är viktigt att kunna därför att …»

Vad som i «Vad är detta?» och «Vad består det av?» är logiskt nästa steg. Ur detta kommer då alla de begrepp som är relevanta att behärska för att förstå ämnet. Därefter följer frågan hur som i «Hur fungerar detta?» där områdets viktigaste processer och principer åskådliggörs. Slutligen bearbetas även frågeställningarna vem och när, som belyser tidsperspektiv och ordningsföljder. Samt olika rollinnehavare och ansvarsområden om ämnesområdet har sådana. Alla frågor är inte alltid relevanta inom varje ämne, men några är

---

70 Jank 2011
71 Hamre et al 2013

det alltid. När arbetsområdet väl är uppdelat i portioner, och varje portion gjorts relevant och lättillgängligt, så fördelas dessa över de lektioner som du har tillgängliga. I ett sista steg innan det är dags att undervisa, så gör du med hjälp av din lektionsstruktur portionen tillgänglig för eleverna.

Lektionens början och slut

Den kanske viktigaste grundregeln för en väl fungerande lektionsstruktur är att dess början och dess slut är tydliga för eleverna. Det måste vara övertydligt när undervisningen börjar och exakt när den tar slut, och allt där emellan ska vara intensivt arbete. Anledningen stavas tydlighet, vilket är grunden i allt du säger och gör i klassrummet. Var så tydlig att du blir övertydlig. Om du ska fånga och behålla elevernas uppmärksamhet under en timme, så vill det till att de inte blir frustrerade eller förvirrade. Det kan de exempelvis bli om de inte vet om lektionen har börjat eller slutat. Varje lärare behöver en bra lektionsstart. Den ska sammanfalla med det allra första som du säger till eleverna. Tjuvstarter, där du kanske har lite upprop och sedan filosoferar om något, bådar inte gott för kvaliteten på din undervisning. Första steget har vi redan varit inne på: att du på din signal både får tyst på klassen och fångar elevernas uppmärksamhet. Jag räknar ner, en metod som jag lärde mig på en tidigare skola av en föreläsare i digitalisering. Och då hade föreläsaren hundra pratiga lärare som skulle vara tysta tvärt.

«Tre, två, ett, Schhhh!», så tystnade vi inom loppet av sekunder och hon kunde lugnt fortsätta sin föreläsning.

Sedan menar jag att man ska hälsa på varandra. Jag har redan varit inne på varför. Tystnadsritualen och hälsandet signalerar bortom varje tvivel att lektionen har börjat. Underförstått, nu förväntas man vara uppmärksam och arbeta flitigt och engagerat. Nu sätter vi igång!

Lektionens målsättning

Nästa ritual på lektionen är att presentera lektionens målsättning och tidsplan. Längst upp till höger på tavlan skriver jag alltid lektionens målsättning. Det kan exempelvis vara att avsluta ett arbetsområde, repetera delar eller fånga upp frågor eller annat inför examinationen.

Varje lektion innebär sextio minuter av dyrbar tid, som ska ha en uttänkt och unik målsättning. Det är en tydlig signal till eleverna som vid det här laget kopplat på uppmärksamheten, att idag ska följande ske av följande orsaker. Återigen övertydligt för att skingra varje tvivel och förebygga frustration eller annat ännu värre. Därefter pratar jag igenom tidsplanen som står under målsättningen på tavlan. Tidsplanen är egentligen min lektionsstruktur. Det enda som varierar i denna är tiderna för de olika lektionsmomenten. Lektionsmomenten är i stora drag desamma lektion för lektion, men längden på dem kan variera.

> Mönstren och styrkan i resultaten visar på att målorientering i klassrummet kan förstärka ... motivationsmönster när uttryckliga målsättningar är framträdande och accepteras av eleverna. (Ames et al 1988)

Skelettet i min struktur räknar alltid fem delar, samma fem delar: repetition, genomgång, läsning, parvist arbete och sammanfattning. Enligt olika studier är det mycket effektivt att inleda lektionen med en repetition, när väl formalia såsom målsättning och tidsplan är avklarade. Syftet med repetitionen är att en tredje gång gå igenom det viktigaste från föregående lektion. Jag avslutade den förra lektionen med en sammanfattning av genomgången, och nu lyfter jag återigen samma saker. Med hjälp av mig själv, tavlan, en filtpenna och eleverna försöker jag levandegöra dessa de viktigaste punkterna från förra lektionen. Enligt minnesforskning gör repetition att de punkter som upprepas har en möjlighet att förflytta sig i riktning till långtidsminnet. De viktigaste punkterna etsar sig bokstavligen fast i elevernas minne.

Läsaren börjar kanske skruva på sig lite grann vid det här laget och ställa den befogade frågan: «Är det verkligen så enkelt att alla trettio eleverna likt robotar tar till sig av mina lärospån bara för att jag repeterar flitigt?» Nja, skulle jag säga. Precis som du och jag kan dagdrömma under en tråkig passus på ett möte, så dagdrömmer elever ibland. Självfallet försöker de att inte med en min visa vad de egentligen tycker om den långrandiga kollegan. Dagdrömmar i klassrummet blir svårtydda, ibland nästan omöjliga, att uppmärksamma. Men fördelen med att älta allt viktigt inom ett arbetsområde minst tre gånger för alla elever är att de sannolikt inte dagdrömmer alla tre gångerna. Man kan också, för att vara på den säkra sidan att alla elever är på banan under repetitionen, stöpa om den till ett läxförhör i modern tappning. Följaktligen får eleverna till uppgift att på vägen hem efter varje skoldag gå igenom sina anteckningar och sammanfatta «det viktigaste». Istället för att rita, skriva och berätta allt själv framme vid tavlan, så kan du foga ihop det viktigaste från föregående lektion tillsammans med eleverna.

Jag använder hela klassrummet som min arena, rör mig fram och åter och i sidled när jag tar hjälp av eleverna för att plocka upp det viktigaste från föregående lektion. Handuppräckning använder jag mycket sällan eftersom det normalt bara blir en handfull pålästa och oblyga elever som får skina. Istället delar jag slumpvis ut frågan i rummet, fångar upp svaret som jag kastar vidare med en ny fråga till nästa elev. Kan en elev inte svaret, försöker jag förmå eleven att i alla fall drista sig till en gissning. Friskt vågat hälften vunnet. Svarar en elev fel bemöter jag det med ett dröjande nja, men med en min av erkännande för att hen i alla fall tog chansen och försökte. Svarar någon rätt blir det klang och jubelsång en stund. Ibland applåder. Allt är spontant. Både jag och eleverna är djupt involverade i samtalet och frågorna är sällan lättbesvarade. Så alla någorlunda korrekta svar frammanar äkta stunder av glädje för oss alla inblandade. Och så vidare till nästa fråga. Följaktligen finns där en förväntan hos varje elev att när som helst bli involverad i ett samtal om det viktigaste från föregående lektion.

En repetition ska helst inte ta längre än fem minuter och aldrig mer än tio. Intensiteten ska vara hög och uppmärksamheten på topp. På repetitionen följer alltid min genomgång, eller föreläsning om man så vill. Jag har med åren lärt mig sex saker om föreläsningar. Först och främst ska en genomgång aldrig vara längre än eleverna är gamla. Ofta fuskar jag lite, men jag håller sällan på längre än tjugo minuter eftersom jag av erfarenhet vet att uppmärksamheten dalar därefter. Och även om de både ser intresserade ut, och verkligen är det, så är min erfarenhet att deras förmåga att minnas vad jag säger avtar hastigt efter denna tid. Inte så att eleverna lider av uttråkning, men det blir mer underhållning och mindre undervisning efter att gränsen för deras uppmärksamhet har passerats. De minns allt mindre av det jag berättar, och förståelsen av mer komplexa partier blir sämre. För det andra så behöver jag som föreläsare vara djupt kunnig och uppdaterad i mitt ämne, annars kan jag svårligen levandegöra materialet. Än mindre svara uttömmande på alla de frågor som de nyfikna eleverna kastar åt mitt håll.

För det tredje gäller det att hitta en presentationsform som fungerar både för mig som lärare och för eleverna. Jag använder aldrig PowerPoint, eftersom jag känner att det hämmar mig som föreläsare och retoriker. Jag måste som föreläsare ha ett språk som är rikt nog för att få eleverna att se de bilder som jag visar för sitt inre, och inte passivt glo på klatschiga färgbilder på en duk. Detta är självfallet ingen kritik mot alla de tusentals kollegor som använder det digitala verktyget i sin undervisning dagligen. Min poäng är att bara ett fåtal blir intresseväckande och engagerade talare i hand med en dator och projektor. Istället blir digitaliseringen en ursäkt för dåliga förberedelser och oengagerade genomgångar. Ombudsmannarespirator brukade den numera framlidne språkvetaren Göran Hägg kalla dåtidens overheadapparater, och jag menar att digitaliseringen inte gjort underverk här. Ett budskap blir inte tydligare och mer lättillgängligt bara för att det presenteras i fyrfärg med snurrande bilder. Tas bara hänsyn till reservationerna ovan, kan det säkert vara fullt fungerande.

Jag använder filtpennor och den vita tavlan, min egen och elevernas fantasi. Tavlan och pennan ger mig möjlighet att röra mig fritt, tänka fritt, sudda och förklara spontant för att tydliggöra något som inte riktigt gått fram. Jag kan också animerat besvara frågor med tavlan som stöd. En annan fördel är att det jag skriver på tavlan blir ett stöd för elevernas anteckningar. En miniminivå om man så vill. För det som jag har noterat på tavlan skriver de i alla fall upp, även om de inte mäktat med att fånga upp något annat av det jag sagt.

För det fjärde behöver läraren anstränga sig för att tala högt och tydligt, och använda rösten och tavlan för att understryka särskilt viktiga partier. Jag har gjort till en vana att säga särskilt viktiga delar flera gånger, som för att understryka det viktiga. Här är det också viktigt att hitta rätt tempo i anförandet. Talar du för fort väcker du frustration och tappar snart uppmärksamheten i klassrummet annat än hos en handfull tappra och flitiga elever.

För det femte använder man med fördel hela klassrummet som arena för sitt framträdande. Att stå längst fram och stillastående mässa, tråkar snart ut även den mest ambitiösa eleven. När du rör dig genom rummet händer det något, och du behåller och utvecklar kontakten med eleverna. Sist men inte minst, har jag gjort det till en vana att bara ställa rena förståelsefrågor under föreläsningen. Detta för att inte eleverna – och jag – ska tappa det dyrbara tempot och den ovärderliga röda tråden i anförandet.

Under min genomgång förutsätter jag att alla elever antecknar för hand i ett kollegieblock. Det är ett hantverk som jag instruerar dem i redan under den första lektionen. Detta tjänar flera olika syften. Att anteckna under en föreläsning om ett komplext ämne är något som en universitetsstudent förväntas klara utan vidare. Men det är allt annat än enkelt för den som aldrig fått öva upp denna förmåga. Samtidigt som du lyssnar och följer föreläsningen förväntas du anteckna simultant. Då producerar du en egen katalog över allt som är viktigt att kunna kring ämnet parallellt med att du undermedvetet memorerar alla dessa delar, allt medan din förståelse för ämnet gradvis ökar vartefter föreläsningen fortskrider.

Simultant är nyckelordet i allt detta. Förmågan består i att med anteckningar fånga upp det som är viktigt under en föreläsning och samtidigt avkoda vad som sägs och bearbeta informationen. Det är en färdighet som tar tid att lära sig. Under mitt första halvår med eleverna antecknar de för hand med penna och kollegieblock. Vissa elever med särskilda behov använder självfallet dator och andra hjälpmedel, men flertalet förväntas utveckla sin förmåga att anteckna manuellt under en föreläsning. Studierna är många och deras resultat entydiga kring faran över att låta elever övergå till att anteckna på dator.[72] Förmågan att minnas informationen ökar för den som antecknar för hand – och det är ju för att memorera det som sägs i klassrummet som de antecknar till att börja med.

För det andra var nyckelordet i anteckningens disciplin just simultant. Att kunna lyssna, avkoda, förstå och plocka ut det som är viktigt, och samtidigt klara av att anteckna detta, är målbilden. Bara ett ytterst fåtal elever klarar av att göra detta på en dator. Några kommer att kunna tillförskansa sig denna skicklighet med tiden, de flesta inte alls. Handen på hjärtat, hur många kollegor eller vänner har du som lika snabbt, frimodigt och skickligt antecknar på dator som de gör för hand med block och penna? Alltså vurmar jag för den analoga anteckningsförmågan, men naturligtvis är det upp till eleven hur hen vill anteckna efter det första halvåret. Få är de elever som övergår till datoranteckningar och som verkligen lyckas med sina studier, är min erfarenhet. Genvägar blir senvägar.

Förmågan att läsa akademiska texter

På genomgången följer läsning av flera olika skäl. För det första stimulerar läsning andra sinnen än föreläsningen. Att avkoda text är något annat än att lyssna på och förstå en föreläsare och samtidigt plocka ut det som är viktigt och anteckna detta. För det andra är, som nämndes tidigare, läsning av mindre lättillgänglig litteratur en avgörande förmåga i den akademiska världen. Skillnaden är att tempot där är uppdrivet, sidantalet räknas i tusental och språket ofta är engelska. Därtill skildrar den litteraturen ämnen som är betydligt svårare att ta till sig än vad en lärobok i gymnasieskolan har att erbjuda. Men samma lärobok är en ypperlig början för ungdomar som sällan eller aldrig systematiskt studerat facklitteratur tidigare.

Det finns en banalisering av kunskapsinhämtningen på sina håll i dagens skola. Läroböcker kommer på skam då de anses analoga och mossiga. Kun-

---

72 O'Brien 2018

skaper, även komplexa och svårfångade sådana, ska gärna förtuggas och skedmatas genom filmer och roliga spel. Visst bör där finnas utrymme att brodera ut undervisningen med lite påhitt. Men allt kan inte vara skojigt, lättbegripligt och lättsmält hela tiden, för det är nämligen varken hårda fakta eller mångbottnade problemställningar på högskolan eller i arbetslivet. Och gymnasieskolan ska vara högskoleförberedande, eller hur?

Det finns ett egenvärde med att lära sig att bakom varje jobbig uppförsbackebacke längs kunskapens väg, så finns där massor av intressanta saker att upptäcka. Men bara för den som klarar den jobbiga backen först. Läsmomentet handlar om att arbeta upp och träna elevernas intellektuella flås. Som i all träning gäller: lätt fånget, lätt förgånget. Jag brukar aldrig göra någon hemlighet av att lärandet av och till kan vara svårfångat och läsningen rent av tråkig. Allting behöver inte vara roligt hela tiden. Snart nog lär sig de allra flesta att lönen för mödan ligger några veckor eller månader längre fram, när kunskaperna ska tillämpas och lönen för mödan inträder i form av nya insikter och en djupare förståelse.

Bildningen i sig har ett egenvärde, är insikten.

För att inte tappa tempot i undervisningen och riskera att förlora elevernas uppmärksamhet, ens bara för några ögonblick, så bör läsmomentet inte vara för långt. Men heller inte för kort. Elever behöver en stunds ställtid vid varje nytt moment. Vid läsningen ska eleven hitta både fokus och rätt sida i boken, få fram anteckningsblock eller understrykningspenna, inta läsställningen över bänken och komma tillrätta. Av dessa skäl bör man inte avsätta mindre än tio minuter, en kvart för läsning. Och inte mycket mer tid heller, av de skäl som jag redogjorde för tidigare. Vad som är lagom tempo i undervisningen uttrycks som:

> Eleverna är konsekvent intresserade och involverade i aktiviteterna och undervisningen.
> (Pianta 2008).

Det är viktigt att eleverna förstår syftet med, och nyttan av, läsningen. Lika viktigt är det att de lär sig en effektiv studieteknik innan de kastar sig över stoffet. Med detta menar jag inte bara processen med att bearbeta texten i form av att exempelvis börja med sammanfattningen, skumläsa och så vidare. Lika viktigt är att lära sig dels vad som verkligen är viktigt i en text, dels hur man bäst går tillväga för att memorera denna information.

Förmågan att analysera och diskutera problemställningar

Vid det här laget har eleverna först lyssnat till en genomgång på ett tjugotal minuter och antecknat. Sedan har de koncentrerat läst läroboken 10–15 minuter. För att inte tappa tempot och deras uppmärksamhet, så blir deras nästa uppgift något nytt och helt annat: att besvara några öppna frågor om det aktuella ämnet för dagen. Uppgiften ska lösas under en begränsad tidsrymd tillsammans med bänkkamraten.

Två kännetecken utmärker frågorna. För det första är alla frågor öppna och riktar in sig på fördelar och nackdelar med olika företeelser, eller likheter och olikheter mellan två företeelser. Ibland börjar en fråga helt sonika med «varför». För det andra är svaren på frågorna givna bara för dem som förstår. Det innebär att svaret på en fråga bara kan nås om eleverna börjar förstå ämnesområdet på djupet. Ingenstans i läroboken återfinns ett direkt svar på någon av mina frågor. Inte heller brukar jag väva in direkta svar i mina dragningar. Endast genom att förstå definitionen och funktionen hos företeelsen som efterfrågas, kan de nå svaret. Bara genom att betrakta företeelsen utifrån och in och tillsammans vrida och vända på den och väga olika upptänkliga lösningar mot varandra. Exempelvis kunde en fråga, ställd på detta vis inom ämnet biologi, lyda: «Vilka är fördelarna och nackdelarna med biologisk mångfald?» Och inom ämnet historia exempelvis: «Vilka är likheterna och skillnaderna mellan Koreakriget och Vietnamkriget?» Frågor som saknar enkla svar, men där ett samtal där deltagarna är hyfsat kunniga när det gäller grundläggande fakta får dem att närma sig förklaringar och i alla fall delar av svar. Undan för undan övas eleverna i sin analytiska förmåga och i att hitta tekniker för att besvara spörsmål av denna typ. Kontentan för eleverna blir efterhand att där sällan finns bara ett rätt svar. Och ännu viktigare: ibland kan det rätta svaret bero på vilket perspektiv betraktaren väljer att anta.

Fördelarna med att låta eleverna arbeta parvis med övningen är många. De har själva normalt valt hur de vill placera sig i klassrummet och vem de vill sitta bredvid. En kompis eller en ny bekant, i alla fall någon de verkar komma överens med. Detta gör att sociala hinder för inlärningen undviks. Eleverna känner redan varandra och kan förhoppningsvis relativt prestigelöst lösa frågorna tillsammans. Eftersom frågorna är relativt utmanande krävs att de vågar utbyta idéer och funderingar med varandra, även med risk för att ha fel. Utan att våga göra fel, tänka fel och säga fel, görs inga intellektuella landvinningar, lär de sig så småningom. Ofta är det just dessa fel som leder dem rätt.

Det kan vara på sin plats att diskutera utantillinlärning här. Av någon anledning har denna viktiga och nyttiga lärmetod fallit i glömska. Rätt utnyttjad har jag funnit den ovärderlig i många delar av undervisningen. Metoden var vida spridd förr, under den auktoritära skoltiden. Detta kan vara en orsak till att den försvann i takt med att nya idéer tog över klassrummet. Kritiken slår mest in sig på att utantillinlärning är tråkigt för eleverna, vilket jag i vissa sammanhang kan hålla med om. Samtidigt är «tråkigt» ett ihåligt argument. Låt oss helt kort titta på fördelarna med utantillinlärning. Om inlärningens syfte är att det som memoreras ska bli kvar under lång tid, så är metodiken nästan ovärderlig. I annat fall kan den med fog avvisas. Om eleverna exempelvis får till uppgift att lära sig att förstå och sedan memorera ett antal begrepp i ett nytt arbetsområde så blir effekten märkbar.

Begreppsförståelse gör det nya avsnittet tillgängligt med en helt annan förståelse, än om deras begreppskunnande varit mer ytligt. Samtidigt som begrepp memoreras övar eleverna att upp minnesförmågan. Som jag återkommer till längre fram, är ett bra ordförråd, både allmänakademiskt och specifikt för ens ämnesområde, nyckeln till förståelse och därmed bildning.

Grupparbeten, alltså övningar där eleverna arbetar ihop i grupper om fler än två, är något som jag undviker. Detta av flera skäl. Först och främst tycker jag att parvisa arbeten, även över lång tid, ger alla de fördelar som grupparbeten ger, men saknar nackdelarna. Just cooperativ learning[73] har starkt stöd i forskningen. Att samarbeta och lära sig kommunicera om komplexa spörsmål är självfallet viktigt för eleverna. Man kan dock, menar jag, på goda grunder ifrågasätta vad vinsten är att låta fler än två elever arbeta i grupp. Min uppgift som lärare är att förmedla kunskaper och förmågor till mina elever, så att de lär sig så mycket som möjligt. Jag kan svårligen se hur ett grupparbete skulle vara bättre än en bikupa, där eleverna arbetar parvis. Det säger sig självt att om två elever ska arbeta med eller diskutera någonting under en viss tidsrymd, så är sannolikheten att båda deltar aktivt, betydligt större om de bara är två som samarbetar, än om de är tre eller fler. Jag vet kollegor som gärna använder grupparbeten som sin viktigaste undervisningsmetod. Deras huvudsakliga inblick i vad som presteras i grupperna är bloggar. Grupparbeten och bloggar verkar, i mina ögon, gå emot den centrala slutsatsen i interaktiv undervisning att framstegen sker när läraren är närvarande. Ingen lärare klarar av att vara ständigt närvarande i sju eller åtta olika grupper som arbetar simultant. En annan viktig kritik handlar om vilka förväntningar vi kan ställa på våra elever. Hur ska en grupp sextonåringar kunna föra ett samtal kring ett komplext ämne, som är mer initierat än om samtalet hade varit lärarlett? Det är i mötet mellan läraren och eleven som lärandet sker. Detta förutsätter att läraren är ständigt närvarande och engagerad.

Vissa utvecklar sin intellektuella förmåga lite fortare än andra, men alla anstränger sig till det yttersta. Även elever som till en början har lite svårt för det nya sättet att arbeta, lär sig massor av att försöka och försöka igen. En reflektion är att denna förmåga verkar hänga intimt ihop med mognaden hos den enskilda eleven. Exempelvis har vissa elever svårt att hitta riktningen i analytiskt arbete under sitt första år på gymnasiet, för att sedan plötsligt vakna upp och kunna leverera på ett mycket insiktsfullt sätt, under andra året. Det enda som rimligen har förändrats är mognadsgraden.

---

73 Gillies 2003

En annan fördel med bikupor är att den gemensamma bearbetningen av frågeställningarna verkar stimulera elevernas minne på ett positivt sätt. Inte minst gäller detta en bit in i arbetet på ett arbetsområde, när de är välbekanta med begreppen och tankegångarna. Mitt antagande är att det ständiga processandet gör att de olika företeelserna som de har tittat närmare på får en mer befäst plats i deras minnen. De begrepp och modeller och principer som definierar ett arbetsområde får ett djup och fler dimensioner och blir därför lättare att hålla kvar i minnet. När fakta får relevans för eleven så blir den betydelsefull.

För att eleverna ska hinna besvara tre, kanske fyra, frågor brukar jag avsätta ungefär femton till tjugo minuters arbetstid. Hellre för lite tid, så att de knappt hinner färdigt, än för mycket, så att samtalen övergår till helt andra områden än vad som var tänkt från början. Min implicita målsättning är att alla elever ska ha hunnit börja på alla frågeställningar. Huruvida de hunnit ta sig hela vägen fram till svaret på sista frågan är inte avgörande.

Lika viktigt som att eleverna i parvisa samtal arbetar sig fram mot ny förståelse av ämnesområdet ifråga, är det gemensamma samtal som följer på detta lektionsmoment. I min ungdom höll läraren regelrätta muntliga förhör, vilka var skrämmande tillställningar, som trots allt fungerade i någon basal mening, men som alls inte håller måtten för de ambitioner som den interaktiva undervisningen ger uttryck för. Eleverna ska vara nyfikna och delta, inte för att de måste, utan för att de genuint vill.

Samtalet som följer på de parvisa diskussionerna ska nämligen vara gemensamt i ordets rätta bemärkelse. Eftersom detta är det sista lektionsmomentet, och eleverna vid det här laget arbetat i snart en timme, är det avgörande att energin finns kvar och att jag som lärare har min värdefullaste tillgång, deras uppmärksamhet, i ytterligare tio minuter.

Formerna för samtalet är snarlika dem som beskrevs under avsnittet om det första lektionsmomentet, repetitionen. Alla förväntas delta. Handuppräckning ska i görligaste mån undvikas. Istället pekar jag ut de elever som ska besvara en fråga, och sedan ger jag dem som vill komplettera den möjligheten. Spontana kompletteringar eller frågor – utan handuppräckning –

uppmuntrar jag eftersom målsättningen är ett enda gemensamt samtal där alla ivrigt deltar. Eleverna, som alla antecknat sina svar, läser upp dem, och noterar eventuella kompletteringar.

För mig är felaktiga svar nästan lika välkomna som korrekta, eftersom man aldrig kan göra rätt om man aldrig vågar göra fel. Jag är väldigt noga med att uppmuntra alla svar. Så länge det är ett ärligt försök har vi något att bygga på. Tillsammans söker vi sedan vägen till ett korrekt svar. Med öppna och hyggligt komplexa frågor nås svaren oftast genom analys och resonemang. Min uppgift blir att guida eleverna fram till svaren genom frågor och motfrågor som jag ger uppmuntran och respons på, där och då.

Vid det här laget är lektionspasset om sjuttio minuter till ända. Vi reser på oss och avvaktar under tystnad en kort stund innan vi tackar varandra för ett väl genomfört arbete. Sammanfattningsvis är det väsentliga med en god lektionsstruktur att den är väl genomtänkt, både vad avser målsättning och genomförande, samt att den följer ett väl varierat flöde. Målsättningen är att hålla ett tempo som håller elevernas uppmärksamhet på topp genom hela lektionen. Som regel bör en god lektionsstruktur bestå över tiden, eftersom detta ger eleverna en igenkänningseffekt, och därigenom en trygghet. För mig är det väsentligt att varje lektionsmoment utvecklar en viss specifik förmåga hos eleverna. En förmåga de har nytta av efter studenten: läsning, förmågan att anteckna, aktivt lyssnande och så vidare.

Skrivandets ädla konst

I sammanhanget bör också nämnas några ord om skrivandets konst i allmänhet och förmågan att författa utredande texter i synnerhet. Inom skolans värld antas det ofta att denna förmåga enbart är kopplad till att skriva uppsatser på olika nivåer på universitetet. Visst är detta det primära syftet på gymnasieskolans högskoleförberedande program. Men förmågan att skriva är för mig grundläggande för den som vill delta och påverka livet igenom. Det öppnar upp möjligheter man som medborgare eller medarbetare annars saknar.

I min undervisning är författandet av utredande texter centralt, inte på varje lektion men väl på många av examinationerna, då detta moment tar upp nästan hela undervisningen under några lektioner. För mig är författandet av analytiska texter ett effektivt sätt att träna upp både sina analytiska och resonerande sinnen. Att lära sig tänka strukturerat och målmedvetet. Därtill tränar man upp förmågan att argumentera sakligt och övertygande. Vad skrivandet handlar om är att ta ställning i och bearbeta olika typer av problemställningar. I lektionsmomentet där eleverna fick arbeta med utmanande, öppna frågor i bikupor övades denna skicklighet på en basal nivå under tidspress och genom att två elever utbytte tankar och idéer kring en frågeställning. Att skriva utredande texter tar denna träning till ytterligare en nivå.

För mig har skrivandet den omedelbara och mycket centrala möjligheten att få eleven att arbeta individuellt. Samtalet kring den problemställning som ska bearbetas och möjligen besvaras har eleven redan med sig. Under tystnad och i djup koncentration för nu eleven en inre monolog med sig själv. Denna reflekterande förmåga, att resonera med sig själv, är helt avgörande för kvaliteten på arbetet eftersom den leder eleven genom skrivandets olika faser. Tankar som formuleras med ord, som skänker en djupare förståelse, som i sin tur väcker nya tankar som kläs i ord. Det är just därför som språket är så centralt: orden och deras sammansättning föder tankarna. Ett gott språk blir det viktigaste verktyget för att träna alla de förmågor som tränas vid författandet av utredande texter.

Just vad gäller språket går meningarna inte sällan isär mellan olika lärare. Lärarna på ena sidan menar att språket ska hanteras på svensklektionerna och är sekundärt i övriga ämnen. Lärarna på andra sidan menar att man ska lägga lika stor vikt vid språket i övriga ämnen som i svenskämnet. Min inställning är att utredande texter kring komplexa problemställningar bäst formuleras på en välformulerad talspråklig svenska. Jag brukar be eleverna att använda den svenska som de skulle ha använt om de muntligt skulle förklara ett hyggligt komplext problem för en utomstående. Att de undviker en alltför högtravande språkdräkt och ett ordval som de i övrigt sällan har kontakt med. Den typen av språk blir bara krystat. Ännu värre är att de tenderar att tappa den röda tråden och den inre logiken i det de vill uttrycka. Självfallet ska hanteringen av alla relevanta begrepp finnas för handen, men i övrigt en rakt igenom korrekt talspråklig svenska. För varje årskurs höjer jag kraven kring språket i deras arbeten. Att kunna skilja på pronomen som «de» och «dem» blir snart ett krav. Likaså att undvika opassande ordval såsom «kolla» istället för «betraktar» eller «ser till» och så vidare. Min erfarenhet är att en god akademisk prosa följer naturligt med mognaden och erfarenheten om man väl lär sig behärska det språk jag efterfrågar.

«Det lurvigt sagda är det lurvigt tänkta», uttryckte en universitetslärare som jag läste nationalekonomi för, för många herrans år sedan.

Den färdiga produkten är att eleven med tiden verkligen förmår uttrycka sig nyanserat med skarpa konturer, med ett språk som andas eftertanke och medvetenhet. Och en ödmjukhet inför uppgiften. Enkla och entydiga sanningar följer aldrig på komplexa problemställningar. Att reducera dessa till svartvita kontraster är att banalisera, och ur detta föds inga insikter eller någon djupare förståelse. Bara mänsklig enfald.

Att skriva handlar mycket om att kunna hantera processen kring skrivandet på ett bra sätt. Hur denna process bör se ut handlar ju mycket om vilka ämnen man undervisar i. I min erfarenhet handlar det första steget om att tolka frågeställningen och att börja förstå den på djupet. Nästa fas är att samla information från olika källor för att kunna börja besvara frågan. Att lägga ner rejält med tid på god research är i regel oumbärligt för arbetets slutliga kvalitet. Man måste ta sig tiden att samla in och lära sig stoffet, förstå det, för att så småningom kunna bena ut de fakta man finner till någon form av tankekarta eller annan struktur. Alltså: formulera ett manus, ett körschema, för arbetet. Strukturen är i regel klar:

problemställning, bakgrund, analys och slutligen diskussion. Men för att kunna ta sig till analysdelen krävs en gedigen bakgrund, faktaspäckad med allt av relevans för analysen. För diskussionsdelen krävs att man i analysen börjat nysta fram en röd tråd, som ska skärskådas, ifrågasättas och bevisas, men följas arbetet igenom. Diskussionen ger just denna möjlighet att belysa tesen, den röda tråden, ur ett antal olika perspektiv. Den ena delen är beroende av den andra, skrivprocessen igenom. Sakligheten löper genom hela arbetet från början till slut.

Avslutningsvis ett par ord om alla de elever som inte har svenska som modersmål. Jag har själv bott och arbetat utomlands under ganska många år av mitt liv. Som liten sattes jag i en skola där alla, lärare och elever, talade ett för mig okänt språk. Jag har arbetat utomlands i ledande ställning med komplexa arbetsuppgifter och omfattande personalansvar. Jag vet genom egen erfarenhet hur svårt det är att tänka och kommunicera på ett språk som inte är ditt eget, och som du inte behärskar fullt ut. I alla fall inte i den nyansrikedom som du behärskar ditt modersmål. Konversationer kan ibland vara nog så svåra att följa när alla andra talare i rummet är infödda. Skrivna texter tar extra tid att avkoda. När man vill uttrycka sig skriftligt eller muntligt så kommer inte orden med någon automatik. Jag har i min lärargärning åtskilliga gånger sett en stor skillnad när hänsyn tagits till dessa elevers utmaningar i form av extra anpassningar som exempelvis extra tid vid inlämningar. Nu menar jag inte enbart SVA-elever (elever med svenska som andraspråk), utan alla elever som har ett annat modersmål än svenska. I det långa loppet finns mycket att vinna på att visa dem som har ett annat modersmål än svenska denna extra hänsyn.

Sammanfattning Kapitel 8.

- *Ett välorganiserat klassrum med en levande kultur av seriositet och nyfikenhet är en förutsättning för att de andra huvudområdena ska kunna fungera. Emotionellt stöd i klassrummet skapar ett positivt klimat för lärande.*
- *Allt arbete som sker i klassrummet syftar till att generera effektivitet i lärandet.*
- *I grund och botten är lektionsstrukturen ett körschema, en planering, över hur läraren vill genomföra sina lektioner.*
- *En nyckel till framgång för att fånga och behålla uppmärksamheten heter tempo, alltså den tidsmässiga takt med vilken du undervisar.*
- *Rätt tempo är det som får eleverna att uppmärksamt delta i och arbeta med undervisningen utan uppehåll i en timme. Fel tempo är det då du förlorar elever till dagdrömmar, konversationer, sömn, utsikten genom närmaste fönster eller anblicken av datorskärmen.*

- En annan framgångsfaktor är variation. Att varje lektionsmoment, med detta menar jag varje enskild byggsten av en lektion, skiljer sig markant i innehåll och genomförande från det förra lektionsmomentet.
- En viktig del inom didaktiken är som bekant hur elefanten, alltså stoffet, ska styckas och göras tillgängligt för eleverna.
- För stora munsbitar blir eleverna övermäktiga, och för små upplevs inte som utmanande; undervisningen står och stampar och en tristess riskerar att breda ut sig över klassrummet.
- Varje lektionsportion behöver sedan göras relevant för eleverna. Syftet är att lärandet ska kännas angeläget för eleverna. Allt för att bibehålla elevernas uppmärksamhet från lektionens första till sista stund.
- Den kanske viktigaste grundregeln för en väl fungerande lektionsstruktur är att dess början och dess slut är tydliga för eleverna.
- Lika viktigt är att presentera lektionens målsättning och tidsplan.

Kapitel 9. Undervisningens effektivitet

I effektiva klassrum är lärarna inte bara effektiva i styrningen av beteenden, utan är väl organiserade och tillbringar minimalt med tid på grundläggande ledaraktiviteter som att ta närvaro ... Högeffektiva klassrum liknar väloljade maskiner. Det tycks som om alla i klassrummet verkar veta vad som förväntas av dem och vad de ska göra. (Pianta et al 2012)

Att prata om effektiv undervisning må vara ovanligt för oss i den svenska skolan, men om man vrider och vänder lite på begreppet så inser man kvickt hur fundamental effektiviteten är för våra elever. Begreppet i sig kan vara i behov av en förklaring. Effektivitet innebär definitionsmässigt hur mycket output som presteras per enhet input. Inom ekonomin brukar den klassiska definitionen handla om hur mycket exempelvis en fabrik eller en grävskopa kan producera per tidsenhet. Men effektiviteten kan också härledas ur kostnaderna för en verksamhet, så kallad kostnadseffektivitet. Inom den interaktiva undervisningen definieras effektiviteten som hur mycket en elevgrupp lär sig per lektion, och mäts i exempelvis olika kunskapsmätningar likt våra nationella prov. Klassens prestation i förhållande till tidigare prestationer inom samma ämnen, eller i förhållande till andra elevgrupper, ger viktiga jämförelsetal för forskarna. Men det gäller att jämföra äpplen med äpplen.[74]

Effektiva klassrum är de där eleverna ständigt är exponerade för möjligheter till lärande, och dödtiden hålls till ett minimum. Klassrum och lektioner tenderar att fungera smidigt när eleverna uttryckligen lär sig rutiner och tillvägagångssätt ... Med fyra till åtta olika lektioner dagligen måste lärare på alla nivåer maximera tiden för lärande med lektioner som snabbt kommer igång, har en tydlig början och ett tydligt slut och mycket snabba övergångar mellan lektionsaktiviteterna. (Hafen et al 2014)

---

74 Hafen et al 2014

Vi kan använda den interaktiva undervisningens slutsatser som grundlag i våra klassrum, avseende vår egen förståelse för hur viktig effektiviteten är, och hur vi kan uppnå en effektiv undervisning. En effektiv undervisning, alltså en undervisning där våra elever lär sig så mycket som möjligt, kan ingen lärare vid sina sunda vätskor ha särskilt mycket emot. Eleverna är ju trots allt i skolan för att lära sig och inte för att förvaras. Om staten nu investerar tiotals miljarder kronor i skolan varje år, där en icke föraktlig del av pengarna går till våra löner, tro det eller ej, så skulle man kunna uttrycka det som att vi lärare har en förväntan på oss att leverera en effektiv undervisning. Gör vi det då?

Låt oss för en stund betrakta ett klassrum och den undervisning som pågår där ur ett effektivitetsperspektiv. Skolpengen för en elev på ett högskoleförberedande program inom gymnasieskolan är i runda slängar åttiotusen kronor årligen. För detta får eleven cirka sjutton timmars undervisning per vecka och normaleleven läser under sina tre år på gymnasiet åtta heltidskurser varje år. Detta innebär att varje enskild lektion under denna tid är en investering på hundra kronor per elev. På normalklassen kan alltså en prislapp på till tre tusen kronor sättas för skattebetalarna, per lektion. Frågan som varje lärare bör ställa sig inför, under och efter varje undervisningstillfälle är följaktligen: «Har jag gjort mitt bästa för att överföra kunskap till mina elever till ett värde av tre tusen kronor?» Frågan kan kännas nästan provocerande för oss i den svenska skolan, men när allt kommer omkring är tre saker ovedersägliga: Ett, vårt jobb är att överföra kunskap. Det är vårt ansvar som lärare att detta sker på bästa sätt, alltså att tiden används optimalt för att få så mycket undervisning uträttad som möjligt. Två, som lärare på en heltidskurs har vi bara hundra timmar till vårt förfogande, och väldigt mycket kunskapsmassa och många färdigheter som vi förväntas förmedla till eleverna under denna begränsade tidsrymd. Tre, det är upp till dig och mig att bli mer effektiva. Det finns ingen utanför skolan som kan komma in och göra jobbet åt oss. Den sista punkten är också den viktigaste.

Att optimera inlärningstiden

Klassrummet liknar ett «väloljat maskineri», alla vet vad som förväntas av dem och hur de ska lösa uppgifterna.

(Pianta et al 2008)

Så beskrivs det önskvärda tillståndet i det klassrum där undervisningen skulle rendera högsta poäng i den CLASS-enkät som används av forskare och andra medarbetare inom den interaktiva undervisningen. «Ett väloljat maskineri» för tankarna till roterande kugghjul som friktionslöst fäster i varandra, till precision och koncentration, till någon form av maskinell harmoni, om uttrycket tillåts. Det viktigaste kugghjulet i den interaktiva undervisningens maskineri, det som gör att allt tycks rulla på friktionsfritt, är att läraren rullar ut en fungerande lektionsstruktur som innehåller lektionsmoment som är väl anpassade för klassen. Därtill krävs att den oumbärliga uppmärksamheten bibehålls dels genom lektionsmomentens innehåll och uppbyggnad, dels genom ett lagom uppdrivet tempo.

Kardinalfrågan

En rimlig slutsats utifrån forskningen inom den interaktiva undervisningen är att vi som undervisar regelmässigt behöver fråga oss själva:
Genomför jag lektionen med den mest effektiva undervisningsmetoden?
För om inte effektiviteten är på topp, om mitt svar på frågan ovan är att effektiviteten i undervisningen hade kunnat ökas med några mer eller mindre genomgripande förändringar, så bör jag genomföra dessa förändringar utan dröjsmål. Jag bör ständigt självkritiskt ifrågasätta effektiviteten i det jag gör. Det lektionsupplägg som inte kan trimmas och förbättras, menar jag inte existerar. Sund självkritik leder till ständig förbättring och egen utveckling. Dessutom, och lika viktigt, bör vi utifrån alla de insikter som den internationella didaktiska litteraturen ger oss, se varje undervisnings-

grupp som ett unikum. Att inga två grupper bör undervisas med identiska lektionsupplägg, skulle man kunna hävda som en huvudregel sprungen ur den allmänna didaktiska strukturmodellen. Undantagen finns där förvisso, men bör rimligen vara få.[75]

Som en inkännande lärare inser du exempelvis snart att en klass arbetar snabbare än en annan. Rimligen bör detta leda till justeringar i din undervisning så att den eftersläntrande gruppen tillåts närma sig den snabbare. Naturligtvis givet att din analys och din kännedom av klassernas förmågor är goda och att grupperna är jämförbara. En rimlig tolkning bör vara att ju mer kunskap du förmår överföra och ju mer du förmår utveckla förmågorna hos dina elever för varje lektionspass desto bättre,. Dock kräver detta en viktig reservation. Målsättningen i all undervisning måste vara att alla kunskaper och förmågor som lärs ut till eleverna ska etablera sig hos dem på ett så långsiktigt sätt som möjligt.

Hur man oljar maskineriet

Lektionsstrukturen och klassrummets kultur som diskuterades tidigare är i grund och botten smörjoljan i klassrummets maskineri. Därtill behöver undervisningen hålla ett tempo som är lagom för att eleverna ständigt ska kunna koncentrera sig på lärandet. En tredje viktig komponent är övergångarna mellan momenten under en lektion. Den gemensamma nämnaren för ovannämnda delar heter rutiner. Återkommande har vi i de tidigare kapitlen sett hur ett rutinmässigt förhållningssätt till kulturen i klassrummet skapar gemensamma värderingar och normer som bygger en kollektivt delad förväntan på vad som ska hända i klassrummet. Att eleverna fungerar väl i undervisningssituationen beror inte på att de är påtvingade ett starkt auktoritärt ledarskap, utan på att de delar en genuin vilja att lära genom att interagera med sin lärare. Förväntningarna på undervisningen och den

---

75 Jank et al 2011

egna progressionen förebygger i väldigt hög grad oönskade beteenden och incidenteter.

På samma sätt diskuterades hur en väl genomarbetad lektionsstruktur är en mall, ett fast schema, som är ständigt återkommande i alla delar av undervisningen. Egentligen är det innehållet som regelmässigt byts ut, medan mallen förblir oförändrad. Genom rutinmässighet, att upprepa samma schablon, skapas förväntningar över tiden.

Förväntningar som ger en hög igenkänningseffekt hos eleverna, vilken i sin tur skänker dem en trygghet. Även om ämnet i sig är nytt och utmanande, så är lektionsstrukturen densamma, och den brukar ju fungera bra. Ungefär så. Genom att ständigt återkomma och frammana liknande förväntningar hos eleverna, förebyggs osäkerhet och frustration i klassrummet. Detta gör lektionsstrukturen till en smörjolja av stor vikt i undervisningen.

Enbart en välfungerande klassrumskultur och en genomarbetad lektionsstruktur räcker dock inte om målsättningen är att få undervisningen att fungera som ett «väloljat maskineri». Båda är garanter för att undervisningen ska hålla en välfungerande lägsta nivå. Oavsett vilka fadäser och negativa överraskningar som inträffar, så kommer gruppen fungera och kunna samarbeta med läraren. Ibland vill vi lärare pröva något nytt grepp i undervisningen. Ett grepp som kanske är helt rätt tänkt, men inte sällan blir genomförandet mindre bra. Sådant händer. Trots detta vet vi att klassen kommer kunna samarbeta, vara flexibel och tillmötesgående. Överväg motsatsen.

Oavsett klassen som ska undervisas, så är konsten att hantera övergångarna mellan olika lektionsmoment, det sista men avgörande smörjmedlet. När man auskulterar kollegor eller analyserar den egna undervisningen, är det just övergångarna mellan momenten i undervisningen som ofta avgör kvaliteten på undervisningen. Rätt hanterade så märks övergångarna från en aktivitet till en annan inte över huvud taget. Det hela verkar ske smidigt, samtidigt, tyst och i högsta samförstånd. Men när övergångarna mellan lektionsmomenten inte fungerar blir konsekvenserna ödesdigra. Några korta instruktioner från läraren tycks skapa förvirring som snabbt växer i styrka. Snart fylls klassrummet av ett sorl som tilltar, volymen ökar, aktiviteten likaså. Strax är klassen helt ur hand. Inte sällan går det så illa att läraren inte kan återta initiativet över lektionspasset igen. Allt på grund av att övergången mellan två lektionsmoment helt spårade ur. Vad gick fel?

Jo, även här sitter djävulen i detaljerna. När eleverna ska avsluta ett moment i undervisningen för att övergå till något annat, så krävs det att varje elev har glasklart för sig vad som förväntas av hen. Är klasskulturen positiv och lektionsstrukturen inarbetad blir övergången ofta betydligt smidigare än om den sker för första gången. Handgreppen är inövade och tiden att ställa om till nästa moment minimeras. Om eleverna exempelvis ska avsluta ett moment av läsning ur läroboken och övergå till att i bikupor besvara några frågor, så kan detta vara ett stort steg för dem de första tio, kanske tjugo, gångerna övergången ska göras. Snart nog blir den rutin om – men bara om – skarven mellan de två momenten hanteras lika omsorgsfullt varje gång.

Mitt intryck är att nyckeln till framgång handlar om tydlighet och ihärdighet. Jag tror att många av oss uppfattar oss själva som övertydliga, på gränsen till nedlåtande. Det känns nästan som när man hör sig själv tala till en riktigt gammal och skröplig person. En person vars hörsel börjar ge vika och vars kognitiva förmåga sedan länge passerat sitt zenit. Men just denna tydlighet avseende ordval, artikulation och omsorgsfullt valt innehåll brukar ofta ge bäst resultat. Även om samma ramsa i princip upprepas lektion efter lektion. Sannolikt uppfattas vårt budskap helt annorlunda av vårt auditorium än av oss själva, när vi hör oss själv uttala orden. Vi ger liksom en betingad signal.

Innan man signalerar en övergång och instruerar eleverna i vad som ska göras måste lektionssalen vara helt tyst. Jag menar knäpptyst. Lika viktigt är att du har elevernas odelade uppmärksamhet. Har du inte det så avvakta tills alla är tysta och uppmärksamma. Kom ihåg att det är effektiviteten i undervisningen som ska övas upp. Då duger det inte med att ha med sig hälften av eleverna medan resten fortfarande pillar med datorerna eller småsnackar. En instruktion ska ges en gång, och sedan följas till punkt och pricka på ett skyndsamt sätt. Allt för att få in så mycket effektiv undervisningstid i lektionspasset som möjligt.

Instruktionen i en övergång mellan två lektionsmoment ska uttalas långsammare än du vanligen talar. Inte överdrivet långsamt, men i en något lägre takt. Var omsorgsfull med att använda ett uttal som lätt fångas upp av alla elever samtidigt. Det första din instruktion ska göra är att i korthet instruera vad som ska avslutas:

«Nu vill jag att ni lägger undan läroböckerna ...»

Det andra är att påannonsera vad som ska ske härnäst:

«Nu ska vi ägna den närmaste kvarten åt att två och två lösa ...»

Det tredje som din instruktion ska innehålla är motivet till varför det kommande momentet är så viktigt. Här kan man gärna brodera ut lite grann för att understryka vikten i det kommande momentet. Ta exempelvis upp vilken förmåga det är som ska övas och varför denna är viktig. Sätt med fördel lektionsmomentet och förmågan i ett sammanhang, och prata om hur effektiva universitetsstudierna blir om man väl behärskar förmågan ifråga. Detta svar på frågan varför något ska göras kan ofta smälta samman med en mer detaljerad beskrivning av hur momentet ska utföras.

«Som vi tidigare talat om är de öppna frågor som jag skriver upp på tavlan ganska utmanande ... för att ni ska öva upp att förstå begreppen på djupet och hur de hänger ihop ...»

På detta kan sedan den tredje komponenten som sagt omedelbart följa, det vill säga hur uppgiften ska lösas, själva instruktionen.

«Det viktiga är att ni tillsammans i lågmälda samtal löser uppgiften. Varje fråga ska besvaras med fem till sex meningar som ni båda två skriver upp ...»

Efter detta ger man eleverna ett exakt klockslag som de ska vara färdiga på. Och som jag skrev tidigare, så kan man med fördel ta i lite i underkant, allt för att driva upp tempot under lektionen. Det är en kardinalsynd om eleverna får så pass mycket tid att deras fokus och samtal rör sig från ämnet och uppgifterna ifråga, till betydligt mer förnöjsamma ämnesområden (som normalt ligger en rejäl bit utanför ämnet). Avsluta hela instruktionen till övergången mellan två lektionsmoment med en tydlig startsignal.

«Då sätter vi igång. Femton minuter mina damer och herrar.»

Det som sedan sker direkt efter denna startsignal avgör helt och hållet inte bara effektiviteten på din instruktion mellan två lektionsmoment, utan faktiskt effektiviteten på hela din undervisning. Som tidigare nämndes är det ett faktum att när lektioner går överstyr och blir ohanterliga, så beror det allt som oftast på just bristfälliga instruktioner vid övergångarna mellan två olika moment. I den interaktiva undervisningen uttrycks det som att: *Övergångarna är snabba och effektiva.*
(Pianta et al 2008))

Tystnaden och smidigheten och den kollektiva koncentrationen på uppgiften talar sitt eget tydliga språk när övergångarna fungerar på ett önskvärt sätt.

Den vanligaste orsaken till att övergångar spårar ur är att läraren inte inväntat både tystnad och uppmärksamhet från samtliga elever innan instruktionen avlevererades. Det krävs precision och tålamod, och inte minst erfarenhet, för att veta exakt i vilket ögonblick som instruktionen ska ges. En dödssynd, som inbjuder till åtminstone temporära urspårningar av en lektion, är att försöka överrösta klassen. Har du något viktigt att säga så be om tystnad, invänta den och uttala sedan i lugn samtalston ditt budskap.

Det näst vanligaste felet är att läraren inte är väl förberedd. Plötsligt kommer du på att något saknas eller inte förberetts till nästa moment och försöker raskt komma tillrätta med problemet genom att lappa och laga. Visst måste du snabbt anpassa dig efter läget under själva lektionen, men resultatet kommer aldrig bli lika bra som om du hade varit väl förberedd. Klassen har blivit orolig och okoncentrerad, den så avgörande uppmärksamheten på dig och din undervisning har gått förlorad, och är hart när omöjlig att fånga igen.

När detta händer – och det händer alla ambitiösa lärare förr eller senare under karriären – så se först och främst till att rädda vad som räddas kan av undervisningen och kunskapsöverföringen. Efter lektionen börjar däremot din viktigaste uppgift, nämligen att analysera vad exakt som gick fel. Om resultatet av reflektionen resulterar i att du belastar någon eller några elever för felet så behöver du börja om från början. Jag menar inte bara att du ska börja om från början med din analys, utan faktiskt med denna bok. Lägg då särskilt märke till resonemangen i tidigare kapitel om ansvar, att äga ansvar och att lösningen på problem nästan alltid står att finna hos dig själv, och inte hos eleverna.

Ägna istället din uppmärksamhet på ditt eget beteende. I synnerhet bör du granska varje detalj i instruktionerna till dina lektionsövergångar. Fundera på om det var tyst och du hade allas uppmärksamhet innan du började instruera. Fundera även över om dina elever förstod vikten av lektionsmomentet och om du gav dem tillräckligt tydliga instruktioner för hur de skulle genomföra momentet. Fortsätt din analys hela vägen fram till startsignalen för det nya lektionsmomentet. Glöm inte vikten av att du har deras fulla uppmärksamhet genom hela instruktionen, vilket implicit innebär att en instruktion som är längre än någon minut är för lång. Dina elever vill ivrigt börja jobba. Har du följsamheten i klassrummet, där eleverna slutar med en aktivitet unisont och påbörjar nästa i samma anda?

Sammanfattning Kapitel 9.

- *I effektiva klassrum är lärarna inte bara effektiva i styrningen av beteenden, utan är väl organiserade och tillbringar minimalt med tid på grundläggande ledaraktiviteter som att ta närvaro.*
- *För om inte effektiviteten är på topp, om mitt svar på frågan ovan är att effektiviteten i undervisningen hade kunnat ökas med några mer eller mindre genomgripande förändringar, så bör jag genomföra dessa förändringar utan dröjsmål.*
- *Läraren bör ständigt självkritiskt ifrågasätta effektiviteten i det hen gör. Det lektionsupplägg som inte kan trimmas och förbättras existerar inte.*
- *Lektionsstrukturen och klassrummets kultur är smörjoljan i klassrummets maskineri. Undervisningen behöver hålla ett tempo som är lagom för att eleverna ständigt ska kunna koncentrera sig på lärandet.*
- *En viktig komponent är övergångarna mellan momenten under en lektion.*
- *Att genomsyra undervisningen med rutiner ger en ökad effektivitet. För-*

väntningar som ger en hög igenkänningseffekt hos eleverna, vilken i sin tur skänker dem en trygghet.

- *Nyckeln till framgång handlar om lärarens tydlighet och ihärdighet.*
- *Innan man signalerar en övergång och instruerar eleverna i vad som ska göras måste lektionssalen vara helt tyst.*
- *Den vanligaste orsaken till att övergångar spårar ur är att läraren inte inväntat både tystnad och uppmärksamhet från samtliga elever innan instruktionen avlevererades.*
- *Det näst vanligaste felet är att läraren inte är väl förberedd.*
- *Tystnaden och smidigheten och den kollektiva koncentrationen på uppgiften talar sitt eget tydliga språk när övergångarna fungerar på ett önskvärt sätt.*

Del 4.
Emotionellt stöd i klassrummet

Kapitel 10. Emotionellt stöd

Emotionellt stöd omfattar egentligen alla de områden som direkt syftar till att skapa ett positivt klimat i klassrummet. Att vara en inkännande lärare är en viktig del, och en förutsättning egentligen, för att kunna ge emotionellt stöd till eleverna. Det är också avgörande att ta hänsyn till elevernas behov och perspektiv på undervisningen. Som jag återkommer till längre fram i detta kapitel är klassrummets organisation en förutsättning för det emotionella stödet. På samma sätt skulle man kunna argumentera för att det emotionella stödet är en förutsättning för undervisningsstödet, som kommer att behandlas i bokens avslutande del. Anledningen är egentligen självklar. Om man med en god organisation och struktur etablerat ett lugn och en grundtrygghet i undervisningen, där studiero och ömsesidig respekt råder, så skapar det emotionella stödet det positiva klimatet i klassrummet. Forskningen visar att positiva elever lär sig betydligt mycket mer än negativa, att frimodiga elever lär sig väldigt mycket mer än rädda elever.[76] Man skulle ju analogt kunna argumentera att den sydkoreanska skolan, som anses vara kanske bäst i världen och där liten eller ingen hänsyn tas till emotionellt stöd, bevisar motsatsen.[77]

Man skulle snarare hävda att detta faktum bevisar raka motsatsen egentligen. Interaktiv undervisning handlar om effektiv undervisning, om hur man mest effektivt överför kunskap och färdigheter till elever i ett klassrum. Om man vill vara krass så handlar denna effektivitet om hur mycket kunskap som överförs per tidsenhet: lektion, vecka, månad eller läsår. De sydkoreanska eleverna har rejält långa skoldagar jämfört med många andra länder. Dessutom förväntas eleverna tillbringa resten av sin vakna tid, och en del av den tiden när de egentligen borde ligga hemma och sova, i aftonskolor där samma sak som lärdes ut i skolan upprepas. Bortsett från alla de etiska och moralisk och medmänskliga invändningar man kan ha mot den sydkore-

---

76 Hamre et al 2013
77 Augustin 2018

anska skolan, så är den ett exempel på en djupt ineffektiv undervisning. En rimlig tolkning av forskningsresultaten kring interaktiva undervisningen, är menar jag, positiva och frimodiga elever lär sig mest.

Ett sätt att förklara hur grunden i den interaktiva undervisningen fungerar är följande ekvation:

INTERAKTION + RELATION = ENGAGEMANG

Ett annat sätt att uttrycka saken är:

> Vi anser att förmågan att i ett klassrum engagera barn och ungdomar är kärnkriteriet mot vilket man borde bli bedömd, och egenskaperna hos stödet i relationerna, självständighet/kompetensstödet och relevansen i hur klassrum förmår nå det målet, genom relationer och interaktioner.

Robert Pianta utvecklar sitt resonemang:

> Det stöd, som kommer till uttryck i interaktionen lärare–elev, skapar cykler av elevengagemang, lärareffektivitet, och elevprestationer. Vi menar att i de bästa klassrummen fungerar dessa stöd tillsammans för att initiera självuppfyllande kopplingar mellan engagerade elever, effektiva lärare och progression i elevernas prestationer. Relationerna och interaktionen i klassrummet är mediet genom vilka relationer, kompetens och relevans görs tillgängliga för eleverna.
> (Pianta, et al 2012)

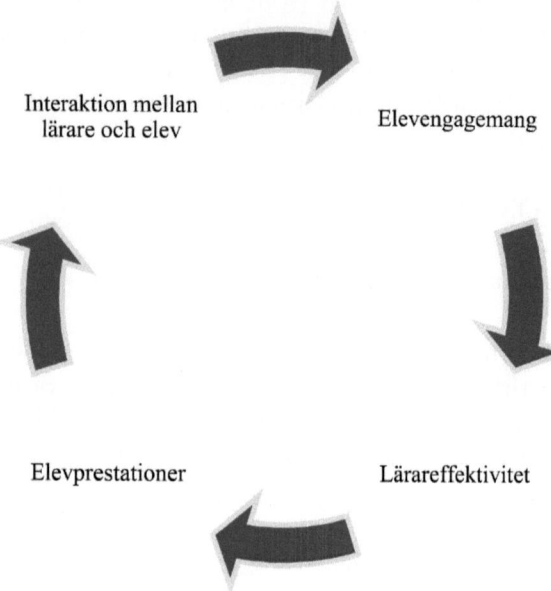

Interaktion mellan
lärare och elev

Elevengagemang

Elevprestationer

Lärareffektivitet

Figur 1. Interaktiva undervisningens cykler

Klimatet i klassrummet

Ett klassrum som präglas av ett positivt klimat uppvisar, enligt den interaktiva undervisningen, olika kännetecken.

Indikationerna är många på att läraren och eleverna åtnjuter varma och stöttande relationer med varandra ...

Ett annat exempel är:

Läraren och eleverna visar hela tiden respekt för varandra. (Pianta et al 2008)

Vad Robert Pianta och Bridget Hamre och deras forskarkollegor sett i sin sammanställning av observationerna av tusentals klassrum, är med andra ord att interaktionen mellan läraren och eleverna handlar om relationen dem emellan. Alltså hur de känner för varandra. Och naturligtvis hur eleverna känner för varandra. I ett klassrum med ett positivt klimat yttrat sig detta, enligt forskarna, genom att man har nära till leenden och skratt. Att stämningen känns entusiastisk, det vill säga ett livligt intresse hos eleverna som nära nog gränsar till hänfördhet. Man kallar detta för en positiv affekt.

Ur denna positiva affekt följer positiv kommunikation, det vill säga hur tonen uppfattas i det som sägs mellan läraren och eleverna och mellan eleverna. Man efterfrågar en verbal affektion, med vilket förstås att språkbruket och tilltalet ska karaktäriseras av tillgivenhet i klassrummet. Att tryggheten och tilliten är så utbredd och inarbetad hos alla i rummet att samtalen blir otvungna och vänskapliga i tonen. Vad man funnit i de klassrum som varit mest effektiva är att eleverna och läraren, och eleverna sinsemellan, speglar varandra i mimik och kroppsspråk, uppvisar en närhet och ömsesidig respekt även rent fysiskt. Ömsesidigheten går som en röd tråd i denna samvaro. Man ber om, och får, hjälp av kamraterna eller läraren lika otvunget och naturligt. Ytterligare en aspekt är den respekt som råder mellan alla parter i klassrummet. Ögonkontakten är självklar, rösterna lågmälda, varma och lugna. Språkbruket speglar också detta i ordval och ton.

Man skulle utan tvekan kunna argumentera för att just den positiva affekten och kommunikationen tillsammans skapar ett klimat i klassrummet som i sig är själva hemligheten bakom den interaktiva undervisningen. Det är detta fenomen i sig som är kittet i det samarbete, rollspel, som uppstår mellan den inkännande läraren och de unga vuxna eleverna. Det positiva klimatet gör att alla vill lära och utveckla sig, av egen genuin vilja, inte för att de måste, eller som i fallet Sydkorea ovan, för att de i värsta fall är skrämda till lydnad.

Det enkla är det svåra

I bokens början återgav jag ett uttalande från professor Sigrun Ertesvåg. Hon fick frågan om inom vilket av den interaktiva undervisningens de tre huvudområdena som man i Norge är bäst idag. Hennes svar var att man sannolikt är starkast inom emotionellt stöd, och behöver arbeta mer med de två övriga huvudområdena.[78] Jag kan naturligtvis inte yttra mig om hur det ser ut i de norska klassrummen kring emotionellt stöd, än mindre vad gäller klassrumsorganisation och undervisningsstöd. Men jag skulle definitivt säga att min erfarenhet från svenska skolor är att vi många gånger bara är framgångsrika i att bygga ett positivt klimat på ytan. Vad jag menar är att den typ av klassrum som jag återgav i kapitlets början, som kännetecknas av närhet, iver att lära, respekt, glädje och värme är ovanligare än vi tror.

Låt oss börja med att ta in hela sammanhanget i vad som, enligt den interaktiva undervisningen, är ett effektivt klassrum. Ett klassrum där eleverna för varje lektion presterar bättre än vad de annars hade gjort, den interaktiva undervisningen förutan. Förutom det emotionella stödet så är de övriga två huvudområdena, klassrumsorganisation och undervisningsstöd, vitala

---

78 Olsson 2017

och oumbärliga delar i detta klassrum. Många gånger blir dock, enligt min erfarenhet, det positiva klimatet i klassrummet en chimär. Ett problem är att klimatet ofta inte omfattar alla elever, utan bara de som läraren ägnar mest tid åt av olika skäl. Vissa kollegor har en omhändertagande ingång i sitt arbete i klassrummet, ett problemorienterat synsätt om man vill. Har man det, blir de elever som har mest problem, oavsett om problemen har med skolan att göra direkt eller indirekt, centrum för lärarens uppmärksamhet. Av de övriga eleverna tas mindre notis, av naturliga tidsskäl och andra orsaker. Inte sällan väljer dessa lärare att ha en närmare relation i och utanför klassrummet med de elever som tenderar att stå högst i klassrummets sociala rangskala. Lärarrollen, för det är i grunden den det handlar om, blir här att vara en omhändertagande vuxen i vid bemärkelse, kurator ibland, socialarbetare eller extraförälder andra gånger. Vilken roll man än väljer, annat än att vara den undervisande läraren, genererar mer eller mindre följdproblem som vi ska se. Andra kollegor återigen har en uppfattning om att lärarrollen primärt handlar om kompisskap. Man tillbringar inte sällan rasterna och stora delar av lektionerna med att bygga en social relation med några elever. Manliga lärare tenderar att «bonda», för det handlar i min erfarenhet om bonding, med manliga elever och vice versa.

Utifrån vad jag sett och upplevt blir följden av att närma sig elever och elevgrupper på detta sätt att man i bästa fall kan hålla en medelmåttig undervisning. Orsaken ligger i karaktären av den relation som lärarna skapar med sina elever om de försöker vara extraföräldrar eller kompisar. Visst, i båda fallen tenderar lärarna att bli populära. Ibland omåttligt populära till och med. Men populariteten kommer med ett högt pris. Först och främst är det en kortsiktig strategi att försöka vara annat än en riktigt skicklig undervisande lärare i klassrummet. En populär lärare är aldrig mer populär än sin senaste sköna kommentar eller omfamnande ord. Få saker falnar så snabbt som popularitet, så du blir tvungen att överträffa dig själv om och om igen om du vill fortsätta vara poppis. Om du tvivlar så föreslår jag ett besök bland dina vänner på sociala medier, där vissa av dem säkert har tappat koncepterna helt i sin strävan efter att kortsiktigt vinna några gilla-markeringar. Att fota sig själva, barnen, hunden eller middagstallriken brukar generera en handfull gilla-markeringar. Samma sak gäller i klassrummet, fast då analogt och inte digitalt. Popularitetsfällan är en honungsfälla som verkar förlamande för handlingskraften, förgörande för den egna integriteten och negativt vad avser kvaliteten på undervisningen. Jag har gång på gång upplevt kollegor som hamnat i denna fälla i sin undervisning. Till slut upphör undervisningen att fungera normalt och de kommer ingenstans med sina elevgrupper. Jag har arbetat med kollegor som börjar varje lektion med en handuppräckning kring ljus och annat, allt för att tillfredsställa elevernas minsta nyck. Andra som talar om eleverna i termer av «mina barn», trots att hen talar om tonåringar.

Åter andra tillbringar i stort sett all sin tid med en handfull populära elever i klassen vars gunst de vill vinna. För dig som lärare blir detta en återvändsgränd. Det blir väldigt svårt för dig och eleverna att utveckla undervisningen vidare. Din uppgift blir istället att vidmakthålla din popularitet med nya upptåg, samtidigt som du åsidosätter undervisningen och klassens övriga elever. De sistnämnda inkluderar alla de elever som du av olika skäl inte vill bonda med samt de som genomskådat dig och väljer vänner i sin egen ålder. Självfallet är distansen mellan lärare och elev inte en situation med enbart två extremer. Svart eller vitt. Noll eller ett. Vilken distans som ger bäst lärande för dina elever kan egentligen bara du avgöra. Mellan den ena extremen, kompisskap, och den andra, auktoritär distans, ligger ett hav av grå nyanser. Det gäller, menar jag, att objektivt och lyhört välja den nyans som för dig skapar det bästa möjliga lärandet i din undervisning. Vilken nyans du väljer beror säkert mycket på din personlighet och egna inre övertygelse. En annan aspekt är att ditt val av distans kan variera beroende på vilken grupp du undervisar och elevernas förutsättningar. En annan viktig aspekt är var du befinner dig i din utveckling som lärare. Studier visar, som jag tidigare återgett, att nya lärare tenderar att bli bättre på emotionellt stöd än på de andra två huvudområdena. Som helt ny lärare kommer du naturligt att söka efter en lagom distanserad relation till eleverna. Att hitta en nära relation som samtidigt är lagom distanserad för att din undervisning ska bli riktigt bra tar många gånger tid.

Lika allvarligt är att rättvisan i klassrummet går förlorad i samma takt som du närmar dig dina nyvunna kompisar eller favoritelever. Deras klasskamrater ser detta och dessas respekt för dig kommer att avta snabbt. Problemet är att detta ofta är en tyst majoritet elever som inget säger. Istället bär de sin frustration över dig och din undervisning inom sig. De tycker sannolikt att du är varken omtänksam eller en särskilt skön kompis . När allt kommer omkring har du ju knappt lagt märke till dem. Det är just detta som är extraförälderns och kompislärarens gissel: ingen klarar av att ha etthundrafemtio nära vänner eller låtsasadopterade barn i skolans vardag samtidigt.

Lärdomen stavas, menar jag, att man som lärare bör besitta ett utpräglat rättvisepatos i relationen med eleverna. Utan denna går vår trovärdighet hos dem snabbt förlorad. Utan trovärdighet har du inget förtroende, och utan det ingen fungerande undervisning. Nyckeln till att skapa ett fungerande klassrum med skratt, leenden och respekt, som samtidigt präglas av seriositet och iver att lära, handlar ytterst om två dimensioner av de relationer vi bygger upp med våra elever: distansen till eleven i relationen och relationens kvalitet.

Distansen i relationen handlar ju om att komma eleven tillräckligt nära för att bygga upp ett förtroende med hen, men samtidigt behålla en tillräcklig distans för att kunna, vid behov, bedöma, korrigera eller ge eleven tuff återkoppling. Är du alltför distanserad tvekar eleven att ta upp, för hen, viktiga saker i eller utanför undervisningen. Förtroendet för dig riskerar att urholkas. Har istället avståndet i relationen blivit för kort, sammanblandas snabbt dina roller: är du en extraförälder, socialarbetare, kompis eller en skicklig undervisande lärare?

För erfarenheten säger att du inte kan vara alla dessa saker samtidigt. Av precis samma anledning skulle få av oss vilja sätta betyg på våra egna barn eller vara chef över våra livskamrater. Distansen är central i alla mellanmänskliga relationer. Vilken distans som fungerar bäst i en lärare–elev-relation är svårt att säga. Det beror delvis på eleverna, deras ålder och bakgrund. Det beror självfallet också på hur jag är som person och lärare. Om jag ska ge någon tumregel så brukar jag för mig själv säga att distansen mellan mig och en elev är lagom om vi möts med glädje och värme i vardagen, men där jag eller eleven utan tvekan kan, om så skulle behövas, växla om till allvar och seriositet, och till och med mötas i en konflikt, om så skulle krävas.

Egentligen är distansen just ömsesidig. Eleven måste känna att hen, om så krävs, ska kunna ge mig som lärare tuff feedback i olika situationer. På samma sätt måste jag känna. Distansen mellan lärare och elev är, så länge den uppfattas som rimlig och fungerande av dig och dina elever, alls inget hinder för hjärtlighet och trevlig samvaro.

En lika viktig dimension på relationen mellan lärare och elever som distansen, är relationens kvalitet. Med andra ord, vad förhållandet innehåller, vad det syftar till, och om det uppfattas likadant och med samma acceptans av både dig och eleverna. Den allra viktigaste aspekten när det gäller kvaliteten på elev–lärare-relationen är att den uppfattas som genuin från första början av eleven. Hen måste verkligen från allra första stund förstå att er relation är äkta från din sida, att du verkligen vill elevens bästa. Genom att ha tydliga ramar och krav, och inte minst genom att du ser till att alltid uppfattas som rättvis och välmenande, så bygger du över tiden en allt starkare relation. Väldigt snart uppstår ett förtroende mellan dig och eleven. Detta förtroende är, tillsammans med hens uppmärksamhet som jag talade om i tidigare kapitel, i egentlig mening din mest ovärderliga tillgång som lärare. Med elevernas förtroende och uppmärksamhet i din hand kan du uträtta stordåd, saker du egentligen inte trodde vara möjliga, på kort tid. Utan dem når du ingenvart, oavsett hur charmig, kunnig eller fantastisk du är som lärare i övrigt. En klok kollega uttryckte förhållandet så här:

> Exakt – och detta kommer från båda hållen. Man ger varandra uppmärksamhet och tar varandra på allvar. Det är det här kompis-läraren inte förstår. Det handlar om ett utbyte, stimulerande för båda, med ett tydligt utarbetat fokus.

Sammanfattning Kapitel 10.

- *Emotionellt stöd omfattar egentligen alla de områden som direkt syftar till att skapa ett positivt klimat i klassrummet.*

- *Interaktion + relationer = engagemang*

- *Det stöd, som kommer till uttryck i interaktionen lärare–elev, skapar cykler av elevengagemang, lärareffektivitet, och elevprestationer.*

- *I ett klassrum med ett positivt klimat yttrat sig detta, enligt forskarna, genom att man har nära till leenden och skratt. Att stämningen känns entusiastisk, det vill säga ett livligt intresse hos eleverna som nära nog gränsar till hänfördhet. Man kallar detta för en positiv affekt.*

- *Den positiva affekten är kittet i det samarbete, rollspel, som uppstår mellan den inkännande läraren och de unga vuxna eleverna.*

- *Läraren ska anta rollen som undervisande lärare och undvika att agera kompis, kurator, extra-förälder eller socialarbetare eftersom det innebär ett antal följdproblem i och utanför klassrummet. Det allvarligaste är att det hämmar lärandet hos eleverna.*

- *Läraren bör hitta en väl avvägd distans till eleverna.*

- *En lärare bör eftersträva att vara omtyckt och respekterad och inte försöka uppnå kortsiktiga vinster genom att eftersträva popularitet.*

- *Den allra viktigaste aspekten när det gäller kvaliteten på elev–lärare-relationen är att den uppfattas som genuin från första början av eleven.*

191

Kapitel 11. Negativt klimat i klassrummet

Alltför många klassrum i vårt land saknar ett positivt klimat, och många av dem karaktäriseras rentav av ett negativt klimat. Som företeelse torde det vara något av det mest destruktiva och outhärdliga som man kan utsätta en ung människa för. Dock är det alltför vanligt. Låt oss för en stund titta närmare på vad som kännetecknar ett negativt klimat i klassrummet enligt den interaktiva undervisningen:

Läraren skriker upprepade gånger åt eleverna eller kommer med hot för att försöka återfå kontrollen …

Eller …

Läraren och/eller eleverna är sarkastiska eller respektlösa mot varandra upprepade gånger.
(Pianta et al 2008)

Handen på hjärtat så har de allra flesta av oss som undervisar stött på situationer som de ovanbeskrivna i egna eller andras klassrum. Mitt påstående om att klassrum med negativt klimat är ganska vanliga i landets skolor bygger på både egna och andras undersökningar. Låt mig förklara.

För det första talar vi här om extremer. Ett klassrumsklimat behöver, menar jag, inte vara klimatmässigt nattsvart för att betraktas som negativt. Det räcker att klassrummet ligger närmare det negativa klimat som beskrivs här, än det positiva klimat som skildrades tidigare. Min erfarenhet säger att utifrån ett lärmiljöperspektiv så är redan en gradvis förskjutning från idealbildens positiva klassrumsklimat illa nog.

För det andra är det ganska lätt att identifiera negativa lärmiljöer bara genom att lyssna. En av de bästa indikatorerna på att undervisningen är undermålig, att många elever far illa och att något lärande knappast sker, är nämligen decibelnivån. Det mesta pekar på att vi har ett stort problem med bristande studiero i landets klassrum. Skolinspektionen vittnar om detta i en stor studie från år 2016, där de uppskattar att ungefär 40 % av alla klassrum i landet har bristande studiero.[79] Statistik som jag sett från olika huvudmän ligger väsentligt över denna siffra. Man har också reagerat på detta från politiskt håll, men någon lösning såvitt jag kan bedöma verkar inte vara i sikte.

Jag frågar, som jag tidigare berättade, alltid mina elever under deras första lektion med mig när de börjar i gymnasiet om de haft studiero i sina tidigare skolor. En gång hade jag två elever från skolor med bra studiero. I övrigt tycker på sin höjd en elev i varje klass att studieron var bra under grundskoletiden. Av trettio tillfrågade. 90 % av alla elever som jag under tio års tid frågat om detta tycker alltså att deras tidigare lärare gjort ett dåligt arbete med studieron. Visst, siffran över upplevd studiero bland mina elever är säkert överdriven och beror sannolikt på hur frågan ställdes och av vem. Som diskuterades i bokens inledande kapitel är sannolikt är ungefär vartannat klassrum behäftat med brister avseende studiero, om man ska våga sig på en skattning utifrån Skolinspektionens studier. Vad jag förstår av samma studier, så torde problemen vara lika stora i högstadiet som i gymnasiet, men något mindre illa i mellanstadiet.[80]

Som diskuterades i tidigare kapitel, kan man argumentera att bristande studiero sannolikt inte är själva grundproblemet. Det intressanta är hur den dåliga studieron uppkom till att börja med. Min poäng är att sambandet mellan bristande studiero och negativt klimat i ett klassrum är starkt. Jag bygger detta på egen och kollegors erfarenhet.

Ingenstans kan någon finna ett exempel på dålig studiero och positivt klimat i hand med goda studieprestationer. Det sistnämnda är viktigt. Säkert finns där stojiga och stökiga klassrum där både lärarna och eleverna har hur kul som helst. Problemet är bara att eleverna inte lär sig något, eller i alla fall långt ifrån tillräckligt mycket. Det blir en sorts tonårsförvaring, en «öppen förskola för tonåringar», istället för en seriös skola med riktigt bra undervisning.

---

79 Skolinspektionen 2016
80 Hafen et al 2014

Av detta följer min slutsats att studieron är dålig i ungefär vartannat klassrum i landet. Det är fullt möjligt att det är lite värre, men det är också lika möjligt att läget är något bättre. I sammanhanget vill jag understryka att Skolinspektionens studie fastslog att det är betydligt vanligare med problemlärare än problemklasser.[81]

Annorlunda uttryckt så är det normalt inte undervisningsgruppen som är problemet, utan den tycks fungera olika bra beroende på vilken lärare som undervisar. Det duger följaktligen inte att skylla problemen på eleverna. Det är vi lärare som behöver steppa upp vår undervisning.

Som nämndes är sambandet mellan dålig studiero och negativt klimat starkt. Man kan förklara detta med att en klass som är stojig och stökig saknar den kultur av nyfikenhet, målmedvetenhet och en positiv inställning som diskuterades i tidigare kapitel. I brist på gemensamma produktiva normer och värderingar i klassen, sönderfaller allt i gruppen som gagnar studier och god undervisning. Det blir som en inre upplösning i gruppen. Det vakuum som följer fylls av andra sociala normer som formar gruppens beteenden och attityder. I värsta fall blir klassrummet ett gatans parlament, där några få tonåringars frustrationer och behov får styra lektion efter lektion på bekostnad av klasskamraternas rätt till god undervisning.

På ytan kan stämningen vara nog så god i stökiga klassrum. Man ska dock aldrig blanda samman skojigt kaos i en klass med den interaktiva undervisningens positiva klimat. Det senare handlar om metoder att bedriva en seriös och effektiv undervisning. Det förra om lärarens högst personliga behov enskilda lärare att få känna sig populär eller omhändertagande eller möjligen hens oförmåga. Slutresultatet är dock oavsett bevekelsegrunder lika allvarligt.

---

81 Skolinspektionen 2016

Sammanfattning Kapitel 11.

- *Ett negativt klimat i klassrummet torde vara bland det mest destruktiva och outhärdliga man kan utsätta en ung människa för.*

- *Ett klassrumsklimat behöver inte vara klimatmässigt nattsvart för att betraktas som negativt. Det räcker att klassrummet ligger närmare det negativa klimat som beskrivs här, än det positiva klimat som skildrades i det förra kapitlet.*

- *En av de bästa indikatorerna på att undervisningen är undermålig, att många elever far illa och att något lärande knappast sker, är nämligen bristen på studiero.*

- *Det är normalt inte undervisningsgruppen som är problemet, utan den tycks fungera olika bra beroende på vilken lärare som undervisar.*

- *Sambandet mellan dålig studiero och negativt klimat är starkt. Man kan förklara detta med att en klass som är stojig och stökig saknar den kultur av nyfikenhet, målmedvetenhet och en positiv inställning som diskuterades i tidigare kapitel.*

- *På ytan kan stämningen vara nog så god i stökiga klassrum. Man ska dock aldrig blanda samman skojigt kaos i en klass med den interaktiva undervisningens positiva klimat eftersom detta påverkar lärandet i negativ riktning.*

Kapitel 12. Att skapa ett positivt klimat i klassrummet

En lekman skulle kanske få för sig att det är enkelt att få ett klassrum med tonåringar att skratta och vara glada. Varje professionell lärare vet att det är allt annat än enkelt, i alla fall om man samtidigt ska bedriva undervisning tillsammans med de gladlynta eleverna. Att likt Stig Järrels Caligula och dåtidens lärare skrämma vettet ur barn och ungdomar för att tvinga fram tystnad och lydnad är en enkel men kontraproduktiv, tillika moraliskt förkastlig, lösning. Att skapa ett positivt klimat som ger ett optimalt lärande i klassrummet kräver både skicklighet och tålamod av läraren.

En grundläggande regel när det gäller att skapa ett positivt klimat i klassrummet är att aldrig börja med det positiva klimatet. Man måste alltid börja med att skapa en god kultur i klassrummet innan man skapar det entydigt positiva klimatet. Olika gruppdynamiska teorier förklarar denna tågordning mellan klassrummets kultur och klimat på ett belysande sätt. Bruce Tuckman lanserade redan 1965 sin teori om gruppers utvecklingsstadier. I denna går grupper igenom en initial formativ fas (forming), följd av en mer konfliktfylld fas (storming), ur vilken en normerande utvecklingsfas (norming) följer. Slutligen kan gruppen ett stadium där medlemmarna kan prestera ihop (performing).[82] Enligt Tuckmans forming-storming-norming-performing-modell behöver grupper passera genom ett transformativt stadium av formaterande och normerande karaktär innan gruppen kan samarbeta och prestera på allvar. För en elevgrupp innebär detta att de gemensamma normerna och acceptansen av mer explicita regler och värderingar inte bara behöver godtas temporärt, utan på djupet delas av alla gruppmedlemmar, innan gruppen och dess medlemmar kan prestera.

Ett annat sätt att betrakta grundprincipen att man måste börja med klassrummets organisation för att bygga kulturen ger Alasdair A K

---

82 Tuckman et al 1977

Whites psykologiska modell som finns beskriven i hans arbete «From Comfort Zone to Performance Management».[83] White har i sin studie utgått ifrån Tuckmans arbete. White menar att just i den psykologisk zon där stressnivåerna är optimala nivå för en grupp, fungerar samarbetet som bäst och prestationerna är som högst. Optimal kan översättas med «den långsiktigt mest produktiva nivån». Det är han som ligger bakom principen om «att lämna bekvämlighetszonen» («to leave ones comfort zone»).[84] Bekvämlighetszonen är ett tillstånd där individerna och gruppen är komfortabla i allt och saknar utmaningar. I korthet handlar denna forskning om att individer och grupper mår bra av utmaningar, så länge de är lagom (optimala) och hanterbara. Zonen där gruppen och individerna presterar som bäst kallas för den «optimala prestationszonen», vilket i sin tur leder tanken till Vygotskijs mer kända Proximalzonsteori.[85]

Regeln om att börja med att organisera klassrummet för att först i nästa steg ta sig an det emotionella stödet i klassen, kan därmed, i ljuset av Whites arbete, förstås på två olika sätt. Först och främst måste ambitionen i klassrummet vara att undvika en bekvämlighetszon, där eleverna saknar varje form av utmaning. Istället ska eleverna ledsagas från bekvämlighetszonen till den optimala prestationszonen. En reflektion utifrån tidigare kapitel om lektionsstruktur och vikten av att behålla tempot, utmana och bibehålla elevernas uppmärksamhet, är just att allt detta sker i det psykologiska tillstånd som kallas prestationszonen. Aldrig i bekvämlighetszonen, eftersom prestationen försämras när man inte är utmanad.

Om man ska försöka förstå varför dysfunktionella klassrum med negativt klassrumsklimat är alltför vanliga i landets skolor, så är utgångspunkterna ovan bra förklaringsmodeller. När trettio elever kommer till ett nytt klassrum känner få, ofta inga alls, varandra. En sak de har gemensamt är sina skolupplevelser. De har nästan alla, som diskuterades tidigare, nio år av mer

---

83 White 2009
84 White 2009
85 White 2009

eller mindre stojiga, ibland kaotiska, skolår bakom sig. I dylika klassrums-klimat formas en överlevnadstaktik hos varje enskild elev som kan ta sig lite olika uttryck. Många blir likgiltiga inför skolan och undervisningen. Andra passiviseras. Några får energi av att skapa sig en social status mitt i oredan. Ett litet fåtal förblir tålmodigt seriösa och målmedvetna, kaoset till trots. Men de känner inte varandra ännu. Det kommer ta ett par, tre veckor innan de sociala relatio-nerna, uppdelningen och hackordningen i klassen har hunnit sätta sig.

Om man nu börjar, som så ofta sker, med lekar och skojiga upptåg, saft och bullar, och med alla medel försöker förmå eleverna att känna någon form av trygghet så kommer tvunget två saker ske väldigt fort. Hos de allra flesta eleverna är igenkänningseffekten stor. Denna typ av pedagogik känner de väl till sedan grundskolan. Lärare som tilltalar dem som barn och betraktar dem som hjälplösa stackare. Fortare än lärarna vet ordet av är rollerna etablerade i klassen och eleverna mycket bekväma med sin nya tillvaro. De befinner sig i bekvämlighetszonen. Problemet för både eleverna och deras lärare är att de kommer att stanna i denna zon till studenten. Detta är ett problem eftersom studierna är av ringa eller inget värde i bekvämlighetszonen. Undervisningen blir ett nödvändigt ont som tillfälligt stör umgänget mellan eleverna. I själva verket kan inte ens vilda hästar dra gruppen ur bekvämlighetszonen in i den optimala prestationszonen. Jag har undervisat många klasser som börjat sin gymnasietid på detta erbarmliga sätt. Visst, i undervisningssituationen går det att få gruppen att fungera hjälpligt, men riktigt bra interaktiv under-visning blir det aldrig frågan om. Den grundläggande kulturen i klassen saknas. Fönstret för att introducera den kan räknas i dagar, möjligen veckor, när eleverna är helt nya på skolan. Därefter stängs det för alltid. Klasser som däremot etablerat en fungerande kultur i klassrummet först, för att sedan tillsammans med sina lärare bygga ett positivt klimat, fungerar på ett helt annat sätt. De delar en genuin respekt för varandra och sina lärare och vill verkligen lära sig för att lyckas med sina ambitioner i livet.

Att göra rätt från början

Om en lärare från början följer den gyllene regeln att börja med att bygga upp en kultur av seriositet, respekt, målmedvetenhet i klassen, så faller bitarna snabbt på plats. I den helt nya klassen med elever som inte känner varandra, blir det första diskussionsämnet med lärarna hur bra undervisning ska ske. Frågor om studieteknik, studiero, förberedelser och andra, för eleverna helt nya utmaningar, kommer att fylla deras medvetande. Ur dessa diskussioner uppstår mer eller mindre uttalade normer och regler. Gemensamt stadfäster man vad som är okej och vad som inte är okej. Det gäller att inte hyckla i detta stadium. Jag personligen skulle aldrig acceptera ett klassrum med mobiltelefoner eller dålig arbetsro, helt enkelt på grund av att all forskning och erfarenhet säger att dessa faktorer förstör undervisningen. Samtalen handlar alltså inte om ifall mobilerna ska tillåtas eller inte, det vore hyckleri eftersom det valet inte finns för eleverna. Istället fokuserar diskussionerna på varför detta är bra och vilka vinsterna är för den enskilde eleven och klassen. Redan efter några lektioner börjar undervisningen och eleverna fungera i allt väsentligt som det är tänkt.

Då – men först då – gör det positiva klimatet sitt inträde. Inte så att de första lektionerna kräver en stel och sträng och auktoritär framtoning av läraren. Tvärtom, min erfarenhet är att det finns mycket att vinna på en lugn men konsekvent och sympatisk framtoning. Att varje korrigering av störningar är subtil. Att uppmuntran och beröm ges tiofalt jämfört med konstruktiv kritik. Att gång efter annan måla upp vinsterna med den nya ordningen för eleverna. Jag arbetar ofta med att beskriva vårt speciella skrå för eleverna för att skapa grunden till en form av begynnande yrkesstolthet. Allt för att uppamma en vi-känsla, ett självförtroende och en nyfikenhet på framtiden.

Många av eleverna har sällan eller aldrig blivit bemötta som unga vuxna, i alla fall inte i en skolkontext. De diskussioner som fyller de allra första lektionerna och veckorna om normer och regler, om förväntningar och krav, upplevs som krävande av de helt nya eleverna. Det är inte så att skrattet ligger i luften eller att de har nära till leenden. Det finns liksom, i deras ögon, inte så himla mycket att skratta åt. Eleverna är spända av förväntan och utmanade av kraven. De funderar i nya tankebanor, försöker etablera nya kontakter och relationer, känner en begynnande nyfikenhet och en tillförsikt över vad framtiden kommer att innehålla, både på kort och lång sikt. Men inget av detta lockar till skratt och varma leenden. För det krävs två saker. Dels att relationerna i klassen etableras och att en trygghet infinner sig. Dels att de så småningom känner att de har luft under vingarna och kan möta kraven och förväntningarna. Sist men inte minst behöver de bli trygga med sina nya lärare. Allt detta tar tid. För vissa elever är det fråga om några veckor, för andra ett par månader. Inte sällan krävs ännu mer tid för att stämningen, det positiva klimatet, ska infinna sig. Det gäller att idogt peka på ljusglimtarna som framtiden har att erbjuda.

Sammanfattning Kapitel 12.

- *Att skapa ett positivt klimat som ger ett optimalt lärande i klassrummet kräver både skicklighet och tålamod av läraren.*
- *En grundläggande regel när det gäller att skapa ett positivt klimat i klassrummet är att aldrig börja med det positiva klimatet. Man måste alltid börja med att skapa en god kultur i klassrummet innan man skapar det entydigt positiva klimatet.*
- [86] *Enligt Tuckmans forming-storming-norming-performing-modell behöver grupper passera genom ett transformativt stadium av formaterande och normerande karaktär innan gruppen kan samarbeta och prestera på allvar.*
- *För en elevgrupp innebär detta att de gemensamma normerna och acceptansen av mer explicita regler och värderingar inte bara behöver godtas temporärt, utan på djupet delas av alla gruppmedlemmar, innan gruppen och dess medlemmar kan prestera.*
- *Bekvämlighetszonen är ett tillstånd där individerna och gruppen är komfortabla i allt och saknar utmaningar. I korthet handlar denna forskning om att individer och grupper mår bra av utmaningar, så länge de är lagom (optimala) och hanterbara.*

---

86 Tuckman et al 1977

- *För att skapa ett positivt klimat i en klass genom en god klasskultur behöver eleverna utmanas genom att de förmås att lämna sin bekvämlighetszon.*
- *Det finns allt att vinna på en lugn men konsekvent och sympatisk framtoning från lärarens sida. Att varje korrigering av störningar är subtil. Att uppmuntran och beröm ges tiofalt jämfört med konstruktiv kritik.*
- *Det gäller att konsekvent bemöta eleverna som unga vuxna.*

Kapitel 13. Från kultur och krav till klimat.

Under denna första tid med en ny undervisningsgrupp är det viktigt att lotsa gruppen genom olika faser. Efter den initiala fasen som egentligen mest kretsar kring att arbeta fram en gemensam kultur i klassen, en klassrumsorganisation, övergår gruppen snart till en övergångsfas. Denna fas kännetecknas av att klassen fungerar precis som den ska, fast inte riktigt alltid. Då och då händer det att en elev eller en grupp elever glömmer bort, för det handlar för det mesta om glömska, vad alla var överens om bara för någon lektion sedan. Det kan vara att man börjar komma försent, glömma material eller faller in i ett beteende av okoncentration på lektionen. Vad som än inträffar gäller det att som lärare reagera på rätt sätt.

Med rätt reaktion från läraren på olika störningar menas att reaktionen måste vara tidsmässigt, innehållsmässigt och styrkemässigt rätt. Enkelt uttryckt behöver man alltid reagera omedelbart på alla avvikelser som stör. Inte tveka eller avvakta. Reaktionen måste vara omedelbar. Att bortse ifrån att elever stör ordningen eller sonika blunda för att någon inte är uppmärksam kan vara förödande. Om din reaktion uteblir har du tillsammans med fridstörarna förändrat normen för vad som är okej. Ändrar du dig vid en liknande situation längre fram kommer eleverna mer eller mindre högljutt att reagera på den upplevda orättvisan och den påtagliga inkonsekvensen i din undervisning. Jag vet kollegor som tillåter störningar exempelvis direkt efter lov, därför att de «inte vill förstöra stämningen i klassen». En stilla undran om vems stämning som avses. Inte stämningen hos den tysta majoriteten i alla fall. De saknar självklarheter som god undervisning och arbetsro.

Lika viktigt som att du reagerar omedelbart, är hur du reagerar. Subtilitet parat med fingertoppskänsla är honnörsord i detta sammanhang. Att du själv tystnar och kort möter fridstörarnas blickar kan räcka. Att viska deras namn likaså. Och sedan kvickt fortsätta som om ingenting har hänt. Principen är att få slut på störningen omedelbart utan att förstöra stämningen.

Kom ihåg: det var en lapsus hos dem som fick dem att fela, inte ett beräknat ifrågasättande av hela din person och din undervisning.

Som nämndes tidigare i kapitlet om klassrumskulturen så är just dina ingripanden i klassrummet en av de mest avgörande delarna av ditt arbete. Dina ingripanden kommer att forma elevernas bild av dig och bygga upp en grupp som alltid är uppmärksam, ivrig och nyfiken.

Principen är att alltid reagera och att alltid reagera omedelbart och resolut. Men vad du säger eller gör och hur du uttrycker dig med minspel, kroppsspråk och röstläge är minst lika viktigt. Jag har funnit att subtilitet, alltså att reagera bestämt men lågmält, alltid är effektivare än motsatsen. Att lugn alltid ger en större och mer omedelbar effekt än upprördhet. Kanske viktigast av allt: Varje gång jag ingriper så återkopplar jag till elevens roll som ung vuxen och det ansvar detta innebär. Det blir konkret och lätt att förstå. Alla i klassrummet förstår enkelt vad jag menar och efterfrågar.

Att ha ett öppet klimat i klassen kring synsätt, ordningsfrågor och studier tycker jag är avgörande. Men lika viktigt är att elever aldrig får känna sig förödmjukade i klassrummet. Om någon exempelvis glömt läroboken, påpekar jag alltid det, men med en samtalston som är inbjudande och sympatisk, men samtidigt bestämd. Underförstått i denna typ av dialoger ligger alltid en ton av ömsesidig respekt och en insikt om att alla kan göra fel. Men, och detta är viktigt, man gör inte avsiktligt fel och lika lite bör man göra om samma fel två gånger.

Successivt under övergångsfasen, som kanske inalles varar några veckor upp till en månad, övergår gruppens sinnestillstånd till det som efterfrågas inom den interaktiva undervisningens huvudområde emotionellt stöd, nämligen det positiva klimatet. Skillnaden är tydlig. Allt fler av eleverna blir mer frimodiga både i och utanför undervisningen. De frågar oftare och söker efter lärarens uppmärksamhet med olika små och stora spörsmål.

Relationen mellan läraren och eleverna blir alltmer otvungen, samtalen blir lugnare.

Ansiktsuttrycken blir mindre ansträngda och leendena och de spontana skratten fler.

Normaltillståndet

När det känns som om det positiva klimatet inte bara infunnit sig, utan att det otvungna och öppna sättet börjar bli ett normaltillstånd hos eleverna, så har det rätta klimatet infunnit sig. Märk väl, detta behöver inte innebära att alla elever är lika positiva och avkopplade, vilket man måste vara uppmärksam på, men om tillräckligt många verkar glada och angelägna så smittar det av sig på alla. Vissa elever har, precis som många andra människor, inte det där spontana sättet att uttrycka tillfredställelse och glädje på, så som lärare får man hitta lite andra vägar för att stämma av deras mående. En indikation på att det positiva klimatet infunnit sig är att elever från olika grupperingar i klassen samtidigt uppvisar en positiv inställning. Och att denna inställning är allmän och spontan och inte kopplad till att de ska försöka ställa sig in hos dig.

Nu är ju verkligheten aldrig så enkel att eleverna liksom bara flyter från det ena tillståndet till nästa, eller skuttar in på dina lektioner med hoppsasteg var gång. Även om det positiva klimat som vuxit fram ur en sund klassrumskultur blir det nya normaltillståndet, så inträffar olika avvikelser allt som oftast. Då gäller det att som lärare reagera med samma fingertoppskänsla som jag beskrev ovan. Deras förtroende och uppmärksamhet har du till låns. Handlar du fel för ofta, så kommer förtroendet för dig att urholkas vartefter och uppmärksamheten att vittra sönder. Det gäller förvisso att reagera omedelbart vid varje avvikelse, men att göra det lugnt, subtilt och utifrån vuxenrutan. Man skulle kunna likna detta vid att du och gruppen påbörjar er resa i klassrumsorganisationens område.

Det är viktigt att komma ihåg att elevgrupper ofta, men inte alltid, speglar sina lärare. Åtminstone när det gäller en positiv framtoning verkar detta vara regeln. Det innebär att vi som lärare behöver arbeta med några av våra egna förmågor. En förmåga är att så gott som alltid vara på gott humör, som nämndes tidigare. Klarar vi någon udda lektion inte riktigt av att hålla humöret uppe, så får vi i alla fall inte vara på dåligt humör. Få saker förstör stämningen i ett klassrum så mycket som en lynnig och oberäknelig lärare.

Ditt positiva föredöme parat med elevernas möjlighet att förutsäga dig i ditt arbete i klassrummet är av stor vikt när det gäller att skapa ett bra och gladlynt klimat i klassrummet.

Stämningen kan sedan förstärkas genom att du i din lärarroll framhäver vissa delar av dig själv. Det är en stor fördel att ha humor. Att leda och undervisa klassen med glimten i ögat fungerar så gott som alltid mycket väl. Humor och leenden är avväpnande och förenar människor, skapar en avslappnad stämning och är ett enkelt sätt för dig att nå fram till eleverna, och de till dig. Oavsett dina personlighetsdrag, så glöm aldrig att ditt sätt återspeglar sig i klassen. Eftersöker du leenden och skratt, och det gör vi inom den interaktiva undervisningen, så behöver du gå före och locka fram detta hos eleverna.

Om någon del av din undervisning sedan inte fungerar en dag, eller om den där rätta stämningen liksom inte vill infinna sig i klassrummet, så gäller det att ha is i magen under lektionen. Efteråt bör du självkritiskt fundera på vad som kan ha utlöst eller orsakat det ena eller det andra. Var din reaktion luddig, för sen eller kanske för hård? Utan att göra ner dig själv för eventuella fel du gjort, att göra fel är som sagt det enda sättet att någon gång i framtiden göra rätt, så gör en minnesnotering om att göra någon smärre förändring vid nästa tillfälle. Utveckling tar tid, även för oss lärare. Är ditt misstag av större slag, så ta tillfället i akt att be dem som berörs om ursäkt. Hände det i klassrummet så gör det inför klassen. Integritet och att kunna stå rakryggad även i motgång, väcker stor respekt hos elever. Antalet gånger som vuxna bett dem om ursäkt i en klassrumskontex är sannolikt väldigt lågt.

Sammanfattning Kapitel 13.

- *Under denna första tid med en ny undervisningsgrupp är det viktigt att lotsa gruppen genom olika faser.*

- *Den initiala fasen kretsar kring att arbeta fram en gemensam kultur i klassen, en klassrumsorganisation, övergår gruppen snart till en övergångsfas.*

- *Övergångsfasen kännetecknas av att kulturen i klassrummet för det mesta fungerar som tänkt, men att någon elev någon gång kommer av sig och återfaller i ett barnsligt beteende.*

- *Med rätt reaktion från läraren på olika störningar menas att reaktionen måste vara tidsmässigt, innehållsmässigt och styrkemässigt rätt. Enkelt uttryckt behöver man alltid reagera omedelbart på alla avvikelser som stör. Inte tveka eller avvakta.*

- *Lärarens ingripanden i klassrummet är en av de mest avgörande delarna för att transformera gruppen från en fas till nästa.*

- *Att ha ett öppet klimat i klassen kring synsätt, ordningsfrågor och studier är avgörande. Alla behöver förstå vad som förväntas av dem och varför.*

- *En indikation på att det positiva klimatet infunnit sig är att elever från olika grupperingar i klassen samtidigt uppvisar en positiv inställning.*

- *Elevernas förtroende och uppmärksamhet har läraren till låns. Handlar man fel för ofta, så kommer förtroendet för läraren att urholkas vartefter och uppmärksamheten att vittra sönder.*

Kapitel 14. Att ta hänsyn till elevernas perspektiv

Frihet under ansvar

Tonåringars utpräglade behov av självständighet, av att successivt få växa in i vuxenvärlden med allt vad det innebär, är ett välbelagt vetenskapligt faktum.[87] Kraven på undervisningen förändras också under dessa år. Forskning visar exempelvis på att en vuxen ledsagare, läs läraren, behöver finnas i skolsituationen och visa vägen.[88] Ett annat exempel är att eleverna, för att lära sig på en optimal nivå, behöver möta en undervisning som känns relevant i innehåll och utformning.[89]

Att ta hänsyn till elevernas perspektiv på sin situation och tillvaro i skolan blir allt viktigare ju äldre de blir. Det finns kollegor som kanske tycker att ett avsnitt om elevers självständighet i skolan är överflödigt.

«Det gör vi ju redan», skulle kunna vara en invändning. Och det är förvisso riktigt att svenska elever har mycket frihet jämfört med elever från andra länder, så till vida att de i klassrummet och skolan kan bete hur de vill många gånger utan konsekvenser. Eller jämfört med hur det var för fyrtio, femtio år sedan när läraren bestämde allt och eleverna bara hade att följa. Idag kan ju elever komma och gå lite som de vill på många lektioner. De kan delta i eller avstå från undervisningen utan större följder. Svenska elever kan de facto i stort sett göra vad de vill i skolan utan allvarligare konsekvenser än ett samtal med rektorn. Då med betoning på samtal, inte utskällning. Eleverna kan, om vi lyfter de allra värsta överdrifterna, hota sina lärare, slå sina lärare eller klasskamrater och förstöra skolmiljön för alla andra. Om de vill.[90]

---

87 Hafen et al 2014
88 Pianta et al 2012
89 Hafen et al 2014
90 SVT Nyheter 2019

Det som i varje annat sammanhang som helst i samhället skulle betraktas som kriminellt, exempelvis hot, misshandel, sexuella trakasserier och ett regelrätt förtryck av lärare och klasskamrater, betraktas i många skolor som bäst som ett arbetsmiljöproblem.

> Hot och våld mot lärare och skolpersonal är ett problem som blivit allt vanligare. Skolan verkar vara den i särklass farligaste arbetsplatsen att jobba på när det gäller hot, hot om våld och våld. Och lärare är i dag en högriskgrupp konstaterar Arbetsmiljöverket.
> (UR Skola 2018)

Som värst betraktas denna problematik i vissa skolor som norm. Skolledningen eller huvudmannen varken kan eller vill göra något åt ordningsproblemen på djupet.

Ofta verkar skulden falla på vissa elever som betraktas som en bångstyrig grupp, bara därför att de råkar vara födda och uppvuxna i ett problemområde. Att den svenska skolan haft de allra flesta av dessa ungdomar i sin vård sedan förskoleåldern, tycks man behändigt glömma bort. Detta vet vi som har skolan som arbetsplats och själva hamnar i djupt obehagliga situationer ibland.

Egentligen, menar jag, bör skolan så långt som möjligt vara en spegling av det samhälle som vi lever i. Måhända, skulle man kunna argumentera, bör den svenska skolan vara en idealbild av ett samhälle. En önskad framtid. Hur det nu än må vara med detta så ser samhället, lagstiftningen och det allmänna rättsmedvetandet lite annorlunda på hot, misshandel och trakasserier utanför skolan än inom skolan. I själva verket är hot, våld och trakasserier några av de få saker som skulle rendera mig avsked på grått papper enligt svensk arbetsrätt, om jag skulle göra detta mot en elev, min rektor eller en kollega.[91] Allt detta är naturligtvis extremfall, men inte ovanligare än att de förekommer på svenska skolor dagligen. Min poäng är inte att plädera för förändringar i skollagstiftningen, det utrymmet finns inte i denna bok. Däremot behöver de av oss som brinner för god undervisning skapa en

---

91 Lag (1982:80) om anställningsskydd, (18–20 §§)

situation som fungerar både för våra elevers självständighetssträvan, för vår undervisning och för arbetsmiljön i alla skolor.

Sett till den svenska skolan i stort är antalet elever som inte kan bete sig på ett socialt lämpligt sätt i skolmiljön lågt. Min erfarenhet – och då undervisar jag elever med måttliga eller ganska skrala betyg från grundskolan som kommer från hela Storstockholm med omnejd – är att de sannolikt är färre än fem procent av eleverna. Det är min uppfattning att många fridstörare och bråkstakar hemfaller åt destruktiva beteenden främst av tre skäl. Först och främst därför att de är omogna för sin ålder och ur denna omognad växer behov av grupptillhörighet och självhävdelse. Detta förstärks ytterligare om vi vuxna behandlar eleverna som barn istället för unga vuxna. För det andra därför att vi som arbetar i skolan genom vårt otillräckliga arbete har skapat en kontext med brist på normer, ansvar och konsekvenser för regelöverträdelser. I en värld där i stort sett varje beteende är, om inte tillåtet, så i alla fall ursäktligt, saknas alternativ för dessa unga människor. För att klara sig i en kaosartad tillvaro försöker de förstå och agera utifrån spelets regler, där tydliga gränser från vuxenvärlden saknas. I klarspråk saknar spelet regler som är klara och tydliga. En värld där överträdelser tidigt och omedelbart ger konsekvenser. För att en stund byta perspektiv och betrakta oss (duktiga) vuxna, fundera över följande scenario: Om böter och andra påföljder skulle saknas för fortkörning och rattfylleri på landets vägar, även för oss lärare, så skulle få av oss våga oss ut med våra luggslitna bilar. Landets vägnät skulle vara livsfarligt och fullständigt kaotiskt. Bara att åka ett kort stycke för att veckohandla på Ica skulle vara förenat med livsfara. Och rädslor föder ständig ångest och stress. Bara att lämna hemmet skulle i en sådan värld vara ångestfyllt. Precis på samma sätt känner många elever en djup olust och hög stress i sin kaotiska skolvardag. För att över huvud taget överleva utvecklar de överlevnadsstrategier. Starkast och tuffast vinner.

Det är också i detta kaos som lärare ibland visar sina allra sämsta och mest desperata sidor. Blir situationerna i skolmiljön hotfulla eller till och med våldsamma, så är det lätt att situationen blir läraren övermäktig. Den som betvivlar detta bör placera sig mitt i ett knytnävsslagsmål mellan aggressiva tonåringar, jag menar mitt i, och försöka i stunden hetta agera måttfullt och tålmodigt. Till detta har vi ingen utbildning. Och det var heller inte därför vi en gång valde att bli lärare, eller hur?

Jag menar att man kan argumentera för att en starkt negativ skolmiljö uppkommer för att skolan tidigt i elevernas skolgång underlåtit att skapa en bra skolkultur med lärande och goda normer och värderingar i centrum. Om dessa värden delas av alla, lärare som elever, förebygger man lejonparten av alla konflikter helt enkelt genom att situationer, alldeles särskilt allvarliga situationer, aldrig dyker upp. Det arbetande ordet här är förebygger. Som jag utvecklade i tidigare kapitel är en gemensam skolkultur den enskilt viktigaste tillgången för att förebygga konflikter både i och utanför klassrummet. I en miljö där lärare och elever respekterar och tycker om varandra uppstår en rollfördelning mellan elever som agerar som unga vuxna och lärare som är inkännande. I en lärmiljö med en kultur som alla känner sig delaktiga i är konflikterna väldigt få och i stort sett aldrig djupgående. De stora vinsterna med detta är för det första att lärare och elever sparar energi och istället bygger förtroende för varandra. För det andra kan elever och lärare i en sådan kultur ägna sig åt det som de är där för: att bedriva och delta i en utmärkt och synnerligen effektiv undervisning. Allt annat är ju som sagt sekundärt i en skola.

Naturligtvis är det fullt rimligt, till och med nödvändigt, att mobbare och väldigt stökiga elever stängs av från klassrum, och ibland från skolan, eller omplaceras. De andra elevernas och lärarnas och verksamhetens behov av en trygg lärmiljö måste gå före enskilda stökiga elevers behov. Alltid. Men tuffa konsekvenser med stöd i en ny lagstiftning i sig är bara en delmängd i lösningen. Långt viktigare är det att till varje pris förekomma och förebygga problem i klassrummet genom att etablera det positivt klimat, den kultur, nyfikenhet, flit och framtidsanda som borde mött dessa elever från början. Det går aldrig, menar jag, att förbjuda bort asociala och olagliga beteenden i skolan. Istället måste man mota Olle i grind och från första stund erbjuda ett alternativ till eleverna. När våldet och stöket väl satt sig i en skola bildar detta en kultur som, vet jag genom egen erfarenhet, är svår, ja, hart när omöjlig, att ersätta. Elever tenderar att färgas av äldre kamrater, och lärarna som verkat i den destruktiva miljön ser den inte sällan som ett normaltillstånd. De känner ingen utväg. Obehaget naturaliseras.

Självständighet innebär frihet under ansvar

Självständighet innebär autonomi, frigjordhet och integritet, och betraktas som en vital del när ett barn går in i vuxenvärlden. Lika vital som självständigheten i sig är ungdomens behov av att bli ledsagad, guidad av självständigheten hos en vuxen person. Forskningen kring detta förhållande är betryggande entydig.[92] Självständighet betraktas i våra liv som så självklar att vi sällan tänker på dess innebörd för oss som individer, än mindre på de rättigheter och skyldigheter som implicit följer med självständigheten.

Rättigheterna som medföljer en ökad självständighet brukar vara lätta att lista. Rätten att fatta egna beslut i ens liv i stort som i smått. Rätten att tycka och tänka det vi vill, och därtill rätten att uttrycka dessa åsikter i tal och skrift. Rätten att röra sig fritt i vårt samhälle, att få resa, ja, listan kan göras lång. Skyldigheterna som följer med individens självständighet talar vi mer sällan om. Samtidigt fungerar inte begreppet självständighet i praktiken, varken för en individ eller en grupp eller i samhället i stort, om inte skyldigheterna blir en lika självklar del som rättigheterna.

Som individ är jag skyldig att i min självständighetssträvan visa hänsyn i rimlig omfattning, att vara ärlig, omtänksam och i stort och smått försöka leva, vad man förr kallade, ett så hedersamt liv som möjligt. Dessa grundläggande skyldigheter förutan faller våra civila och medmänskliga strukturer samman som korthus. Den som inte visar hänsyn blir snart odräglig för omgivningen. Den som inte försöker leva sitt liv ärligt och hedersamt börjar rucka på det moraliska och juridiska fundament som uppbär vårt samhälle. Om tillräckligt många agerar självständigt utan att hedra sina skyldigheter faller strukturen samman, och i dess kölvatten följer kaos, sorg och lidande. Det är detta som sker i vissa svenska skolor som jag nämnde ovan.

Att självständighetssträvan är oumbärlig för ungdomars utveckling står utom allt tvivel. Men frågan är hur man gör unga människor självständiga i skolan och i klassrummet, utan att veritabelt kaos uppstår? En individ som

---

92 Hamre et al 2013

strävar mot självständighet kan åtnjuta rättigheter, men behöver också axla ett antal skyldigheter, enligt ovan. Det finns med andra ord inom begreppet självständighet, en relation mellan begreppen rättigheter och skyldigheter, som kan uttryckas med devisen «frihet under ansvar».

Frihet under ansvar är ett talesätt som återkommer inom politiken och företagsvärlden. Det brukar inte minst användas när det typiskt svenska ledarskapet av företag ska beskrivas. Svenska arbetare och tjänstemän har, enligt detta synsätt, större friheter än sina bröder och systrar i mer auktoritärt styrda företag från Tyskland, USA eller Frankrike (om det verkligen förhåller sig så kan på goda grunder ifrågasättas). Inom politiken brukas inte sällan maximen inom liberalismen. En variant av mottot uttrycktes härförleden av statsminister Stefan Löfven, förvisso med en omskrivning, med orden «Gör din plikt, kräv din rätt». Ett eko från Folkhemstiden. Om skolan ska vara en spegling av det samhälle vi lever och verkar i, så skulle man kunna hävda att talesättet «frihet under ansvar» därför bör gälla även i skolans värld.

Ett annat sätt att betrakta konceptet självständighet är att tänka sig självständigheten som en linjär funktion. Detta innebär att för varje steg en persons självständighet ökar, så ökar personens rättigheter analogt. Dock ökar också skyldigheterna i direkt proportion till självständigheten och rättigheterna. Enligt denna modell ökar ansvaret i direkt relation till den frihet som en individ åtnjuter. Ju mer frihet, ju större krav på ansvarstagande.

Om vi nu överför detta resonemang till skolans värld ser vi de uppenbara skillnaderna. Ett barn i låg- eller mellanstadiet har av naturliga och praktiska skäl en ganska kringskuren frihet. Detta beror på att barn har svårt att hantera ansvar på ett vuxet sätt. Som jag tidigare berättade lärde mig en terapeut en gång att:
«Barn har inget ansvar, vuxna har allt ansvar»
Förvisso en förenkling, men ändå ett klokt sätt att ta sig an frågan om frihet och ansvar i skolan tycker jag. Man skulle kunna hävda att detta stämmer så till vida att helt små barn inte kan hantera ansvar i någon större mån. Egentligen bygger ju fostran både hemma och i skolan på att lära barnet att bli en ansvarstagande individ. Dock är detta en process över ett barns hela

uppväxt. Det är först under puberteten och åren därefter som frågan blir riktigt avgörande för inlärningen i klassrummet. Forskarna inom den interaktiva undervisningen bygger sitt arbete på studier som visar att självständiga elever i de övre tonåren lär sig betydligt mer än osjälvständiga. Förklaringen till detta fenomen bör rimligen vara att elever som successivt skolas i att vara alltmer självständiga i klassrumskontexten tenderar att mogna med uppgiften. Eftersom självständighet kräver ett större ansvarstagande från elevens sida, så borde sannolikt denna mer ansvarskännande attityd spilla över på alla delar i skolarbetet. Följaktligen, om eleverna ges allt större frihet och behandlas som unga vuxna, så känner de ett ännu större ansvar för sin egen utbildning.[93]

Lärarens attityd till eleverna

Elevers behov av självständighet i klassrummet kopplas enligt den interaktiva undervisningen egentligen till lärarens förmåga att frammana en autonomi hos eleverna.

För att lyckas i arbetet med elevernas självständighetssträvan behöver man som lärare gå en balansgång. I ett klassrum måste först ett positivt klimat och en god klassrumsorganisation råda för att man ska kunna arbeta mot en ökad självständighet bland eleverna.

Vid ett första påseende blir detta nästan paradoxalt. Klassrum med studiero och strukturerade lektioner. Positiva elever som ler och skrattar med en lärare som otvunget rör sig genom klassrummet. Ett lärande som utmanar intellektuellt, frustrerar men utvecklar. Nu ska allt detta ske samtidigt som eleverna ska uppmuntras att tala och röra sig relativt fritt. Vid ett första påseende, ja. Vid närmare anblick är det inte så krångligt, även om processen är allt annat än lätt att genomföra.

Ett antal faktorer behöver finnas för handen innan processen kan påbörjas på allvar. Först och främst behöver kulturen i klassen ha fått fäste. Alla

---

93 Hamre et al 2013

elever ska dela värderingar och normer kring deras roll som unga vuxna och lärarens roll som en inkännande ledare. För läraren är det centralt att hens attityd genomsyras av ett förtroende för eleverna. En tillit som ska finnas där både om du står mitt i klassrummet och om du har gjort dig något ärende och behöver lämna lektionen för några minuter. Allt ska fungera som ett urverk oavsett om du är närvarande eller inte. Med den interaktiva undervisningens egna uttryck: «Klassrummet ska vara som en väloljad maskin.» Fungerar detta så är det bara att påbörja processen mot ökad frihet för eleverna.

För att utveckla elevers självständighet i klassrummet och samtidigt värna en effektiv undervisning med allt vad det innebär, bör man se detta som en kontinuerlig process. Klokt är att som lärare ha en kortsiktig och en långsiktig planering för hur konkret autonomi ska uppkomma.

Att börja med små steg är ofta ett klokt val. Och i de steg med vilka man rör sig mot en ökad autonomi, så stöter man ibland på hinder. Det gäller att tålmodigt och envetet fortsätta processen, möjligen ta ett steg bakåt ibland, men fortsätta framåt bakslaget till trots. Detta är som vi ska se en process som kan påbörjas redan under de allra första veckorna, men det är ofta klokt att rusta sig med lika delar tålamod och tid för att lyckas på sikt.

Det största hindret mot utvecklingen av elevers autonomi ligger ofta i lärarens egen attityd. Brist på tillit syns i både kroppsspråk och mimik, hörs i röstläge och kan lätt tolkas mellan raderna i samtalet med eleverna. Det gäller att som lärare först arbeta upp ett tillräckligt förtroende för eleverna. Därefter välja mindre steg, mindre men lättåtkomliga segrar på vägen mot ökad självständighet.

Att stödja eleverna mot en ökad självständighet

Jag nämnde en så enkel och egentligen relativt liten sak tidigare, som hur eleverna ska anteckna under mina genomgångar. Ska de anteckna på datorn eller för hand med penna och anteckningsblock? Innan de väljer försöker jag förklara, så opartiskt jag nu kan, fördelarna och nackdelarna med respektive metod. Samtidigt gör jag det klart för dem att de i mina ögon är unga vuxna och att detta faktum gör dem kompetenta nog att göra ett vuxet och informerat val. Detta är ett av de första stegen mot ökad självständighet hos mina elever.

Lärarens inställning behöver för det första vara att utgå ifrån elevens behov och perspektiv i klassrummet. I den svenska skolan tolkas koncept som «att utgå från elevens behov» som att undervisningen ska vara skojfrisk och absolut inte tråkig och att kraven ska vara låga. Ingenting kan vara mer fel. I själva verket utgår begreppet elevperspektiv inom den interaktiva undervisningen från dess övergripande målsättning: att bedriva en så effektiv undervisning som möjligt. Självfallet ger detta faktum begreppet ett helt annat innehåll. Elevens behov och perspektiv ska snarare läsas som elevens behov av att lära sig så mycket som möjligt varje lektion. Underförstått följer av detta att elevernas strävan efter självständighet och andra för åldern typiska behov ska finnas med som viktiga ingredienser i undervisningen.

Detta ställer krav på lärarens flexibilitet och öppenhet för andra vinklingar och infall som eleverna ger uttryck för allt eftersom deras självständighet ökar. Prestigelöshet blir en viktig egenskap hos läraren, eftersom det inte sällan kommer vara eleverna som kommer upp med förslag på förbättringar eller förenklingar. Som en huvudregel ska läraren integrera så mycket som möjligt av elevernas idéer och synpunkter i undervisningen. Detta blir dock en balansakt för läraren. De elevidéer som inlemmas i undervisningen ska undantagslöst gagna den övergripande målsättningen om en effektiv undervisning för alla elever.

Inte sällan förekommer i elevgrupper exempelvis en eller ett par elever som självsvåldigt påtar sig rollen som klassens talespersoner. Det är sällan som det har något mer omfattande stöd i klassen, utan allt som oftast talar de i egen sak och utifrån snäva själviska perspektiv. Detta är något som jag menar måste hanteras snarast möjligt. Anledningen är att självutnämnda språkrör har litet eller ingenting med självständighet att göra och absolut ingenting med vuxenvärlden. Att ränna omkring på en arbetsplats och föra allas talan inför ledningen, utan att ha ett uttalat stöd för det man säger, accepteras inte på välfungerande arbetsplatser. I sin värsta form är detta självutnämnda språkrörsbeteende ren härskarteknik. Eleven som driver den egna agendan, genom ett påhittat stöd i klassen, gör detta för egen vinning. Detta och liknande beteenden förekommer ibland och behöver hanteras subtilt men effektivt. Inte sällan är det elever som befinner sig långt upp på klassens sociala rangordning som ikläder sig denna roll. Som jag tidigare diskuterade är det viktigt att alla elever blir sedda i ett klassrum och att en tyst majoritet hindras från att uppstå.

Med andra ord gäller det att skapa valsituationer i klassrummet som involverar alla elever. Huvudregeln är att eleverna regelmässigt ska ställas inför meningsfulla val. Att de får vara med och bestämma innebär att eleverna får ta ansvar och får uttrycka en avvikande mening, vilket ökar deras som engagemang och motivation.

Inom organisationsforskningen visade man tidigt på individens behov av att kunna påverka sin egen situation i någon mån. Berövas individen möjligheten att påverka sin arbetssituation verkar detta både passiviserande och demotiverande. Det fungerar egentligen på precis samma sätt i klassrummet. Elever som blir sedda som vuxna ansvarstagande individer som kan lämna viktiga bidrag till allas bästa kommer att uppträda vuxet och bidra.

Meningsfulla val innebär att valsituationen ska avse något av vikt för eleven. Jag arbetade i några år med en rektor, som för att kringgå Skollagens krav på att eleverna ska vara med att påverka ordningsreglerna i klassrummet, lät dem göra ett par meningslösa val. Betydelselösa så till vida att utgången redan var given. Frågan ställdes över elevnätet och handlade om ifall eleverna antingen skulle få ta med sig dryck in i klassrummet eller varken dryck eller godis. Alternativet att få ta med sig både dryck och godis fanns inte. Sett ur ett elevperspektiv var utfallet givet eftersom många elever vill ha med sig vatten eller annan dryck in i klassrummet. Naturligtvis genomskådades rektorns taktik omedelbart av eleverna. Rektorn insåg det inte själv, men hens tilltag med det meningslösa valet upplevdes som både cyniskt och nedvärderande av många elever på skolan.

«Vi blir behandlade som barn», sammanfattade en klok elev relationen mellan eleverna och rektorn.

Det är egentligen inte särskilt svårt att tillsammans med eleverna skapa schyssta normer och regler i klassrummet. Jag vill hävda att det på medellång och lång sikt är en förutsättning för att kunna skapa ett förnuftigt klassrumsklimat. Eleverna vill samma sak som jag som lärare. Att taktisera och ställa elever inför meningslösa valsituationer är direkt destruktivt. Då är det betydligt mindre förödande för det ömsesidiga förtroendet att ställa dem inför ett fullbordat faktum. Bara man kan argumentera för det kloka med en regel vållar detta normalt inga problem. Annat än för elevernas behov av att utvecklas till självständiga individer, vilket hämmas om jag som rektor eller lärare bestämmer allt över deras huvuden.

Meningsfulla val däremot bör vara en naturlig del av vardagen i undervisningen. Men för att detta ska kunna fungera behöver eleverna några förutsättningar. För det första ett grundmurat förtroende för dig som en kompetent och inkännande lärare som verkligen vill att de ska lyckas. För det andra ett fungerande förtroende för varandra. I klasser där eleverna umgås i små grupper, med litet socialt utbyte mellan grupperna, uppstår inte sällan en brist på förtroende mellan grupperna. I en sådan miljö uppstår lätt mer eller mindre uttalade konflikter elevkonstellationerna emellan. För det tredje behöver eleverna verkligen kunna uppträda som unga vuxna och axla det ansvar som hör därtill. Subjektivt tyckande om frågor kring undervisningen, eller rena känslosvallningar, kommer inte leda en beslutsprocess kring undervisningen framåt. Sakliga argument, fakta och en gedigen respekt även för meningsmotståndarna är däremot en riktigt bra grund för denna typ av diskussioner.

Jag planerar i skrivande stund att under kommande läsår låta eleverna delta i planeringen både av de olika arbetsområdena, av vilken ordning de ska komma i under året och av lektionsplaneringen. För helt nya första-års-elever kommer jag avvakta några veckor tills klassrumskulturen har börjat sätta sig någorlunda och planera betydligt mer kortsiktigt, än vad jag planerar att göra med de äldre eleverna. Av vikt är att de är insatta i Skolverkets styrdokument och programmål innan beslut fattas. Jag som lärare behöver vara ärlig med hur olika arbetsområden uppfattas utifrån relevans, svårighetsgrad och annat som kan ha konsekvenser för elevernas lärande.

I denna process hoppas jag att en grovplanering för läsåret i mina ämnen kan uppstå. Alla de viktiga erfarenheter som jag samlat på mig under åren måste jag naturligtvis dela med mig av. Dessutom behöver jag kunna argumentera med emfas om något i denna process verkar gå överstyr. Visst vet eleverna att jag har den yttersta beslutanderätten i diskussionen, men som vilken annan bra chef som helst behöver jag visa dem att de kan påverka varandra och mig med genomtänkta och väl levererade argument. Ramverket i detta förlopp är naturligtvis den interaktiva undervisningens fundament, och innehållet det som stipuleras av Skolverket. Målet är naturligtvis en så effektiv undervisning som möjligt.

För att medbestämmande ska kunna uppstå i ett klassrum förutsätter detta dels att syftet och målet delas av alla elever. Med andra ord behöver eleverna förstå varför de aktivt ska delta i att besluta i olika frågor. Lika viktigt behöver de ha en realistisk förväntan dels på vad de i sak kan påverka och vad som är givet. Att lägga in studiebesök och andra extraaktiviteter för att göra undervisningen mer lättsam är ingen framkomlig väg, enligt mig. Bättre är att vara ärlig om vilka förväntningar eleverna behöver ha inför varje nytt arbetsområde. Vissa områden väcker lätt intresse och nyfikenhet. Andra områden är rent ut tråkiga till en början. För att återgå till processen med att utveckla en undervisningsplanering tillsammans med eleverna, så har begrepp som «tråkigt» och «roligt» ingen relevans i en sådan diskussion. Det är storheter som hör barndomen till. De unga vuxna eleverna upptäcker istället, många av dem för första gången, kunskapsområden som är stimulerande och intressanta och givande och nyttiga och bildande. Men knappast roliga.

Medbestämmandet ställer i realiteten krav på eleverna såsom engagemang och ansvarstagande. Fungerar bara medbestämmandet i mindre frågor kan det utvecklas. Att successivt delegera ansvarsområden eller till och med delar av undervisningen till eleverna är fullt möjligt, men kanske inte lika lätt och självklart för alla elever. Det är egentligen bara min kreativitet som lärare och mitt förtroende för mig själv och min förmåga, som sätter gränserna.

Enligt den interaktiva undervisningen är som regel alla former av överdrivna restriktioner i klassrummet, både vad gäller elevsamtal och deras rörelseförmåga, till nackdel för elevernas utveckling till självständiga och ansvarstagande individer. Det gäller bara att läraren börjar i rätt ände med elevgruppen: med klassrummets värderingar och normer. Och att läraren får växelspelet mellan lärarrollen och elevrollen att börja fungera på allvar. Sedan kan elevernas självständighet utvecklas till oanade höjder. Men om, och bara om, stegen är små och avpassade efter elevgruppens behov, och ifall felsteg skyndsamt rättas till.

Sammanfattning Kapitel 14.

- *Tonåringars utpräglade behov av självständighet, av att successivt få växa in i vuxenvärlden med allt vad det innebär, är ett välbelagt vetenskapligt faktum.*
- *För att lära sig på en optimal nivå, behöver eleverna möta en undervisning som känns relevant i innehåll och utformning.*
- *Lika vital som självständigheten i sig är ungdomens behov av att bli ledsagad, guidad av självständigheten hos en vuxen person.*
- *Som individ är jag skyldig att i min självständighetssträvan visa hänsyn i rimlig omfattning, att vara ärlig, omtänksam och i stort och smått försöka leva, vad man förr kallade, ett så hedersamt liv som möjligt.*
- *Om skolan ska vara en spegling av det samhälle vi lever och verkar i, så skulle man kunna hävda att talesättet «frihet under ansvar» därför bör gälla även i skolans värld.*
- *Forskarna inom den interaktiva undervisningen bygger sitt arbete på studier som visar att självständiga elever i de övre tonåren lär sig betydligt mer än osjälvständiga.*
- *I ett klassrum måste först ett positivt klimat och en god klassrumsorganisa-*

tion råda för att man ska kunna arbeta mot en ökad självständighet bland eleverna.

- *Att börja med små steg mot ökad självständighet för eleverna är ofta ett klokt val.*
- *Det gäller att som lärare först arbeta upp ett tillräckligt förtroende för eleverna.*
- *Begreppet elevperspektiv inom den interaktiva undervisningen utgår från dess övergripande målsättning: att bedriva en så effektiv undervisning som möjligt.*
- *Elevens behov och perspektiv ska förstås som elevens behov av att lära sig så mycket som möjligt varje lektion.*
- *Självutnämnda språkrör som säger sig tala å klassens vägnar, har litet eller ingenting med självständighet att göra och absolut ingenting som skulle accepteras utanför skolans värld.*
- *Det gäller att skapa valsituationer i klassrummet som involverar alla elever. Huvudregeln är att eleverna regelmässigt ska ställas inför meningsfulla val. Att de får vara med och bestämma innebär att eleverna får ta ansvar och får uttrycka en avvikande mening, vilket ökar deras engagemang och motivation.*
- *För att medbestämmande ska kunna uppstå i ett klassrum förutsätter detta dels att syftet och målet delas av alla elever. Med andra ord behöver eleverna förstå varför de aktivt ska delta i att besluta i olika frågor. Lika viktigt behöver de ha en realistisk förväntan dels på vad de i sak kan påverka och vad som är givet.*
- *Enligt den interaktiva undervisningen är som regel alla former av överdrivna restriktioner i klassrummet, både vad gäller elevsamtal och deras rörelseförmåga, till nackdel för elevernas utveckling till självständiga och ansvarstagande individer.*

Del 5.
Undervisningsstöd

En lektion utan feedback är bara prat.

(Effective Feedback in the Classroom, cirt.gcu.edu)

Kapitel 15. Undervisnings- och inlärningsmetoder

Inledning

Undervisningsstöd, på engelska Instructional Supports, innefattar alla de metoder en lärare kan använda för att underlätta eller förstärka inlärningen hos eleverna. I grunden handlar det om alla de strategier lärare kan nyttja för att överföra kunskap och färdigheter till eleverna. Detta gäller alla elever i klassrummet, såväl de som har svårt att hänga med ibland som de som presterar väl. Metoderna syftar att dels underlätta inlärningen hos eleverna, dels till att göra deras inlärning så effektiv som möjligt.

Två faktorer är centrala när man diskuterar undervisningsstöd, målet med undervisningen respektive elevernas uppmärksamhet. Viktiga i den meningen att alla strategier som ger undervisningsstöd egentligen syftar till att dessa två faktorer ska uppnås. Som tidigare diskuterades i avsnittet om lektionsstruktur i kapitel 7, är målet med undervisningen, varje lektions unika och konkreta målsättning, det som ger undervisningen en mening. Om eleverna och läraren inte vet vart de är på väg, är det svårt att känna att undervisningen är meningsfull för eleverna. Läraren å sin sida, kan inte veta om undervisningen fungerar om hen inte mäter kunskapsinhämtningen under varje lektionstillfälle. Elevernas uppmärksamhet under lektionen, är själva förutsättningen för att eleverna ska nå kunskapsmålet. Är eleverna inte uppmärksamma, kan de inte ta till sig av undervisningen och därmed kan målen omöjligen uppnås.

Två grundläggande principer behöver följas för att undervisningsstödet ska bli effektivt. Ett: läraren behöver tillägna sig en arsenal av olika stödjande strategier och ständigt använda ett antal av dem i sin undervisning. Strategierna bör alltid inkludera en kombination av de grundläggande strategier som den interaktiva undervisningen framhåller: olika lärandestöd, återkoppling, ett avancerat språkbruk samt hur sammanhang skapas i det som ska undervisas. Det är kombinatoriken av dessa fyra huvudstrategier som ger undervisningsstödet dess styrka.

Den andra principen som skapar ett effektivt undervisningsstöd är att läraren skräddarsyr undervisningsstödet utifrån elevgruppens unika behov. När läraren väl skaffat sig en arsenal av olika strategier, kombinerar hen ett antal av dessa som passar elevernas förutsättningar.

Undervisningsstöd satt i sitt sammanhang

Robert Pianta skriver följande om undervisningsstöd:

> Den typiska eleven interagerade med sin lärare (ensam eller i mindre grupp) mindre än fyra gånger under en timme. Oftast var dessa samspel summariska eller tillrättavisande. Vidare hade de flesta av dessa utbyten nästan helt fokus på enkla utföranden, uppgifter som krävde enkla svar, korrekt eller inte, snarare än att locka fram analys, resonemang, problemlösning och mer svårfångade utmaningar. I relationsmässigt hänseende saknar dessa utbyten nästan helt personliga, känslomässiga eller motiverande egenskaper som skulle kunna engagera eleven i uppgiften.
> (Pianta et al 2012)

Undervisningsstöd är det tredje och sista huvudområdet inom den interaktiva undervisningen. Tillsammans med klassrumsorganisation och emotionellt stöd har detta huvudområde i omfattande studier bevisats vara avgörande för en effektiv inlärning hos eleverna. Man skulle kunna betrakta undervisningsstöd som ett tredje och avgörande steg i undervisningen. Om klassrumsorganisationen skapar ett lugn och en struktur för eleverna genom att en gemensam kultur uppstår, och emotionellt stöd skapar en produktiv relation och ett förtroende elever och lärare emellan, så krävs undervisningsstöd i olika former för att kunskapsöverföringen ska bli så effektiv som möjligt .

Ett fungerande emotionellt stöd och en god klassrumsorganisation är båda grundförutsättningar för en effektiv undervisning. Men de skapar inte ett betydande lärande, varken var för sig eller tillsammans. För att effektiv undervisning ska uppstå i ett klassrum krävs ett aktivt undervisningsstöd. Utan undervisningsstöd kan ingen effektiv inlärning ske. Inte heller kan någon djupare förståelse av ämnesområdet och alla dess delar uppnås, och den successiva utvecklingen av elevernas kunskaper och förmågor kommer att misslyckas. Detta innebär att både elevernas språkliga och intellektuella utveckling hämmas, undervisningsstödet förutan. Följaktligen är detta huvudområde oumbärligt för undervisningen och kan betraktas som den interaktiva undervisningens avslutande steg.

Ungdomar lär sig bäst i miljöer där lärare upprätthåller en hög akademisk standard och höga förväntningar, men där dessa åtföljs av tillräckligt stöd för att försäkra att varje individ kan uppnå målen. (Hafen et al 2014)

Undervisningsstöd består av fyra dimensioner eller huvudstrategier, som tillsammans ger huvudområdet kropp och sammanhang. Det första området, olika format för lärandestöd, diskuteras närmare i detta kapitel. Med olika format förstås närmast olika viktiga perspektiv på en effektiv kunskapsöverföring. Att läraren effektivt faciliterar det pedagogiska samtalet som löper som en röd tråd genom undervisningen genom att vara engagerad, frågvis och att hen uppmuntrar elevernas aktiva deltagande. Ett annat format är hur de material som läraren använder i sin undervisning skapar aktivitet hos eleverna. Ett annat format är att elevernas uppmärksamhet ett perspektiv som är helt avgörande för inlärningen, att de är fokuserade, lyssnar och deltar aktivt. Slutligen räknas undervisningens målsättning hit, att den är stöds av lektionsstrukturen och förstås av eleverna.

Kapitel 14 diskuteras den andra dimensionen inom detta område, utveckling av ett sammanhang, det vill säga hur läraren paketerar den kunskap som ska överföras. Egentligen hur effektivt du förmår överföra ditt budskap till eleverna under en lektion med hjälp av elevernas kreativitet och uppfinningsrikedom, hur elevernas förmåga till analys och resonemang utvecklas, hur den nya kunskapen griper an och bygger vidare på befintlig och hur pass relevant du lyckas göra ditt stoff. Resonemangen när det gäller analytisk förmåga och tänkande fördjupas i kapitel 15.

Kapitel 16 behandlar feedback, effektiv återkoppling, som är en av de viktigaste motorerna som driver på lärandet i klassrummet. Här behandlas olika strategier för att skapa en kraftfull pedagogisk dialog såsom hur man stödjer lärandet direkt i samtalet med eleverna exempelvis genom så kallad scaffolding, feedback-looper, uppmanande hjälper i tankeprocesserna och hur man kan klargöra och förtydliga problem som uppkommer i lärandet. Därtill diskuteras också hur återkoppling bör ges för att ge effekt och hur beröm, uppmuntran och förstärkning kan göra en skillnad.

Avslutningsvis behandlar kapitel 17 vårt kanske viktigaste verktyg för att nå fram till våra elever, vårt språkbruk. Här diskuteras behovet av att ha ett pedagogiskt samtal som löper som en röd tråd i undervisningen, av att ställa öppna frågor som utmanar elevernas tänkande och av behovet av frekventa repetitioner och sammanfattningar. Vidare diskuteras behovet av bikupor och liknande mellan eleverna och hur viktigt det är att läraren nyttjar ett avancerat språkbruk är för att utveckla dem.

Undervisningsstöd och ämnesdidaktik

Ämnesdidaktik är ett område som vuxit sig stark de senaste åren inom lärarutbildning. Fullt förståeligt för det finns mycket att vinna med att inrikta lärarstudenter på deras ämnesområden under utbildningen, både vad gäller den teoretiska utbildningen och under VFU-perioderna.

Som nämndes i bokens inledning har den interaktiva undervisningen funnit att de gemensamma nämnarna bakom bra undervisning inte är ämnesspecifika. En skicklig mattelärare har mer gemensamt i sin undervisning med en duktig bildlärare eller en driven språklärare än vad som skiljer dem åt. De har alla bra klassrumsklimat. De har alla ordning och struktur i sina klassrum. På samma sätt är det mer som förenar ämneslärare när det kommer till undervisningsstöd, än som skiljer dem åt. Oavsett ämne så behöver eleverna vara uppmärksamma, målen med lektionen delas av alla, undervisningen kännas aktuell, relevant och utmanande och läraren använda ett språkbruk som utvecklar eleverna. Av dessa skäl kommer jag inte belysa undervisningsstödet utifrån ett ämnesdidaktiskt perspektiv. De exempel jag använder är generiska i grund och botten kan och bör appliceras på alla ämnesområden som undervisas i skolan.

Effektiv facilitering

Effektivitet är ett begrepp som sällan eller aldrig används inom den svenska skolan. I alla fall är detta min erfarenhet. Vi går på lärarhögskolan och förkovrar oss. Under praktikperioderna förväntas vi lära oss grunderna i effektiv undervisningsmetodik. Detta blir sällan fallet, av olika skäl. Ett avgörande skäl tror jag är att vi är ovana vid effektivitetsbegreppet. Vi förstår inte vad det egentligen innebär, än mindre vad det kräver av oss som lärare. I all sin enkelhet, som jag nämnde tidigare, betyder effektiv undervisning att eleverna ska lära sig så mycket som möjligt per lektion.

Effektiv facilitering är det sätt på vilket läraren leder samtalen i klassen, såväl med klassen som helhet, som med enskilda elever. Direktöversatt blir den svenska översättningen av begreppet facilitera att underlätta och stödja. Och det som ska underlättas är elevernas inlärning. Underförstått handlar det om lärarens skicklighet att engagera elever genom att själv vara engagerad. Att befinna sig på gränsen till att brinna för sitt ämne, är en lagom nivå, skulle jag vilja påstå. Men där följer inte per automatik att en engagerad lärare, en som undervisar med liv och lust, verkligen får det egna engagemanget att smitta av sig på eleverna. Kanske inte, men det är en väldigt bra början, för att inte säga en förutsättning för att undervisningen ska hålla hög kvaliteten. All erfarenhet pekar mot att oengagerade lärare får det väldigt svårt i klassrummet. Läsaren bör dock inte förväxla den engagerade läraren med estradören. Medan den förre är i klassrummet för att undervisa och utveckla sina elever, har den senare valt sitt yrke för att få uppmärksamhet och synas, med syfte att roa och underhålla eleverna.

Även om lärarens begeistring måhända inte räcker hela vägen för att fullt ut entusiasmera de trettio eleverna, så är detta ändå själva grunden. Kollektiva samtal i klassrummet, diskussioner där samtliga elever deltar och är aktiva, är nästa steg för att verkligen uppnå engagemang hos alla elever. Många är de alldeles för långa presentationer som vi tvingats åse, levererade av välmenande kollegor. Handen på hjärtat har vi nog alla pratat på lite för länge och lite för ostrukturerat vid olika tillfällen. Men att hålla långa genomgångar är en dödssynd av flera skäl. Först och främst därför att man som lärare väldigt snart tappar den viktigaste tillgången vi har i våra klassrum, elevernas odelade uppmärksamhet. Vidare därför att vi ungefär samtidigt börjar förlora vår näst viktigaste tillgång i undervisningen: våra elevers förtroende. Det krävs inte många lektioner med plågsamt långsamma och tråkiga presentationer för att vi ska skapa betingade reflexer hos eleverna, ungefär som i experimenten med Pavlovs hundar. Det repetitiva inslaget i vår undervisning är och ska vara stort, av skäl som tidigare diskuterades. Repetitionerna ska å andra sidan inte överdrivas. Idealt bör undervisningen hela tiden upplevas engagerande. Gör du inte det så lär sig elever illa kvickt att på just dina lektioner är allting dötrist. Dina genomgångar är dötrista, du tar ingen notis av eleverna och gör egentligen ingen ansats till att engagera någon av dem. Inte sällan för att du själv är mer eller mindre oengagerad. Av ren överlevnadsinstinkt, för att utstå den plågsamt trista undervisning du ger, lär sig eleverna som de smarta och kreativa individer de är, olika överlevnadsstrategier. Finns tekniska överlevnadsmedel tillstädes, exempelvis laptop eller mobil, så är dessa den uttråkade elevens förstahandsval. Då kan verklighetsflykten bli total, utan att du längst fram märker något när du maler någonstans i höjd med projektorn. Snart inleds konversationer mellan bordsgrannarna. Fungerar inte det så börjar eleverna dagdrömma. Oavsett val av tillflykt, så försvinner eleven iväg bort från dig och din undervisning inom sekunder från att du tryckt på projektorn och ännu en av dina Power-Points börjat teckna sig mot duken.

Att förädla elevernas uppmärksamhet

Effektiv undervisning förutsätter alltid en rejäl näve självkritik hos oss lärare. Och detta efter varje lektion. Därtill lika delar självinsikt. Din viktigaste tillgång i klassrummet är som sagt elevernas uppmärksamhet. Som vi ska återkomma till strax så är graden av uppmärksamhet i ett klassrum normalt busenkel att avläsa. Endera har du den, eller också har du inte den. Om eleverna tittar dig i ögonen med anteckningsmaterial framför sig under din genomgång och samtidigt antecknar så har du deras odelade uppmärksamhet. Annars har du den inte, och då måste du göra något drastiskt. För utan uppmärksamheten kan du lika gärna ställa in lektionen. För om eleverna inte lyssnar och med anteckningar förevigar vad du säger, så pratar du för döva öron. Hela tillställningen blir därigenom meningslös eftersom uppmärksamhet är en absolut förutsättning för allt lärande. Din insikt behöver därför vara tredelad: För det första är ditt och inte elevernas fel att de är ouppmärksamma på dina genomgångar. För det andra behöver du gå till botten med din undervisningsplanering och hitta nya vägar att vinna tillbaka deras uppmärksamhet. För det tredje behöver du intala dig själv att du aldrig – och jag aldrig menar – ska mista den igen.

Naturligtvis finns där lika många vägar att behålla elevernas uppmärksamhet under en genomgång som det finns skickliga lärare. I min erfarenhet finns där dock vissa gemensamma nämnare i deras undervisning. En grundregel är att aldrig prata för länge. Som tidigare diskuterades så är uppmärksamheten hos eleverna med en grov generalisering en funktion av deras ålder. Vid sexton års ålder kan eleverna behålla uppmärksamheten i mellan femton och tjugo minuter. Och så vidare, med ökande spann av koncentration och längre presentationer, med ökad ålder och mognad. Högmotiverade och högpresterande grupper klarar längre stunder än svagare grupper. Med en sliten svengelsk klyscha: «Keep it short and sweet.»

Den andra gemensamma nämnaren i undervisningen hos framgångsrika lärare är att de varierar undervisningen ideligen för att på så sätt behålla uppmärksamheten. Exempelvis kan man med framgång fläta in riktade frågor nu och då i föreläsningen. Riktade frågor bygger en förväntan hos eleverna att alla måste delta koncentrerat. När en elev får en fråga om något som anknyter till kunskaper från tidigare arbetsområden så svarar hen det hen tror, rätt eller fel är egentligen inte viktigt. Som facilitator i lektionssalen för du svaret vidare till ytterligare någon elev med ett:

«Vad tror du om det svaret?»

Med samma flytande rörelse som du avbröt din genomgång med ett par frågor, med samma smidighet kastar du dig åter in. Du fortsätter ytterligare en stund för att vid nästa lämpliga passus rikta en fråga till någon annan i gruppen. Du fångar upp svaret och för det vidare. Det är viktigt att hålla dessa avbrott korta nog för att inte flytet i föreläsningen ska gå förlorad. Med denna enkla metod av att varva föreläsning med korta frågesessioner där du hela tiden väljer vem som ska svara, blir din monolog under genomgången plötsligt en engagerande dialog. Eftersom handuppräckning inte nyttjas i någon större omfattning, utan frågorna riktas slumpvis över klassrummet, bibehåller du uppmärksamheten hos auditoriet med liten ansträngning.

Den interaktiva undervisningen understryker gång på gång vikten av att läraren är engagerad. En engagerad person drar till sig omgivningens uppmärksamhet, blir lyssnad på och, ännu viktigare, behåller uppmärksamheten. Engagemanget hos en engagerad person tenderar att smitta av sig på omgivningen. Dessutom tar det betydligt längre tid innan en engagerad person förlorar uppmärksamheten, om ens över huvud taget. Detta engagemang kan ta sig många olika former, och formas ytterst av lärarens personlighet och bakgrund, men elevernas upplevelse ska entydigt vara att läraren brinner för sitt ämne.

Engagemang räcker förvisso långt, men är långt ifrån tillräckligt för att bedriva en effektiv undervisning. Orsaken ligger i ett missförstånd, att undervisning egentligen är ungefär samma sak som att hålla föredrag. Inget kan vara mer missvisande. Det vet var och en som börjat som lärare och besitter en skicklighet i presentationsteknik. Att hålla tal eller föredrag handlar om att underhålla eller att övertyga. Att undervisa handlar om att lära ut kunskaper och förmågor till elever som ska lära in detta. Undersökningar har gjorts av vad en tv-publik kommer ihåg redan dagen efter från ett nyhetsprogram de tittat på. Svaret ligger någonstans mellan väldigt lite och ingenting. Inget fel i detta, en nyhetsuppläsares uppgift är inte att få tv-tittarna att komma ihåg någonting, än mindre att kritiskt fundera på det som förmedlas. Om du ska komma ihåg nyheten till dagen efter så behöver den vara av stor dignitet, så att den skakar om dig ordentligt. Då och först då kommer du ihåg nyheten.

Att undervisa handlar som sagt om att lära ut ett stoff som eleverna parallellt lär in. Häri ligger pudelns kärna. Att lära ut är väsensskilt från att underhålla eller håla föredrag. Och att lära in är något i grunden annorlunda än att bli passivt underhållen.

För att hålla ett tal eller en presentation behöver man förbereda sig och lära sig delar utantill, och orkar man inte det, så kan man så att säga dela pratmanus med auditoriet, i form av en mer eller mindre bjärt Powerpoint. Sedan gäller det att i monologform leverera presentationen till en passiv publik under en stund. Därefter följer frågor och möjligen applåder. För att hålla en lektion behöver du däremot behärska det stoff som ska läras ut på djupet. Före lektionen behöver du ha styckat stoffet i lagom munsbitar. Delar som var och en är lagom stora för att eleverna ska kunna lära in dem under ungefär en timme. Du behöver ha vetskap om vad eleverna kan och vet på väg in i klassrummet. Ännu viktigare är att du före lektionen måste veta exakt vad de ska ha lärt sig efter lektionen. Jag menar lärt sig som i behärska och kunna på en i alla fall basal nivå. Detta är lektionens mål och syfte.

Under lektionen använder en skicklig lärare ett antal olika metoder för att främja inlärningen hos eleverna. Hen går igenom de viktigaste begreppen och principerna, ställer frågor, fångar upp svaren, engagerar eleverna i dis-kussioner, får dem att läsa om ämnet och att parvis djupdyka i analytiska frågor. Därtill presenterar hen stoffet under en genomgång som på ytan kan likna ett föredrag. Skillnaden är att monologen avbryts med frågestunder och korta dialoger. Ännu viktigare: auditoriet är allt annat än passivt. Det försöker istället fånga upp det viktiga ur det som förmedlas och anteckna detta flitigt. När lektionen är till ända och eleverna går ut har varje erfaren lärare en mycket god uppfattning om hur mycket som eleverna kommer ihåg och har lärt sig av vad som sades.

Material och tillvägagångssätt

Den interaktiva undervisningen understryker behovet av att det material som används i undervisningen ska vara varierat och stimulera de olika sinnena. Auditivt material bör varvas med visuellt och så vidare. Egentligen är detta samma område som diskuterades tidigare, alltså att undervisningen behöver vara varierad för att bli som mest effektiv. Man talar om behovet av att materialet är «intressant och kreativt».

I Sverige finns det en trend att i undervisningen välja bort läroböcker och istället producera eget material. Trenden verkar ha sitt ursprung på landets lärarhögskolor, där man vurmar för friheten från läroböcker. Det vetenskapliga stödet för detta ställningstagande, både på de pedagogiska institutionerna och bland lärarkollegor, verkar vid närmare granskning vara väldigt tunt, för att inte säga obefintligt. I min erfarenhet har denna trend ytterligare förstärkts av huvudmännens jakt på kostnadseffektivitet. Läromedel är en betydande post i en skolas resultatbudget. En enda lärobok kostar ofta närmare femhundra kronor. Som ersättning för läroböcker verkar många skolor hänge sig åt lösbladssystem, olaglig kopiering av upphovsrättsskyddade läromedel, filmvisningar och grupparbeten. Med detta går eleverna helt miste om viktig utveckling av olika förmågor. Förmågan att målmedvetet och djupt koncentrerat avkoda och memorera faktatexter är en vital del av högskolans krav på studenterna.

I brist på evidens i läromedelsfrågan bör man nog reflektera över följande belagda fakta. För det första är universitetsväsendet i hög grad läroboksbaserat. Förmågan att ta till sig långa, komplexa texter under en begränsad tidsrymd är avgörande för studentens akademiska framgångar. Följaktligen bör just denna förmåga, att läsa komplex och faktaintensiv litteratur, inte sällan på engelska, övas i stor omfattning i gymnasieskolans högskoleförberedande program. För det andra är tidsbrist ett ständigt problem i vårt yrke. Att då tillbringa de få fragmentariska tidsluckor som uppkommer mellan undervisningspassen med att själv producera dugliga läromedel verkar vara dåligt använd tid. Dessutom tenderar kollegor som hänger sig åt att kopiera läroböcker (vilket i sig är olagligt), eller åt att surfa runt på nätet efter användbara texter och så vidare, bara göra detta en enda gång. Någon uppdatering eller utveckling av respektive lektionspass verkar inte ske mellan läsåren, utan de tror sig ha funnit det som en tidigare kollega beskrev som «den ultimata lektionen». Lektionerna lagras i en pärm eller i form av en Powerpoint som plockades fram varje år. Att denna brist på utveckling av lektionsmaterial och undervisningskvalitet strider mot sunt lärarförnuft, borde för läsaren vara uppenbart vid det här laget. För det tredje: undervisning ska förvisso inte baseras på en lärobok. Men bra läromedel är en vital del av en god undervisning där elevernas förmågor utvecklas. Sist men inte minst: en bra lärobok har betydelse bara i en begränsad del av undervisningen, men den underlättar lektionsplaneringen med alla dess förberedelser enormt. Man skulle kunna påstå att läroboksförfattaren blir som en initierad partner i planeringen, en partner som presenterar ett eget upplägg med begrepp och genomtänkt didaktik.

Det får dock inte råda några tvivel om att materialet som ska användas i undervisningen ska vara varierat och relevant. Gemensamt för bra läromedel är att de aktiverar eleverna. En nackdel med exempelvis filmer och videoklipp, som används frekvent i undervisningen i svenska klassrum, är just att de inte automatiskt aktiverar eleverna. Egentligen är filmer och videoklipp i regel inte anpassade för klassrummen, eftersom deras syfte är att underhålla eller övertyga eller i något fall informera. Inlärningsresultatet av en filmvisning blir då, som vi såg ovan med minneseffekten av tv-nyheter, mycket skralt. Alla typer av filmer som är genomarbetade för lärande och undervisning utgör här ett undantag som på många sätt tvärtom kan förgylla elevernas lärandeprocess. På samma sätt utgör filmer som visas med ett uttalat syfte att analyseras eller att kort illustrera något undantag. I övrigt ska man nog umgås med dylika medier med försiktighet och fråga sig själv varför man väljer att visa filmen. Jag skulle vilja påstå att de videoklipp som kan ersätta en skicklig lärare är få.

Detta vill jag säga väl medveten om flugan «Flipped Classroom», som betyder ungefär «inverterat klassrum» och kom för några år sedan. Idén är ofta att integrera just videoklipp och andra digitala verktyg i undervisningen. Liksom vad gäller digitala verktyg generellt, så är den evidensbaserade forskningen på detta område mycket begränsad.[94] Av de studier som finns tycks ingenting tala för att digitalisering i allmänhet och inverterade klassrum i synnerhet på något sätt kan sägas bidra till en mer effektiv undervisning. Däremot ska man nog undvika att kasta ut babyn med badvattnet. Skulle man som lärare hitta en synnerligen effektiv metod, så är det naturligtvis bara att gratulera och försöka sprida denna nyvunna erfarenhet bland kollegor. Min poäng är här som tidigare att undervisningen inte blir bättre, alltså mer effektiv, av nya påhitt, flugor och trender. Snarare kan motsatsen misstänkas vara fallet då vi lärare famlar i mörkret efter undervisningens heliga graal, trots att vi i själva verket besitter den alldeles själva. Bara stringent och solid forskning och vårt eget hårda och kreativa arbete kan utveckla undervisningen på ett seriöst sätt.

Definitionen av uppmärksamhet

Tidigare i boken har jag diskuterat elevernas uppmärksamhet som en förutsättning för effektiv undervisning och lärande. För att klargöra denna betydelse kan det vara på sin plats att definiera begreppet uppmärksamhet: «Att ta notis av något eller någon» eller «Att se någon eller något som intressant eller viktigt» (Oxford Living Dictonaries). Definitionerna ger bilden av ett begrepp som har att göra med att betraktaren styr sina sinnen mot en viss företeelse som hen anser vara viktig. Med andra ord: om betraktaren har sina sinnen, sin uppmärksamhet, riktade på något annat än det som för stunden är viktigt, så missar hen detta. I klassrummet så missar en ouppmärksam elev undervisningen under den tid som hen inte är uppmärksam.

Man skulle ju kunna invända mot definition av uppmärksamhet, med att ingen kan vara hundraprocentigt på hela tiden, allra minst ungdomar. Mot detta kan argumenteras med emfas att: Jo, ungdomar kan visst vara uppmärksamma både länge och väl. De kan vara uppmärksamma, i bemärkelsen

---

94 O'Brien 2018

fullständigt uppslukade, av en film eller en fotbollsmatch, av ett videoklipp på nätet eller på sin mobils olika appar. Det är bara i klassrummet som detta med uppmärksamhet tycks vålla dem problem. Låt oss slå fast bortom varje rimligt tvivel att elevers uppmärksamhet i ett klassrum till övervägande del avgörs av lärarens förmåga att fånga och bibehålla elevernas uppmärksamhet.

Det är just av denna anledning som uppmärksamhet ses som en nyckelfaktor inom effektiv undervisning. Man skulle till och med kunna argumentera för att det är den främsta av alla de faktorer som påverkar undervisningens effektivitet, eftersom ingen inlärning sker om uppmärksamheten saknas.

Uppmärksamheten måste förädlas

Att uppmärksamheten är en omistlig del av undervisningen är därmed fastställt. Men det räcker inte för att verkligen uppnå ett långsiktigt effektivt lärande hos eleverna. Uppmärksamheten behöver för att uppnå detta riktas och förstärkas och omvandlas till intresse. Intresse som begrepp kan definieras som:

> Känslan av att vilja ägna sin uppmärksamhet åt något eller att vilja vara en del av och upptäcka mer om någonting.
> (Cambridge Dictionary)

Det som förflyttar eleven från uppmärksamhetsfasen till intressefasen stavas motivation (se nästa avsnitt om motivation). Intresset är jämfört med uppmärksamheten ett mer bestående och robust tillstånd där lärandet sker till viss del med elevens egen energi. Visst måste läraren stödja processen och fylla på med förmågor och kunskaper, men en intresserad elev har, till skillnad från en uppmärksam elev, en egen vilja att lära. Eftersom uppmärksamhet innebär att alla sinnen är påkopplade, så sker inlärningen kontinuerligt i detta tillstånd. Det bör dock understrykas att intresset i mångt och mycket är situationsbundet. I skolans värld är intresse i allmänhet kopplat till vissa lärare och deras undervisning, snarare än att elever är generellt intresserade av allt. Visst förekommer även det senare, men bland normalpresterande elever är det ovanligare.

Motivationens betydelse och begränsning

Denna förvandling från ett tillstånd till nästa sker genom att läraren motiverar eleverna på olika sätt. Bara för att vara tydlig så innebär att motivera att «ge någon en orsak att göra något».[95]

Översatt till en klassrumskontext innebär det att läraren på olika sätt behöver motivera eleverna för att omvandla deras uppmärksamhet till det starkare och mer självgående tillståndet av att vara intresserade. Motivationens betydelse för lärandet har på senare år blivit mer aktuellt, då elever når allt sämre studieresultat. I USA beräknas uppåt fyrtio procent av gymnasieeleverna vara omotiverade i skolarbetet. En sammanställning som gjorts vid George Washington University av en rad studier i ämnet visar att lärare lägger väldigt mycket fokus på elevernas prestationer och mätningar av dessa, snarare än på det som får eleverna att prestera, det vill säga motivationen.[96]

En enkel men kraftfull modell för att förstå hur motivation fungerar är motivationsbägaren. Nämnas bör att modellen, mig veterligen, inte är vetenskapligt belagd, men är väl beprövad som verktyg inom arbetslivet och i andra sammanhang. Modellen avbildas som en bägare eller ett glas som tänks innehålla tre oblandade skikt av vätskor för att beskriva hur motivation fungerar i realiteten. Glasets nedersta skikt är den medfödda eller tidigt inlärda motivationen. Lagret ovanpå är den inlärda motivationen, alltså den som tidigare förvärvats under personens liv. Det översta lagret kallas den situationsbundna motivationen och beskriver den motivation som personen får i den situation hen just befinner sig i. Principen är att när glaset är fullt, oavsett vilket lager som har störst volym, så är personen högmotiverad.

---

95 Oxford Dictionary Thesaurus, www.lexico.com
96 Elmore 2016

Överfört till vår värld med elever och klassrum kan man säga att varje elev kommer med en viss mängd medfödd och tidigt inlärd motivation. Att göra något åt volymen på detta lager är hart när omöjligt efter att individen uppnått en viss ålder. Ett exempel på det är att elever med utsatt socioekonomisk bakgrund sällan har samma studievana eller relation till det skrivna och talade språket som elever från hem där sådant stimulerats tidigt. Mellanskiktet, den senare inlärda motivationen, går däremot att fylla på för mig som lärare. Vi har alla haft elever med en brokig skolbakgrund, som med hjälp och stöttning verkligen kunnat prestera, bara sammanhanget blivit det rätta. Det översta lagret, den situationsbundna motivationen, motsvarar den motivation som vi lärare behöver injicera våra klassrum med varje lektion.

En annan aspekt av motivationsbägaren är att ju fullare den är, desto mer självgående och självmotiverande är eleven. Därför är en klass med högmotiverade elever också en klass med högpresterande elever. Med motivationen följer prestationerna. Modellens visar på hur avgörande social bakgrund är för studieprestationer. Högpresterande skolklasser tenderar, med vissa undantag, tyvärr att ha elever med relativt likvärdig social bakgrund. Sagoläsning vid tidig ålder, läxhjälp av föräldrarna och samtal vid köksbordet ger en god grund för lärande och nyfikenhet. Men det är kanske vår viktigaste uppgift som lärare att jämna ut förutsättningarna för alla våra elever. Deras framtidsdrömmar är vårt ansvar i mångt och mycket. Modellen ger oss en förståelse för hur motivation fungerar och vad som de facto kan förväntas av oss i vår undervisning.

Motivationen ställs i talesättet «morot eller piska» mot krav, som medel att få elever att studera flitigt. I många delar av världen är piskan bildligt eller bokstavligt fortfarande en av de viktigaste metoderna för att få elever att prestera. Så var det långt in på sjuttiotalet i många klassrum även i Sverige. Därefter har piskan avskaffats och ersatts med moroten. Många lärare använder idag positiv motivation, alltså olika typer av belöningar, som den enda motivatorn i undervisningen. Detta är mindre klokt av flera skäl. För det första: visst är positiva faktorer som skapar motivation avgörande för inlärningen, men det är rimliga förväntningar och krav också. I alla andra sammanhang i livet kommer våra elever möta en balans mellan förväntningar och krav. På högskolan, i arbetslivet, inom idrotten, ja, antagligen även från sina framtida partners. Klassrum där elever inte möts av rimliga förväntningar är ingen god grogrund för lärande och utveckling. För det andra skapar man som lärare bara en låtsasbubbla som i bästa fall förlänger elevernas svunna barndom. I värsta fall skapar denna typ av undervisning bara helt fel förväntningar på deras framtid, och chocken kan komma att bli förödande när de ska börja prestera i det verkliga livet utanför skolan. Alldeles oavsett blir lärandet i ett dylikt klassrum väsentligt lägre än vad som annars hade varit fallet. Återigen, kan man argumentera, att bebisen har kastats ut med badvattnet. Även om i positiva faktorer är avgörande för att elever ska må bra och lyckas i skolan, det är ju det genomgående temat i den interaktiva undervisningen, så är rimliga krav på eleverna också centrala för deras utveckling.[97]

Det finns en lång rad positiva motivatorer som bör vara en naturlig del av varje undervisningstillfälle. Att det som ska läras ut känns relevant av eleverna är avgörande visar studier som den interaktiva undervisningen vilar på.[98] Med relevant menas att ämnet som ska studeras känns angeläget och betydelsefullt att lära sig samt att det har en egennytta. Under tonåren blir detta viktigare för varje år som eleverna blir äldre.

Andra generella motivatorer är att klimatet i klassrummet är det rätta. Att det råder en grundläggande ordning, ett lugn och en trygghet på lektionen. Som vi ska se längre fram är kontext, alltså att det nya ämnesområdet sätts i ett sammanhang där det bygger vidare på vad eleverna redan kan och känner igen, viktigt. Beröm är en annan motivator som, bara den känns äkta, ger stor utdelning. Inte minst om berömmet ges framför klasskamraterna ger det effekt, eftersom den sociala vinsten för eleven kan vara betydande. En annan och ofta omdiskuterad motivator är betygen, och då menar jag betygsindikationer av olika slag som eleven kan göra något åt, och inte slutbetyg. Få saker motiverar i min erfarenhet elever mer än möjligheten att höja betyget. Konkurrens och olika tävlingar kan annars vara tveeggade svärd

97 Pianta et al 2012
98 Pianta et al 2012

som gagnar vissa elever och hämmar andra. Om det fungerar beror framför allt på gruppen. I värsta fall kan hård konkurrens skapa klyftor mellan elever och motsättningar i klassen.

Mål av olika slag, både individuella och kollektiva, kan hjälpa klassen till en högre motivationsnivå. En väl beprövad princip är att ha ett kunskapsmål för varje lektion. Med lite erfarenhet lär man sig som lärare ganska snart hur mycket en elevgrupp kan lära sig, och behålla i minnet, under en lektion. Ett utmärkt sätt är att göra detta kunskapsmål explicit och tala om för eleverna redan vid lektionens början exakt vad kunskapsmålet är och varför de ska nå detta mål. På detta sätt blir det uppenbart för alla att vi är i detta rum under den närmaste timmen för att gemensamt prestera ett specifikt kunskapsmål. Av yttersta vikt är att sätta målet på en rimlig nivå så att alla eleverna lyckas. Med betoning på alla. Få saker är så demotiverande för elever som att misslyckas, att svika de egna och lärarens förväntningar, alldeles särskilt om de verkligen gjort sitt bästa. Därför måste en dylik ansats genomföras med en undervisning som verkligen möjliggör en framgång för eleverna. Sist men inte minst: när framgång, enskilt och kollektivt, är ett faktum, så ska beröm ösas över eleverna. (En parantes om beröm: Beröm förlorar sitt värde, inte om det ges frekvent, utan om det inte är välförtjänt. Elever som ideligen får beröm för struntsaker blir demotiverade, och du blir väldigt snart genomskådad som en lärare som inte inser dina elevers enorma potential, och därför inte vågar utmana dem.)

Det kan inte nog understrykas att motivationsbägaren på kort sikt bara kan fyllas i den situation som man befinner sig i. Elever som blir bjudna på saft och bullar eller slipper undervisningen för att se på någon film eller får gå en tipspromenad kan säkert bli glada för stunden, men motivatorer är inte överförbara från en situation till nästa. Det betyder att så fort bullarna och saften är slut, och uppgifterna åter ska lösas eller en text läsas in, så är motivationen tillbaka på den ursprungliga nivån. Det enda som sker om lärare ersätter undervisningen med fritidsaktiviteter är att lärarens egna popularitetsaktier möjligen höjs för tillfället. I alla fall så länge filmen räcker. Popularitet är, som jag tidigare diskuterade, ett mycket kortvarigt tillstånd som ideligen måste fyllas på. Ingen gynnsam situation för en ambitiös lärare som vill bedriva en effektiv undervisning.

Istället behöver motivatorer, som de som beskrevs ovan eller andra, integreras på ett naturligt och ständigt återkommande sätt i undervisningen. Tillsammans med rimliga krav och uttalade förväntningar blir de motorn som förvandlar uppmärksamhet till intresse.

Krav och förväntningar är, som nämndes ovan, destruktiva och direkt demotiverande om de används fel. En enkel regel är att en förväntan eller ett krav som en elev med en rimlig insats kan klara av motiverar. Är kraven för högt eller för lågt ställda, demotiverar de eleverna. För själva motivationen kommer genom att eleven dels triggas av utmaningen att klara uppgiften, dels känner en stor självtillfredsställelse när den avklarats. Om hen sedan får beröm inför kamraterna för en väl genomförd insats förstärks motivationen ytterligare. Det är viktigt att inte blanda ihop prov och olika examinationer med detta. Motivatorerna och förväntningarna behöver vara ständigt närvarande under de lektioner som leder fram till examinationen. Det är under denna tid som den huvudsakliga inlärningen sker. Provet eller hemuppgiften blir mer en bekräftelse på att eleven faktiskt tagit till sig de erforderliga kunskaperna och förmågorna.

För att motivatorerna ska fungera inte bara för den enskilda lektionen utan över tiden, är det viktigt att bygga upp elevernas självförtroende. Följaktligen behöver du lägga upp undervisningen så att de lyckas mycket oftare än de misslyckas, och så att varje framsteg understryks och firas. I alla fall bör varje viktigt framsteg firas verbalt eller med applåder, anser jag. Viktiga delkomponenter som behöver ingå i en sådan undervisning är sammanfattningar i lektions början och slut, olika repetitiva inslag som återkommer under lektionerna och annat som befäster och tydliggör kunskaper och förmågor. Likaså är det viktigt att man som lärare bokstavligen ledsagar eleverna genom kunskapsinhämtningen med hjälp av frågor, förväntningar och uppmuntran.

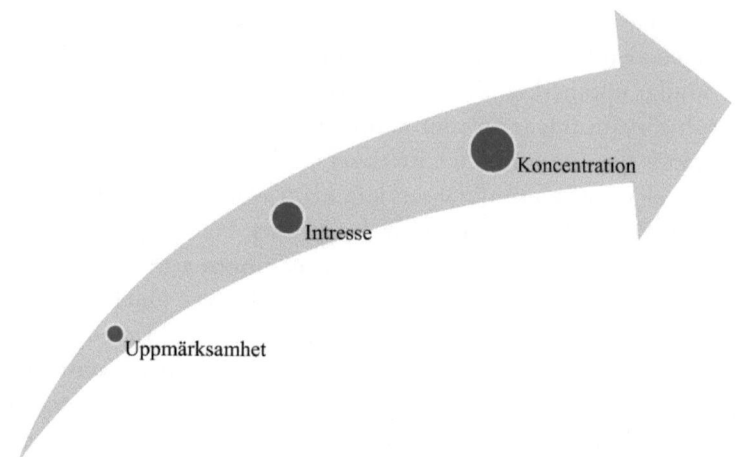

Figur 2. Förädlingsprocessen, där elevernas uppmärksamhet omvandlas till intresse och slutligen ett fokuserat tillstånd, är avgörande för effektivt lärande i klassrummet.

Koncentrationen

Om man som lärare lyckats fånga klassens uppmärksamhet precis vid lektionens början, och med motivation parat med tydliga lektionsövergångar fört dem genom en lika välplanerad som varierad lektionsstruktur, så når eleverna snart ett fokuserat tillstånd under varje lektionsmoment. Koncentrationen som då uppstår kan uttryckas som «hjärnans förmåga att koncentrera sin uppmärksamhet på målstimuli under en längre period». Man märker att uppmärksamheten är fokuserad genom att lektionen flyter sömlöst från lektionsmoment till lektionsmoment. Målmedvetet och ivrigt tar sig eleverna an de olika uppgifter som presenteras i de olika momenten. Man märker det också på att frågorna är få och relevanta, i det att de rör sig kring ämnesområdet i fråga och riktar in sig på en djupare förståelse. Alltför många frågor, inte minst om de är grundläggande, kan indikera att läraren är otydlig. För det sätt på vilket jag märker om jag förflyttat en klass från uppmärksamhet till intresse vidare till ett koncentrerat tillstånd är just detta förvissade lugn som råder i klassrummet samtidigt som frågorna kommer spontant. Alla eleverna deltar aktivt och lyssnar lika intensivt på varandra, om uppgiften är att diskutera ett svårare spörsmål med bänkkamraten, som på mig som lärare när jag ska instruera dem inför det kommande lektionsmomentet. En harmoni vilar över aktiviteten i klassrummet. Det enda andra sättet som du kan veta om du har nått kunskapsmålet för din lektion på, är att du genomför ett (lättsamt) förhör, en kunskapskontroll, innan ni skiljs åt.

Sammanfattning Kapitel 15.

- *Undervisningsstöd, på engelska Instructional Supports, innefattar alla de metoder en lärare kan använda för att underlätta eller förstärka inlärningen hos eleverna.*
- *Detta gäller alla elever i klassrummet, såväl de som har svårt att hänga med ibland som de som presterar väl.*
- *Två faktorer är centrala när man diskuterar undervisningsstöd, målet med undervisningen respektive elevernas uppmärksamhet.*
- *Två grundläggande principer behöver följas för att undervisningsstödet ska bli effektivt. Ett, så behöver läraren tillägna sig en arsenal av olika stödjande strategier och ständigt använda ett antal av dem i sin undervisning. Den andra principen som skapar ett effektivt undervisningsstöd är att läraren skräddarsyr undervisningsstödet utifrån elevgruppens unika behov.*
- *Ett fungerande emotionellt stöd och en god klassrumsorganisation är båda grundförutsättningar för en effektiv undervisning där undervisningsstöd ingår som en delmängd.*
- *I all sin enkelhet betyder effektiv undervisning att eleverna ska lära sig så mycket som möjligt per lektion.*
- *Som nämndes i bokens inledning har den interaktiva undervisningen funnit att de gemensamma nämnarna bakom bra undervisning inte är ämnesspecifika.*

- *Effektiv facilitering är det sätt på vilket läraren leder samtalen i klassen, såväl med klassen som helhet, som med enskilda elever.*
- *Underförstått handlar facilitering om lärarens skicklighet att engagera elever genom att själv vara engagerad.*
- *Det repetitiva inslaget i vår undervisning är och ska vara stor. Repetitionerna ska å andra sidan inte överdrivas på bekostnad av elevernas engagemang.*
- *Din viktigaste tillgång i klassrummet är elevernas uppmärksamhet. Graden av uppmärksamhet i ett klassrum normalt enkel att avläsa.*
- *Lärarens näst viktigaste tillgång i undervisningen är elevernas förtroende som lätt urholkas om undervisningen upplevs som tråkig och meningslös.*
- *En grundregel är att aldrig prata för länge. Uppmärksamheten hos eleverna är med en grov generalisering, en funktion av deras ålder.*
- *Den andra gemensamma nämnaren i undervisningen hos framgångsrika lärare är att de varierar undervisningen ideligen för att på så sätt behålla uppmärksamheten.*
- *Att hålla tal eller föredrag handlar om att underhålla eller att övertyga. Att undervisa handlar om att lära ut kunskaper och förmågor till elever som ska lära in detta.*
- *Materialet som ska användas i undervisningen ska vara varierat och relevant. Gemensamt för bra läromedel är att de aktiverar eleverna.*
- *Elevers uppmärksamhet i ett klassrum avgörs till övervägande del av lärarens förmåga att fånga och bibehålla elevernas uppmärksamhet.*
- *Uppmärksamheten är en omistlig del av undervisningen är, men det räcker inte. Uppmärksamheten behöver för att uppnå detta riktas och förstärkas och omvandlas till intresse hos eleverna.*
- *Denna förvandling från ett tillstånd till nästa sker genom att läraren motiverar eleverna genom att göra undervisningen relevant och meningsfull, att klassrumsklimatet är positivt och nyfiket och tryggt.*
- *Uppmärksamheten övergår i intresse till ren koncentration genom att lektionen flyter sömlöst från lektionsmoment till lektionsmoment. Målmedvetet och ivrigt tar sig eleverna an de olika uppgifter som presenteras i de olika momenten. Frågorna är få och relevanta.*

Kapitel 16. Utveckling av ett sammanhang

Inledning

För att kunna arbeta med undervisningsstöd effektivt i undervisningen, behöver en lärare ett antal olika strategier att plocka fram ur sin arsenal. Vilka strategier hen väljer är beroende på den enskilda elevgruppens unika behov. Som tidigare nämnts, behöver du varje lektion kombinera strategier från alla de fyra dimensionerna inom undervisningsstödet: format av inlärningsstöd, att skapa ett sammanhang, återkoppling och språkbruk. Detta kapitel handlar om hur du skapar ett sammanhang av det stoff du ska lära ut.

Varje gång du stiger in i ett klassrum och ska lära dina elever något nytt, behöver detta nya paketeras väl för att kunna smältas av dina elever. Du behöver göra det nya stoffet attraktivt och aptitretande. Dessutom behöver du helt enkelt «pimpa» det stoff som du ska undervisa. Att eleverna förstår sammanhanget av det du ska lära dem är grundläggande. Den viktigaste strategin för att göra ämnesområdet attraktivt är att göra det relevant. Då menar jag relevant som i att det ska upplevas viktigt och angeläget för en tonåring i den verklighet som hen befinner sig. Frågan om varför de behöver kunna det du ämnar lära ut behöver besvaras av dig först av allt. Lika viktigt är att du styckar ditt stoff i lagom stora munsbitar att med lite ansträngning kunna inmundigas av dina elever varje lektion.

Börja med sammanhanget

Effektiva lärare presenterar nytt material i små steg och återkommer till både tidigare kunskaper av relevans och erforderliga förkunskaper och skickligheten.
(Hafen et al 2014)

Nästan all ny kunskap som vi tar till oss, når vi genom att vi ser den nya kunskapen i ett större sammanhang. Och detta sammanhang känner vi redan sedan tidigare. Annorlunda uttryckt: när vi ska lära oss något nytt gör vi det lättast genom att utgå ifrån våra förkunskaper och helt enkelt foga den nya kunskapen till det redan befintliga. Det kan låta självklart, men glöms ofta bort i skolans värld. Principen är följaktligen att nya kunskaper, som saknar sammanhang i det vi redan känner till, är synnerligen svåra att integrera i vårt medvetande. Både avseende förståelse och memorering. Samtidigt som lagom stora munsbitar som fogas till det jag redan kan, fastnar fort, och förstås nästan lika fort. Och då med en självtillfredsställelse som följd. Den nya kunskapen kan dels ge mig en djupare förståelse av det jag redan känner, dels få mig att se nya perspektiv och komma till nya insikter. Mina nyvunna kunskaper genererar sedan i den bästa av världar en nyfikenhet efter mer. Att ta in ny kunskap blir stimulerande. Jag blir vetgirig och motiveras av att inlemma nya kunskaper till de jag redan har. Till ett sammanhang jag känner.

Många delar av effektiv undervisning stödjer elevernas förståelse ... från olika ämnesområden och detta innebär att olika ... material kopplas till större idéer. Detta innebär att lärare behöver organisera sin undervisning inom ett ramverk som utvecklas mot dessa större idéer inom en akademisk disciplin men som fullt ut stöds av en stark grund av kunskaper och färdigheter... Effektiva lärare undervisar ämnesområden på djupet, med många exempel i vilka samma koncept bearbetas och där likheter och olikheter uttryckligen diskuteras.
(Hafen et al 2014)

Det är till exempel betydligt lättare att lära sig en ny ordklass i svenska språket om man redan kan substantiv, verb och adjektiv. Känner deras olika betydelse och funktion i språket. Kan sina tempus och komparationer. Det är likaså betydligt lättare att förstå den engelska adelns stora betydelse för brittisk samhällsbyggnad långt in i modern tid om man känner till förspelet till slaget vid Hastings, kan teckna ett i alla fall skissartat porträtt av Vilhelm Erövraren (William I) och förstår hur England delades upp mellan hans krigsherrar under åren efter 1066.

Ungefär så enkelt fungerar lärande inom ett visst avgränsat kunskapsområde om, men bara om, jag når framgång initialt med min undervisning. Om jag inte hittar rätt nivå, om jag inte lyckas haka i de nyförvärvade kunskaperna med befintliga eller om något annat fallerar, blir effekten lätt den omvända. Därför är det viktigt, att eleverna sällan eller aldrig fundamentalt misslyckas i sina föresatser i klassrummet. De måste alltid lämna klassrummet kunnigare, klokare och lite stoltare än när de kom in. Om det inte sker töms motivationsbägaren fort. Är den halvtom redan från början så hamnar eleven fort i en ohållbar situation med låg motivation som snabbt utvecklas till skoltrötthet. Samtidigt kan alla elever inte lyckas hela tiden i sina föresatser. Motgångar hör tvivelsutan livet till. Min poäng är bara att hålla motgångarna i klassrummet hanterbara och se till att de inte är frekventa.

Fortsätt med relevansen

Det är alltså genom att foga samman ny kunskap med redan befintlig som lärande sker med störst framgång. Lika viktigt, om inte viktigare, är ämnesområdets relevans för eleverna. Frågan: Varför måste jag kunna det här?, får liksom aldrig dyka upp.

Om frågan ställs är det en stark indikation på att eleverna är omotiverade. Jag skriver eleverna i pluralis medvetet, för ofta är det enbart den mest kavata eleven som yttrar sitt missnöje. De övriga trettio i elevgruppen lider kanske under tystnad. Ett sådant uttalande bör man, menar jag, ta på allra största allvar. Sannolikheten är nämligen stor att yttrandet är ett symptom på att gruppen eller delar av gruppen är omotiverad, på grund av att de alla möter ett motstånd i inlärningen. Av olika skäl har de tydligen stött på patrull i inlärningen och en känsla av meningslöshet, eller i alla fall inlärningsmotstånd, fyller plötsligt deras medvetande.

> Inlärningen av ett stoff är starkast när en lärare knyter ny information till elevernas bakgrundskunskaper och verklighetsbaserade exempel ... och när flertalet olika perspektiv presenteras.
> (Hafen et al 2014)

En annan studie visar att:

> För barn och ungdomar är kopplingen mellan akademiska färdigheter och kunskaper och erfarenheter från verkligheten en nära nog universell egenskap i klassrum som skapar engagemang.
> (Pianta et al 2012)

Det är normalt en god utgångspunkt att utgå ifrån den egna undervisningen. Att leta efter problemet hos enskilda elever kan förvisso vara befogat ibland, men om en elev som normalt fungerar plötsligt får problem, är det nog i den egna undervisningen lösningen ska sökas. Startpunkten bör, som ofta annars, vara att söka efter vad som gick fel i den egna undervisningen och korrigera detta till nästa lektion. Vanliga fel som vi lärare gör allt som oftast är exempelvis att vi går lite för fort fram i våra genomgångar. Om det är en grupp som saknar öppenhet, och där eleverna inte känner att de kan vara spontana och raka med dig, så kan det dröja en god stund innan du upptäcker frustrationen.

Ett annat kardinalfel, kanske det vanligaste nybörjarfelet, är att du delat in stoffet i för stora munsbitar. Alla elevgrupper har en viss gräns när det gäller inlärning. Det gäller att stycka det som ska läras ut i optimala delar. En för varje lektion. Att vara överambitiös som lärare och passera gränsen för deras inlärningskapacitet, är alltid olyckligt. I värsta fall, och om du upprepar misstaget, kommer detta urholka elevernas förtroende för dig. Ingen människa uppskattar att sitta i en lektionssal, lektion efter lektion, utan att begripa något. Ett tredje vanligt fel är att du är otydlig, endera under din genomgång eller i dina instruktioner för lektionsövergångarna. Regeln är, som jag återkommer till längre fram, att alltid överdriva tydligheten i det du säger eller föreläser. Utgå ifrån att dina elever kan lite mindre än du förväntar dig, så ligger du på en rimlig nivå. Upprepa och förtydliga varje passus som är viktig eller lite mer svårfångad. På detta sätt ökar du både igenkännings-effekten hos eleverna. De nya kunskaperna hakar i tidigare kunskaper, och ökar förståelsen. En bra princip är att låta genomgången vara relativt enkel och lättförståelig och avvakta med utmanande frågor och uppgifter till lite senare under lektionen. Frågor som är mer intellektuellt utmanande kring ämnet har, som vi ska se längre fram, en viktig roll att spela, men de kräver att eleverna assimilerat ämnets fundamentala delar. Med andra ord att de anar eller börjar förstå hur saker och ting hänger ihop, att de behärskar de viktigaste begreppen, hur kunskaperna ska ordnas, deras funktion och vilka principer som styr dem. Robert Pianta uttrycker det som:

> Tidigare århundraden ledde ungdomar i de sena tonåren hela arméer och länder … Idag är en generation av barn och ungdomar som växt upp med internet, sociala medier och sofistikerade videospel fångna i klassrum hela dagarna och kan svårligen se hur det som pågår i klassrummet relaterar till den stora världen.
> (Pianta et al 2012)

När eleverna ser de nya kunskaperna som en del i en helhet börjar lärandet på allvar. En viktig aspekt för att verkligen motivera eleverna som åtskilliga studier visat på är relevansen av det som undervisas.[99] Relevans är synonymt med vikt, betydelse, tillämplighet, samband och intresse, och definieras som:

> Den grad som något relaterar till eller är användbart för det som pågår eller talas om.
> (Cambridge Dictionary)

Den nya kunskapen behöver, annorlunda uttryckt, ha något med saken att göra eller tillföra något, för att vara relevant. Och detta kan ske på olika

---

99 Hafen et al 2014

sätt. Ett uppenbart sätt att göra nya kunskaper relevanta för eleverna är att, som precis diskuterades tidigare, koppla samman dem med befintliga kunskaper. Forskarna inom den interaktiva undervisningen refererar till studier som belägger att den högsta relevansen för ungdomar når man om man sätter kunskapen i en kontext som känns viktig för dem eller angår dem direkt eller indirekt. Att exempelvis undervisa om miljöfrågor och klimatproblem i största allmänhet uppfattas av många ungdomar som för abstrakt. Abstrakt så till vida att tidsperspektiven är annorlunda för en tonåring än för en lärare i begynnande medelålder. Ett år uppfattas som en lång tid för dem. En några år äldre person uppfattas som väldigt vuxen. Allt som ligger mer än några månader bort tenderar att kännas avlägset, därmed diffust, därmed irrelevant. Min ansats är att fånga klassrummet med orden:

År 2050 är jag nittio år gammal om jag får leva och ha hälsan. Och ni ska strax fylla femtio och befinner er mitt i livet. Era barn är tonåringar. Den värld som ni kommer leva i kommer vara annorlunda i många avseenden, väldigt mycket annorlunda ...

Därefter målar jag en bild av Situation Jorden år 2050. En dystopi förvisso, men en dystopi som i högsta grad känns relevant för eleverna. Det är ju deras framtida värld jag pratar om. Dessutom, och detta är ytterst viktigt, vilar alla mina exempel på allmänt vetenskapligt accepterade prognoser från framstående akademiska institutioner och olika FN-organ. Jag ger exempel på konkreta konsekvenser av temperaturhöjningar globalt, galopperande föroreningar i luft och vatten, en hämningslös avskogning, utfiskade hav och akut sötvattenbrist, en okontrollerad överbefolkning och en illa sargad biologisk mångfald. Då fångar jag inte bara trettio elevers odelade uppmärksamhet, intresset växer för varje ord som jag målar av deras gemensamma framtida verklighet. Visst finns där plausibla alternativa scenarion som behöver framhävas, men tonåringar triggas sällan av mellanmjölksexempel. I nästa steg är det relativt enkelt att diskutera ansvarsfördelning mellan konsumenter och företag och länder på djupet. Och sedan fortsätta med en engagerad diskussion om vad vi som konsumenter och medborgare kan, bör och måste göra för att hindra utvecklingen.

Att så ofta som möjligt ha en koppling till verkligheten är centralt för att bygga upp relevansen. Det är alltid bättre att exemplifiera kunskaper med rykande färska nyheter, än att presentera allmängods eller gårdagens nyheter. Exemplen man utgår ifrån ska helst vara sådana som eleverna känner till eller borde känna till. Om nyheten är okänd för flertalet elever, är det ett ypperligt tillfälle att uppmuntra tidningsläsning i mobilen på väg till eller från skolan (åtskilliga nyhetsmedier är numera gratis). Jag brukar understryka att man som vuxen förväntas vara informerad och allmänbildad om det mesta som pågår i omvärlden. Inom många yrken bedöms man delvis genom sin allmänbildning. Man förväntas som vuxen inte bara vara informerad, utan också ha informerade åsikter om viktiga saker i ens samtid. För de sociala klassresor som egentligen är kärnan i vårt yrke, är denna uppmuntran och fostran viktig. Dagsaktuell politik eller vitala samhällsfenomen diskuteras inte vid alla köksbord hemma hos våra elever, än mindre på ett nyanserat sätt. Hur som helst, genom att idkeligen utgå ifrån och komma tillbaka till färska nyheter i undervisningen, skapar jag ett klimat i klassrummet som präglas av uppdaterad kunskap, allmänbildning och kritiskt tänkande. Jag som lärare blir en förebild för eleverna också avseende bildning och allmänbildning.

Jag menar däremot att man på goda grunder kan argumentera både för och mot poppiga inslag i undervisningen. Visst kan det vara av relevans att i olika sammanhang exempelvis analysera mer lättillgänglig och nutida litteratur eller analysera låttexter (vår tids poesi) istället för klassisk lyrik. Argumentet att samtida inslag i undervisningen kraftigt ökar relevansen för eleverna och därigenom deras lärande är svårslaget. Att frenetiskt klamra sig fast vid en traditionell litterär kanon kan ifrågasättas utifrån vad man konkret vill uppnå med undervisningen, vilka kunskaper som eleverna förväntas tillgodogöra sig och vilka förmågor de ska utveckla. Frågan tenderar att bli polariserad, i alla fall i vissa ämnen. Sannolikt ligger svaret någonstans mitt emellan en litterär kanon och nutidskulturen. Å andra sidan, att som lärare vara desperat uppdaterad på varje ny tonårsinfluencer på sociala medier och idkeligen krydda undervisningen med sköna Youtube-klipp är heller inte tillrådligt av två skäl. För det första kommer dina adepter raskt att genomskåda dig och din bristande trygghet i din egen ålder och vuxenvärldens verklighet.

För det andra: om skolan ska spegla samhället så kan inte allt vara ytligt, underhållande, lättillgängligt och glättigt – som sociala medier tenderar att vara – utan undervisningen måste, menar jag, tillåtas vara seriös och till och med tråkig ibland. Precis som verkligheten. Allt annat är att banalisera undervisningen och infantilisera eleverna. Men ingenting är svart eller vitt. Ett uppiggande videoklipp nu och då eller att namedroppa någon ny influencerstjärna kan skapa riktigt bra uppmärksamhet för en stund och lätta upp lite. Det gäller att kratta manegen bara så mycket som behövs.

Om det är något från skoltiden som blir kvar hos många och påverkar både deras självbild och deras framtid, så är det ämnet matematik. Jag är en av alla de elever som hade svårt för matte. Inte längre, men under skoltiden var min bild att matte inte bara var svårt, utan ungefär så irrelevant som ett skolämne kunde bli. Irrelevant betyder tråkigt för unga. Att plugga matte var plågsamt trist. Som att betrakta målarfärg som torkar. Utmaningen för matematik som ämne, precis som för nästan varje ämne, är att förklara nyttan med att kunna ämnet. Detta innebär att om du som lärare vill lära dina elever något nytt, så måste du utgå ifrån frågan «Varför?», som i:

«Varför måste jag kunna det här?»

Frågan är så viktig att man på goda grunder kan ifrågasätta om det går att undervisa effektivt och bli en framgångsrik lärare, om man inte lyckas ge eleverna ett relevant svar på frågan. Ur en tonårings perspektiv är relevans liktydigt med nyttan med att känna till något, varför just dessa kunskaper är viktiga.

Många läsare reagerar säkert här med invändningen att man redan gör detta. Toppen och hatten av, om det är så. Men om dina elevers intresse och aktivitet inte är på topp varje lektion, om inte resultaten blir som du förväntat dig, har du sannolikt en bit kvar att gå i din förmåga att övertyga eleverna om relevansen i allmänhet och nyttan i synnerhet, av det du vill lära ut. Ärligt talat, efter ett decennium som undervisande lärare undrar jag om man någonsin blir fullärd i skickligheten att få elever att inse nyttan med att lära sig olika saker. Visst fungerar ett klassrum till nöds om eleverna pluggar för att de vill vara dig till lags eller för att de stålsätter sig själva, men riktigt bra resultat får man inte i undervisningen förrän det brinnande intresset kommer inifrån eleverna själva. De blir intresserade för att du fått dem att se det de förut inte såg och förstå det de förut inte förstod. De har insett nyttan av kunskapen.

Det gäller att som lärare vara kreativ och att aldrig missa ett tillfälle att göra ett ämnesområde mer relevant. Ju högre grad av relevans, desto högre motivation, och med detta stiger elevens eget intresse att ta till sig kunskaperna. Motsatsen är rent examinationsdriven undervisning där perioderna mellan proven är transportsträckor, tråkiga måsten. Den enda lönen för mödan är att få ett bra betyg på provet. Detta är enligt min erfarenhet alltför vanligt i många klassrum.

Alla skolämnen är relevanta för eleverna. Det gäller bara att hitta relevansen ur ett tonårsperspektiv. För lärare som har ganska yrkesfokuserade ämnen är det särskilt lätt. Eleverna studerar ju på programmet för att i framtiden kunna utöva ett yrke, och en majoritet av dem brukar ha en inbyggd nyfikenhet för vad som i verkligheten krävs. Oavsett om du är bilmekaniker eller civilingenjör, så har varje yrke sin yrkesroll, sin yrkesstolthet och olika karaktäristika. En ingenjör behöver ha en känsla för siffror och kunna tänka abstrakt. En bilmekaniker måste vara noggrann och tålmodig och ha en inre förståelse för hur motorn och fordonet fungerar. Och så vidare.

Just yrkets unika särdrag och den stolthet som följer av att tillhöra yrket, utnyttjar jag frekvent i min undervisning. Många av de elever som jag möter har en drivkraft att stiga socialt och bli rika. Utan att veta varifrån dessa drömmar kommer, dokusåpor på tv är väl en inte alltför vågad gissning, så lånar sig framtidsdrömmen för att öka relevansen. Oavsett om man vill bli rik för egen maskin som entreprenör eller om man vill göra en högre företagskarriär i en global koncern, så finns där otaliga måste-kunskaper som man behöver förvärva på vägen dit. Allmänbildning, social skicklighet, samarbetsförmåga och hänsyn, schyssta värderingar, kommunikativ förmåga, huvudräkning och överslagsberäkningar samt att behärska flera främmande språk är bara några exempel på vad som förväntas av eleverna efter studenten om de vill göra en sådan resa.

Andra exempel på motivatorer som ofta kommer till användning för att förläna ny kunskap en relevans, är att hänvisa till att den är en oumbärlig del i vuxnas allmänbildning eller bildning. Alla tonårselever har en uttalad eller outtalad ambition att bli vuxna och framför allt bli uppfattade som vuxna. Deras uppfattning om vad som kan sägas vara vuxet skiljer sig ibland från verkligheten. Vår uppgift är att klargöra för dem exakt vad som ingår i vuxenheten och vad som inte ingår där.

Om inget annat hjälper, så brukar metoden att visa på den nya kunskapen betydelse för att klara nästa steg, hjälpa till. Den nya kunskapen blir en förutsättning för att klara nästa och nästnästa del och så vidare. Sist men inte minst är det alltid bättre att vara rättfram, menar jag, om ett ämnes beskaffenhet. Att göra vissa repetitiva övningar en tid, exempelvis att lära sig glosor eller grammatiska regler på ett främmande språk eller nya samhällsteoretiska begrepp, är inte särskilt underhållande. Ärligt talat är det skittråkigt. Säg det då. Var ärlig med att en del i ett område är tråkigt – för nybörjaren. Diskutera grundläggande förmågor som tränas inom området. Är de nya kunskaperna lite mer svårfångade, så övas elevens självdisciplin och målmedvetenhet. Man kan understryka hur oumbärliga just dessa förmågor är på högskolan eftersom utbildningar som är roliga från början till slut inte existerar. Däremot är de allra flesta yrken och akademiska utbildningar väldigt givande och intressanta och utvecklande, om man bara tar sig igenom de tråkiga delarna. Man måste ta det goda med det onda. Så är det inom de flesta ämnesområdena inom de flesta ämnena som undervisas i den svenska skolan. I början är varje avsnitt betydligt mindre engagerande och intressant. Efter ett tag, när man behärskar grunderna, öppnas en ny stimulerande och superintressant värld för den som orkar hålla i. Trägen vinner. Buskul hör barndomen till. Unga vuxna vill bli stimulerade med nya kunskaper som förmedlas med en lagom balans mellan krav och förväntningar å ena sidan och energiskapande motivatorer å den andra.

Sammanfattning Kapitel 16.

- *Viktigt är ämnesområdets relevans för eleverna. Frågan: Varför måste jag kunna det här?, får aldrig dyka upp. Den måste redan från början vara utredd och besvarad.*

- *Vanliga fel som vi lärare gör allt som oftast är exempelvis att vi går lite för fort fram i våra genomgångar.*

- *Ett annat kardinalfel, kanske det vanligaste nybörjarfelet, är att du delat in stoffet i för stora munsbitar. Alla elevgrupper har en viss gräns när det gäller inlärning. Det gäller att stycka det som ska läras ut i optimala delar. En för varje lektion.*

- *En bra princip är att låta genomgången vara relativt enkel och lättförståelig och avvakta med utmanande frågor och uppgifter till lite senare under lektionen. Eleverna behöver först ha assimilerat ämnets fundamentala delar.*

- *En koppling till verkligheten är centralt för att bygga upp relevansen. Det är alltid bättre att exemplifiera kunskaper med rykande färska nyheter, än att presentera allmängods eller gårdagens nyheter.*

- *Alla skolämnen är relevanta för eleverna. Det gäller bara att hitta relevansen ur ett tonårsperspektiv.*

- *Andra exempel på motivatorer som ofta kommer till användning för att förläna ny kunskap en relevans, är att hänvisa till att den är en oumbärlig del i vuxnas allmänbildning eller bildning. Tonåringar vill uppfattas som vuxna och inte som barn.*

- *Metoden att visa på den nya kunskapen betydelse för att klara nästa steg, brukar hjälpa till. Den nya kunskapen blir en förutsättning för att klara nästa och nästnästa del och så vidare.*

- *Var ärlig med att en del i ett område är tråkigt – för nybörjaren. Diskutera grundläggande förmågor som tränas inom området. Är de nya kunskaperna lite mer svårfångade, så övas elevens självdisciplin och målmedvetenhet.*

Kapitel 17. Att nå förståelse på djupet

Inledning

Det är mycket som våra elever behöver lära sig under de tre år vi har dem i vår vård. Som en röd tråd genom i stort sett alla ämnen på gymnasieskolans högskoleförberedande program, löper en handfull förmågor. Förmågorna att analysera, resonera, värdera och argumentera är nödvändiga förutsättningar för att eleverna ska kunna prestera akademiskt, både före och efter studenten. Detta kapitel diskuterar strategier för att öva upp dessa färdigheter hos eleverna. Övning ger färdighet, så självfallet bör träningen ske vid varje lektionstillfälle. För att lyckas behöver strategierna för att öva upp exempelvis analysförmågan kombineras med strategier för språkbruk, inlärningsstöd och återkoppling på ett sätt som lämpar sig för elevgruppen ifråga.

Kritiskt tänkande

Kritiken från högskolan mot gymnasieskolans oförmåga att öva upp elevernas analysförmåga och förmåga att belysa olika perspektiv av ett problem, har under åren varit hård. Begreppet kritiskt tänkande är centralt för högskoleväsendet. Studenter ska läras att tänka kritiskt.[100] Begreppet innebär:

> ... att självständigt kunna analysera, reflektera, dra slutsatser, värdera, ifrågasätta och vara kreativ.
> (Uppsala Universitet 2018)

---

100 Universitetskanslersämbetet 2009

De förmågor och kunskaper som vi ger våra elever under gymnasietiden ska efter studenten utmynna i ett kritiskt tänkande inom universitetet och högskolan. Robert Pianta har i sitt arbete med interaktiv undervisning studerat hur pass mycket elever på olika utbildningsnivåer, alltifrån förskolan till högstadiet undervisas i basal faktainlärning respektive problemlösning. Med basal faktainlärning menar jag inlärning av enkla faktakunskaper, enstaka ord, eller frågor som enkelt kan besvaras med ja eller nej eller, för barnets ålder, enkla göromål som läsning eller räkning. Resultatet är att en väldigt hög procent av lektionstiden i de klassrum som observerades ägnades åt enkla spörsmål och uppgifter. Pianta menar att barnets eller den unge elevens intellektuella förmåga ständigt måste övas, för att det ska nå sin fulla potential.[101]

För att eleven över huvud taget ska komma till ett tillstånd av kritiskt tänkande när hen väl kommit in på högskolan, så åligger det oss som lärare i högstadiet och gymnasieskolan att utveckla ett antal vitala sociala och akademiska förmågor hos eleven på vägen dit. Problemet idag, om jag förstår kritikerna rätt, är att många nybakade studenter kommer in på dessa våra högsta utbildningsinstitutioner utan att vara tillräckligt förberedda. Betänk det kritiska tänkandets alla delar för en stund: våra elever ska strax kunna analysera, reflektera, dra slutsatser, värdera, ifrågasätta och vara kreativa. Och vara självgående i dessa sysslor. För att alls komma i närheten av ett kritiskt tänkande tarvar våra elever, innan de lämnar våra klassrum, behärska ett antal förmågor och kunskaper. De behöver kunna föra sig i sociala sammanhang, vara artiga, trevliga och förekommande, visa hänsyn och omtanke till sin omgivning samt vara goda kommunikatörer, vilket sammantaget ger dem en föredömlig samarbetsförmåga.

Inom den interaktiva undervisningen betraktas dylika sociala förmågor som en nödvändighet. Eleverna behöver redan när de är i vår vård förstå att fusk och lögner är början till allt elände, ger allvarliga konsekvenser och leder åt motsatt håll, bort från det kritiska tänkandet och ut ur högskolevärlden. Andra sociala aspekter som redan behöver sitta i ryggmärgen hos våra adepter är att ursäkter och bortförklaringar, sena ankomster och inlämningar och hög frånvaro också leder åt fel håll.

---

101 Pianta 2013

Detta innebär att du för att nå ett akademiskt kritiskt förhållningssätt behöver besitta ett antal sociala förmågor, normer, värderingar och attityder. För dig som till äventyrs undrar vad social skicklighet har med gymnasieskolan och universitetsstudier att göra, så är den svenska gymnasieskolan de facto bara världsbäst på två områden. I alla andra aspekter är vi mediokra till hyfsade jämfört med de trettiofem industriländer, som ingår i PISA-studierna. Vi som arbetar i eller med skolan har tillsammans byggt en skola där vi fostrat våra elever att bli bäst i världen på att komma försent. Inte nog med det. Våra elever är dessutom riktigt bra på att skolka. Utan överdrift, kära läsare, så återstår ett digert arbete för oss inom detta gebit framöver.

Sociala färdigheter räcker dock inte långt på den akademiska vägen. Den andra nyckeln till kritiskt tänkande är naturligtvis elevernas akademiska förmåga. Det Pianta kallar för «academic skills». Jag minns väl kurslitteraturen på många kurser från när jag studerade vid Uppsala universitet i min ungdom. Läroböckerna var tegelstenar i alla avseenden. De var tjocka, tunga, faktaspäckade och ... på akademisk engelska. Inte nog med det. Innehållet var allt annat än lättsmält. Som att bildligt talat springa in i en vägg. Motståndet var totalt, där jag timme efter timme försökte tränga in i en svårsmält värld av grafer och diagram, främmande uttryck och sammanhang jag bara kunde ta till mig om jag läste texten sakta och noga ett par tre gånger.

Redan första dagen sprack min studieplanering. De normala trettio sidor om dagen, som jag hade som mål, blev plötsligt till fem eller möjligen sex sidor. Per dag. Det var fem veckor och tvåtusen sidor litteratur kvar till tentadatum. De väsentliga delarna ur kurslitteraturen och från föreläsningarna skulle läras utantill till detta datum. Och vad som var viktigt skulle vi studenter lista oss till. Det var en del av uppdraget. Visst, det här var för knappt fyrtio år sedan, men är det någon som tror att kurslitteraturen har blivit så väldigt mycket mer lättsmält, och kraven lägre på landets eftertraktade akademiska program, sedan dess? Sannolikt inte. Akademisk excellens ställer krav på både litteraturen, lärarna och studenterna. (Nämnas bör att litteraturen på lärarhögskolan för tio år sedan var av betydligt enklare akademisk och språklig kvalitet. Dessutom var böckerna tunna och behändiga och fick medtagas på examinationerna.)

Att träna analys och resonemang i klassrummet

Utgångspunkten är följaktligen att öva förmågan till kritiskt tänkande med eleverna redan i högstadiet och gymnasiet. Som vi såg i föregående avsnitt består kritiskt tänkande av flera viktiga delar: att självständigt kunna analysera, reflektera, dra slutsatser, värdera, ifrågasätta och vara kreativ.

En viktig uppgift i undervisningen är att träna elevernas analytiska förmåga. Analys har blivit lite av ett modeord i den svenska skolan. Inget fel i det, men meningarna om vad begreppet egentligen betyder verkar gå isär en del.

Analysera, dissekera, bryta ner betyder att dela in en komplex helhet i sina beståndsdelar eller element. Att analysera innebär att separera eller särskilja mellan komponenterna/delarna av någonting ... så att dess sanna natur eller inre relationer upptäcks.
(Merriam-Webster.com)

Som synonymer till *analysera* brukar räknas att bena upp, sönderdela, noggrant undersöka och utreda. Att analysera skulle, utifrån definitionen ovan, kunna beskrivas som att utgå ifrån en helhet och sedan försöka särskilja dess viktigaste delar. Vad kännetecknar då en del? Normalt är helheter organismer eller system av hygglig komplexitet, där det kan vara svårt att se skogen för träden. Vilka delar består en människokropp av? Vilka delar fick Vietnamkriget att eskalera? Vad gör ett land demokratiskt? Ett sätt att analysera en komplex helhet kan därför vara att rangordna delarna efter relevans. Relevansen, en enskild dels betydelse i helheten, kan bestämmas utifrån hur pass mycket den påverkar helheten och dess funktion. Det handlar alltså om att värdera delarna med helhetens funktion i åtanke hela tiden.

Det är i detta sammanhang begreppet abstrakt tänkande blir viktigt. Det är en förutsättning för processen att bryta ner helheten till enskilda delar och förstå sambandet mellan delarna och deras inbördes påverkan på varandra och helheten. En definition på abstrakt tänkande skulle kunna vara:

Abstrakt tänkande är förmågan att tänka på något, ett objekt eller en företeelse, som inte är närvarande, varken rumsligt eller i tid. Att i tanken kunna betrakta något såsom en idé, en dikt eller en organism eller ett företag, och förstå vilka delar helheten är uppbyggd av, hur de sinsemellan hänger ihop och hur den sammantagna funktionen ter sig. Nationalencyklopedin definierar abstrakt tänkande som «... tankeprocesser som grundar sig på abstrakta begrepp och allmänna principer och inte på enskilda föremål eller konkreta företeelser».

Begreppet förstås kanske bäst om man betraktar dess motsats, det konkreta tänkandet. Konkret tänkande innebär att man tänker på det som sker omkring en här och nu, det som är påtagligt, som går att ta på. Man föredrar att följa instruktioner och detaljerade planer. Den konkrete tänkaren undviker det luddiga eller tvetydiga. Sällan läser hen mellan raderna. Den abstrakte tänkaren å andra sidan funderar gärna kring hur saker och ting förhåller sig till den helheten. Hen söker ofta efter en djupare mening eller efter att hitta underliggande mönster och vill förstå hur allt hänger samman med allt. En abstrakt tänkare skyr däremot ofta det rutinmässiga och repetitiva och föredrar att reflektera över det komplexa på djupet. Naturligtvis är inte människor enbart abstrakta tänkare eller konkreta tänkare. Vi använder av oss båda tankesätten i vår vardag, men som individ tenderar man ändå att luta mer åt det ena hållet än det andra. För att öva det abstrakta tänkandet i klassrummet är naturligtvis matematiken, varandes i allra högsta grad ett abstrakt språk, ett bra hjälpmedel. I andra ämnen är arbete med grafer och statistik bra för att öva elever i att se samband. Att öva upp förståelsen av samband mellan olika variabler lämpar sig i många ämnen. Sambandet mellan lämmelår och predatorers reproduktionsförmåga är bara ett exempel inom naturvetenskapen. Lika viktigt är det att förstå linjära funktioner mellan variabler, såsom livslängd och socioekonomiska förhållanden inom samhällskunskapen. Kausala samband, orsakssamband, mellan olika variabler, såsom hur samhällsekonomisk instabilitet framkallat konflikter under historiens gång, ...

De allra flesta områden våra elever undervisas i kan förstås både från en konkret och kvalitativ sida och en abstrakt, kvantitativ sida. En djup samhällsekonomisk kris kan både ses ur perspektivet av dess negativa effekter för de som drabbas. Människor förlorar sina jobb och sina tillgångar med lidande och umbäranden som följd. Samma kris kan kläs i siffror. Om exempelvis arbetslösheten och ökningen av fattigdomen kvantifieras så kan man få en annan uppfattning, en annan dimension på lidandet. Att få eleverna att betrakta och förstå båda sidor av en företeelse kan öka deras förståelse. Den kvantitativa beskrivningen förstärker och fördjupar den kvalitativa. Att lära eleverna att se att det mesta i vår värld även kan kokas ner och beskrivas abstrakt i siffror och grafer. Att det abstrakta möjliggör ofta en annan mer djupgående analys än enbart kvalitativa observationer gör.

Andra sätt att utveckla eleverna i detta tänkande är att få dem att observera de ämnesöverskridande överlappningar som blir mellan olika ämnen. När, som ett exempel, charterturism kombineras med ett utvecklat intresse för miljöfrågor hos allmänheten, uppstår något nytt: ekoturism. Åter andra metoder som kan integreras i genomgångar och övningsuppgifter är att arbeta med metaforer, liknelser och bildliga uttryck eller analogier. Att bli hjälpt att se samband mellan det ämnesområde som presenteras och andra områden genom just analogier eller metaforer, öppnar ofta upp elevernas ögon för att leta efter likheter, underliggande mönster och associationer. Allt blir till stor hjälp i att öva upp det abstrakta tänkandet hos eleverna.

Vad eleverna får sig till livs genom att du använder exempel och övningar som de ovan beskrivna i undervisningen är en utvecklad föreställningsförmåga. De får verktyg och insikter som får dem att öppna upp och se saker de tidigare inte såg och börja förstå det som förut var svårbegripligt. Det som tidigare var svårfångat och krångligt öppnar successivt upp sig för dem som en ny spännande värld av insikter, djupare förståelse och associationer.

För att kunna tänka kritiskt och analysera ett problem effektivt behöver eleven utveckla sin förmåga att värdera frukterna av analysen. Inte minst handlar värderingen av delarna om att se relevansen hos varje del för sig, mellan delarna sinsemellan och hur de påverkar helheten. Vilka faktorer (delar) skapar en snedvriden inkomstfördelning (helhet) i samhället? Vilka faktorer (delar) utvecklar ett sekulärt samhälle (helheten)? Svaren på samtliga frågor kan bara nås om betraktaren först plockar ut de faktorer som påverkar resultatet och sedan värderar dem. En indikation på att en elev börjar behärska analysens konst är att hen självständigt kan plocka fram faktorer i en problemställning och förstå faktorernas olika betydelse.

Förmågan att hitta det som är relevant, att plocka ut det viktigaste i en text eller en problemställning, är sannolikt den mest fundamentalt viktiga egenskapen som odlas hos en elev, en student och sedermera hos en medarbetare. Ovan berättade jag helt kort om en episod när jag var helt ny student vid Uppsala universitet och ställdes inför en ofantlig och svårgenomtränglig textmassa på en av de första kurserna. Den uppmärksamma läsaren frågar sig säkert hur i all sin dar jag lyckades skriva ett väl godkänt resultat på tentamen om litteraturen omfattade tvåtusen sidor, kursperioden var fem veckor och min dagliga prestation av egenstudier av litteratur låg på sex eller sju sidor. Ekvationen går inte ihop. Sviker författarens minne honom eller tillåter han sig en konstnärlig skarvning av tveksamma proportioner? Ingetdera faktiskt. Jag blev hjälpt av mer erfarna studiekamrater som kvickt lärde mig konsten att läsa texter översiktligt och att plocka ut det mest relevanta på ett effektivt sätt. Att titta på gamla tentor gav fingervisningar om föreläsarnas favoritämnen och frågor, vilket ökade min effektivitet enormt då viktiga delar snabbt kunde identifieras och oviktiga helt bortses ifrån. När väl delarna är urskilda från helheten och utvärderade, så kan ett resonemang kring vad man då ser börja ta form. Resonemang definieras som:

Att tänka på något på ett logiskt och förnuftigt sätt.
Eller...

Att dra slutledningar eller slutsatser genom användningen av resonemang.
(Merriam-Webster.com)

Underförstått innebär att resonera att rationella motiv såsom principer, lagar eller logik används i välunderbyggda argument, konkreta bevis, för att motivera en slutsats. I de styrdokument som styr skolans verksamhet framhålls att resonemang ska vara nyanserade. Detta innebär att de argument som förs fram i en elevs resonemang ska belysa olika perspektiv. Mantrat «å ena sidan ... å andra sidan ...» känns igen av alla lärare. Den bakomliggande tanken är att förbereda för just det kritiska tänkandet i högskolan, genom att elever tränas i att aldrig betrakta en problematik ensidigt. Inte minst delbegrepp som listas i själva definitionen av kritiskt tänkande som att värdera, ifrågasätta och dra slutsatser genom att man tillåts resonera kring ett ämne övas då. Underförstått så föregås alla resonemang av en grundlig analys. Utan analys kan delarna i en problemställning inte identifieras och värderas. Följaktligen finns då ingenting att bygga argumenten i resonemanget på. Resonemang ska definitionsmässigt bygga på logik, rationellt tänkande och förnuft, som vi såg ovan. Argumenten blir det sätt man åskådliggör de olika ståndpunkterna på. Om analysen uteblir helt eller delvis, uppstår oundvikligen en irrationell och obefogad bild av de underliggande delarna (faktorerna). Exempelvis kan irrelevanta faktorer lyftas fram som avgörande eller så undgår relevanta samband elevens granskning. Av detta blir vad man brukar kalla ett nonsensresonemang.

Frågeställningar är verktygen till det kritiska tänkandet

De problem och frågeställningar som vi ställer våra elever inför i undervisningen, är den viktigaste metoden med vilken vi tränar eleverna i analys och resonemang. Rent generellt är öppna frågor alltid att föredrar, eftersom de normalt tarvar en tankeverksamhet och ett utvecklat svar för att bli besvarade. Att göra jämförelser mellan delar eller att klassificera olika delar av en helhet är en metod som kan appliceras på de flesta av ämnena som undervisas i skolan. Exempelvis är det ofta utmanande för eleverna att man frågar efter fördelar och nackdelar med ett fenomen. Vilka fördelar och nackdelar har en auktoritär demokrati framför en av skandinaviskt snitt? En frågeställning som utan tvekan provocerar intellektet. Alternativt kan man fråga om likheter och skillnader mellan två fenomen, exempelvis mellan det ryska statsskicket och det svenska. Det viktiga är att svaren inte får framgå alltför tydligt i de texter som används. Många gånger används instuderingsfrågor när fakta kring ett ämnesområde ska läras ut. För inlärning av fakta kan detta vara en ypperligt metod, men särskilt intellektuellt utmanande blir det sällan eftersom eleverna skedmatas med svaren utan att de behöver anstränga sig intellektuellt. Tanken med att ställa öppna frågor är att svaren medvetet ska vara relativt svårfångade och kräva både analys och resonemang för att nås. Den intellektuella utmaningen är ett självändamål eftersom det är just denna förmåga som ska övas. Kritiskt tänkande kan egentligen aldrig uppnås om det inte föregås av goda grundkunskaper, en grundlig analys, ett nyanserat resonemang där olika perspektiv objektivt värderas och så vidare. Denna tankeprocess förutan blir det bara en ytligt kritiskt tyckande, som egentligen vem som helst utan någon ansträngning kan prestera, men som knappast motsvarar högskolans krav på stringens. Ett mischmasch som knappast hjälper någon, allra minst vetenskapen. Kritiskt tänkande är att söka hålla ett vetenskapligt förhållningssätt till fakta, och betrakta ämnet sakligt och inte subjektivt.

Sättet att ställa öppna frågor till sina elever på har tusenåriga anor, och går tillbaka till de gamla grekerna. Åtminstone. Sokrates, som gett namnet till frågetekniken «Socratic Questions», utvecklade en undervisningsmetod som gick ut på att ställa frågor som om han inte hade en aning om ämnet. På detta vis kunde hans elever uttrycka egna åsikter eller värderingar. Tekniken används ofta för att lära ut just kritiskt tänkande till elever. Fördelen blir att eleverna kan uttrycka sig betydligt friare och lär sig att tänka självständigt. Det finns olika typer av sokratiska frågor. Vad de alla har gemensamt är att de får eleven att utforska orsaker eller bevis, att de klargör och tydliggör, får eleven att utforska antaganden, följder och konsekvenser på ett systematiskt sätt. Sokratiska frågeställningar påbörjas normalt med frågeord som «hur» eller «vad», eller den kanske viktigaste av frågor: «varför?», exempelvis: «Varför kan privatiseringar av offentliga verksamheter få negativa konsekvenser för både kunder och samhället i övrigt?»

Alldeles särskilt är varför-frågor intressanta verktyg för att nå djupare och vidare insikter. Metoden kallas ibland för den sokratiska metoden eller, mer populärt för «Peeling the onion». Löken är en metafor för komplexa problemställningar som ofta består av flera lager. Genom att ärligt och kritiskt ställa frågan «varför» några gånger skalas lager efter lager bort från löken och man närmar sig problemets kärna. Metoden är särskilt användbar när elever är relativt nära svaret på en fråga eller ett problem, men ändå ett eller två logiska steg bort. Genom att upprepa frågan «varför» ett par gånger på de svar som eleverna ger, så blottläggs logiken i problemlösningen samtidigt som klassen gradvis närmar sig pudelns kärna. Varje gång frågan «varför upprepas" – och besvaras – öppnas en ny Pandoras ask för eleverna. De tillåts se nya perspektiv, nyanser och följa den inre logiken. Ett exempel på att skala löken på klimatfrågan:

«Varför gör globala företag ingenting åt klimatfrågan?» Hos nästan alla stora företag ökar utsläppen istället för att minska.

«Därför att det inte ligger i deras egenintresse eller upplevda ansvar.» «Varför inte det?»

«Därför att företag är konkurrensutsatta i en global marknadsekonomi. Agerar ett företag ensamt skulle det riskera företagets lönsamhet eftersom konkurrenterna skulle utnyttja tillfället att exempelvis sänka sina priser.»

«Varför det?»

«Därför att marknadsekonomins villkor handlar om företag på en fri marknad som konkurrerar och där målet är att skapa lönsamhet åt ägarna.»

«Varför det?»

«Marknadsekonomin är sedan millenier den enda lösningen människan känner på handel och fördelning av resurserna i ekonomin. Det finns viktiga saker i samhället som företag, ensamma och utan gemensam lagstiftning, inte kan lösa. En sådan sak är miljöförstöring. En annan är en solidarisk inkomstfördelning. Det ligger tyvärr i sakens natur».

Och så kan läraren och eleverna skala en lök kring klimatfrågan exempelvis. Klimatfrågan och företagens ansvar är ett ypperligt exempel, eftersom frågans komplexitet och mångbottnade karaktär kommer i dagen. Starka känslor ställs mot fakta, dess villkor och begränsningar. För den som till äventyrs fortsätter skala denna lök, så framträder snart plausibla lösningar, men de är inte i fokus i denna bok.

En annan viktig undervisningsmetod, där eleverna tillåts förkovra sig i kritiskt tänkande, är användningen av utredande arbeten. Dessa blir en viktig och naturlig del av undervisningen. Inte minst är det viktigt, att eleverna får arbeta självständigt och reflektera ostört på djupet, när de själva ska ta sig an ett spörsmål.

Sammanfattning Kapitel 17.

- De allra flesta områden våra elever undervisas i kan förstås både från en konkret och kvalitativ sida och en abstrakt, kvantitativ sida. Den kvantitativa beskrivningen förstärker och fördjupar den kvalitativa.
- Att det abstrakta möjliggör ofta en annan mer djupgående analys än enbart kvalitativa observationer gör.
- Andra metoder för att stärka det abstrakta tänkandet, som kan integreras i genomgångar och övningsuppgifter är att arbeta med metaforer, liknelser och bildliga uttryck eller analogier.
- Att bli hjälpt att se samband mellan det ämnesområde som presenteras och andra områden genom just analogier eller metaforer, öppnar ofta upp elevernas ögon för att leta efter likheter, underliggande mönster och associationer.
- För att kunna tänka kritiskt och analysera ett problem effektivt behöver eleven utveckla sin förmåga att värdera frukterna av analysen, att se relevansen hos varje del för sig, mellan delarna sinsemellan och hur de påverkar helheten.
- Förmågan att hitta det som är relevant, att plocka ut det viktigaste i en text eller en problemställning, är sannolikt den mest fundamentalt viktiga egenskapen som odlas hos en elev, en student och sedermera hos en medarbetare.
- Underförstått innebär att resonera att rationella motiv såsom principer, lagar eller logik används i välunderbyggda argument, konkreta bevis, för att motivera en slutsats.
- Alla resonemang föregås av en grundlig analys. Utan analys kan delarna i en problemställning inte identifieras och värderas. Följaktligen finns då ingenting att bygga argumenten i resonemanget på.

Kapitel 18. Kvalitet på återkopplingen

Inledning

Egentligen är återkopplingen den huvudstrategi för undervisningsstöd som håller samman de övriga tre. Effektiv återkoppling fordrar ett genomtänkt språkbruk och är en förutsättning för olika format av inlärningsstöd. Detta samtal är en nödvändighet som leder eleverna till en djupare förståelse.

En lektion utan feedback är bara prat...
(Effective Feedback in the Classroom, cirt.gcu.edu)

Utan tvekan ett uttalande med mycket substans. Tidigare diskuterade jag den fundamentala skillnaden mellan att undervisa och att hålla föredrag eller tal för en församling. Ingenstans blir skillnaden tydligare än när det gäller återkopplingen. Att samtala och ge återkoppling till eleverna fortlöpande i undervisningen, på ett sätt som verkligen ökar lärandet, är den undervisande lärarens kännemärke.

Eleverna behöver för sin utveckling och sitt lärande ständig och återkommande återkoppling, visar ett antal olika studier.[102] I själva verket är den feedback som ges under en lektion, enskilt eller i helklass, lika viktig som själva genomgången. Ändå pratar vi lärare sällan om just återkopplingen som en vital del av vår undervisning. Vi förbereder lektioner minutiöst, skriver pratmanus och författar PowerPoints, men sällan reflekterar vi över och planerar hur, var och när feedback ska ges under en lektion.

Återkoppling av hög kvalitet syftar ... till att förstärka elevernas lärande genom att överbrygga gapet mellan elevernas nuvarande nivå och målnivån ... och genom att uppmuntra eleven att tänka igenom eller att bearbeta information mer på djupet ... Effektiv återkoppling

---

102 Hafen et al 2014

är omedelbar, betingad, korrigerande och/eller specifik och naturligt knuten till situationen... återkoppling syftar till att kontrollera frustration, öka intresset och motivationen och ansträngningen och till att främja kritiskt tänkande. (Hafen et al 2014)

Återkoppling bör alltid ske i samtalsform fortlöpande under varje lektion. Återkopplingen vävs in som en viktig del av diskussionen. Dess raka motsats är när läraren ställer en fråga och väntar på att eleverna ska räcka upp handen. Sedan väljer läraren en elev som då svarar varpå läraren omedelbart bedömer svaret utifrån rätt eller fel för att sedan gå vidare till nästa fråga. Det är ett typiskt läxförhör av 70-talssnitt med betydligt lägre pedagogiskt värde.

Samtalet

När konversationen genomförs i dialogform mellan läraren och eleverna, så har den flera syften. För det första så justerar den kunskap och färdigheter successivt mot målet, klargör, lyfter fram, exemplifierar och tydliggör. Det som i början kanske uppfattades som luddigt eller svårbegripligt av eleverna tar gradvis form, blir skarpare i konturerna och förståelsen blir djupare. Med de nyvunna kunskaperna följer en djupare förståelse som i sin tur motiverar eleverna ytterligare. För det andra så befäster återkopplingen kunskaperna hos eleverna, då läraren upprepar svaren för dem eller utmanar eleverna med följdfrågor. Detta gör att kunskaperna och förmågorna allteftersom förflyttas från elevernas arbetsminne, till korttidsminnet och, viktigast av allt, till långtidsminnet. Annorlunda uttryckt så befäster ett ständigt pågående samtal i klassrummet kunskaperna hos eleverna. Sist men inte minst, är det i dialogen som relationen, samspelet, mellan den inkännande läraren och de unga vuxna eleverna etableras och utvecklas.

Forskning visar att just det levande samtalet i klassrummet, för så skulle jag vilja beskriva återkopplingen, är något som tar åtminstone ett par år att utveckla för en nyutexaminerad lärare.[103] Att skapa ett levande klassrum är en förmåga som kräver både fingertoppskänsla, intuition, absolut sinnesnärvaro och en välutvecklad inkänningsförmåga. Dessutom behöver samtalet och den återkoppling läraren ger variera i innehåll och karaktär beroende på elevgrupp och gruppmedlemmarnas enskilda behov.

Att återkoppla med kvalitet

Det finns ett antal kriterier som din feedback behöver uppfylla för att den ska kunna fungera i undervisningen. Dessa kriterier är så avgörande, att man bör undvika att ge någon feedback över huvud taget, om de inte uppfylls. För det första ska återkoppling alltid vara konkret och specifik. Luddiga formuleringar eller ord som är svårförståeliga skapar bara onödig frustration. Egentligen hämmar det i värsta fall lärandet istället.

Därtill ska återkopplingen vara fokuserad på det man för tillfället vill justera, och inget annat. Generell feedback eller onyanserade yttranden skapar ingen god inlärning, tvärtom. Principen är att förändring liksom inlärning tar tid och sker bäst i små steg.

> Högkvalitativ återkoppling beskrivs som kommunikation från läraren som förser eleverna med specifik information inte bara om de har rätt eller inte ... men om hur de ska gå tillväga för att komma till det rätta svaret, hur de ska nå en högre nivå eller hur deras prestationer rimmar med högre mål ...
> (Pianta et al 2012)

Dessutom behöver feedback vara konsekvent och gärna repetitiv för att fungera. Samtalet behöver löpa på i ett tempo som fångar elevernas nyfikenhet. Stannar diskussionen upp och envist rör sig i cirklar, tappar även de tappraste

---

103 Hafen et al 2014

eleverna snart intresset. Vidare behöver samtalet alltid vara uppmuntrande och positivt. Upplevs det som monotont, för svårt eller irrelevant på annat sätt hämmas inlärningen.

Utöver detta behöver återkoppling alltid levereras i en positiv och uppbygglig anda, även om det handlar om något som inte fungerar. Istället för att alltid klaga på att eleverna inte gör läxorna enligt dina förväntningar, så planera runt problemet. Anpassa din undervisning efter dina elevers faktiska studievanor och inte efter ett önskat tillstånd. Gemensamma diskussioner (läs läxförhör) i helklass utan handuppräckning brukar öka intresset betydligt, i alla fall för stunden.

Återkopplingen får aldrig vara kopplad till din person eller din prestige, utan ska vara neutral och levererad på ett så opartiskt sätt som möjligt. Istället ska bra feedback alltid följas av en motivering till varför det är så viktigt att kunna något visst eller ändra på något.

Motiveringen gör feedbacken relevant. Betyg är, som vi ska återkomma till, väldigt relevanta för eleverna. När du exempelvis kopplar din feedback till ett betygssteg genom att diskutera kunskapskrav konkret, så höjer det med ens relevansen för eleven.

Feedback ska alltid gagna den enskilda elevens lärande. Om en elev är blyg, känslig eller av någon annan anledning troligen inte kommer kunna svara på din fråga under en gemensam genomgång, så undvik att rikta frågan dit. Märk väl, en elev som tycker det är obehagligt att få feedback eller att svara inför klassen kan påverkas mycket negativt av detta. Det är därför av yttersta vikt att jag som lärare snabbt lär känna mina klasser, och de enskilda elevernas särdrag och förutsättningar.

Timing och feedback diskuteras ibland. Det finns lite olika synsätt. Min uppfattning, byggd på egen och andras erfarenhet, är att återkoppling ska ges enligt omedelbarhetsprincipen. Där och då när det händer. Detta oavsett vad det gäller. I undervisningen sker ju detta naturligt i det samtal mellan läraren och eleverna som löper som en röd tråd genom lektionen. Det är ju detta samtal som är själva interaktionen i begreppet interaktiv undervisning.

På så sätt blir feedbacken relevant, aktuell och precis. Något kan förbättras i det eleven säger eller gör, för att hen ska nå en högre kunskapsnivå. Om detta något adresseras enligt alla konstens regler omedelbart, där och då, så blir återkopplingen från läraren bättre i alla avseenden. Eleven förstår återkopplingen i sammanhanget eftersom det som feedbacken gäller är just det som eleven sysselsätter sig med för tillfället. Ännu viktigare är att läraren omedelbart läser av hur återkopplingen tas emot, genom att läsa av reaktionerna hos eleverna. Då kan hen snabbt, om behovet finns där, rätta till, lägga till något eller justera informationen för att eleven bättre ska förstå.

En annan livlig diskussion inom vårt yrke handlar om ifall skriftlig feedback är bättre än muntlig. Av flera skäl har jag övergått till att så gott som alltid lämna muntlig feedback, av det skäl som angavs ovan. (Märk väl, det beror naturligtvis på vilka ämnen man undervisar i om feedbacken i görligaste mån kan vara muntlig). Då kan jag avläsa elevens reaktion och justera det jag säger utifrån denna. Dessutom läser eleverna sällan de långa skriftliga harangerna som vissa lärare lämnar, med den goda avsikten att bedöma eleverna formativt. Risken för missförstånd är uppenbar när eleven läser den långa utläggningen. Dessutom brukar betygsnivåer vara svårtolkade i de välvilliga raderna. Elever är väldigt boktsavsorienterade. Hur kan jag höja mig? Vad behöver jag göra? Bra eller dåligt är en annan diskussion, men de är intresserade av sina betyg och vill veta hur de kan höja sig. Det är inte så konstigt heller när allt kommer omkring. De där betygsbokstäverna avgör trots allt deras framtid. Med andra ord är återkopplingen inte mindre formativ bara för att den är muntlig, är min uppfattning (som naturligt nog inte delas av alla). Snarare tvärtom. Enligt de flesta definitioner av formativ bedömning så återkommer frekvensen, alltså att bedömningen ska vara frekvent och regelmässig. Dessutom ska den, och naturligtvis undervisningen, anpassas till elevernas inlärningsbehov fortlöpande. Det som den interaktiva undervisningen benämner återkoppling är i själva verket ett slags formativ bedömning.[104] Jag har mött många kollegor som har en diametralt motsatt uppfattning av formativ bedömning och om den bör ges skriftligt eller muntligt. En klok kollega betonade att det som avgör är hur den skriftliga

---

104 Hamre et al 2013

återkopplingen lämnas och sedan bearbetas av eleverna. Säkert helt riktigt. Sannolikt finns där lika många åsikter om formativ bedömning som där finns duktiga och erfarna lärare.

I den dialog, interaktion, som bör löpa genom varje lektion mellan läraren och eleverna, så uppstår allt som oftast situationer där elever svarar fel på dina frågor. Eller så vet de inte svaret. I den förstnämnda situationen där eleven lämnar ett inkorrekt svar på din fråga uppstår en situation som rätt hanterad kommer leda lärandet i klassrummet framåt. Men felaktigt hanterad så kommer inlärningen att hämmas, inte bara hos eleven som gav ett inkorrekt svar till att börja med, utan hos alla elever. Om man som läraren följer principen att inte använda handuppräckning, utan slumpvis välja vem som ska svara under lektionen, så är problemet ganska lätt att hantera. Normen i klassrummet bör vara att alla svar är välkomna, det är viktigare att försöka och svara fel, än att inte svara alls. Fungerar denna kultur är det lätt att med ett «Nja ...!», med neutralt röstläge, låta eleven få reda på att svaret var fel. I nästa ögonblick riktar du frågan till nästa elev och så vidare. Nedan kommer vi diskutera hur man kan ta fasta och bygga vidare på felaktiga eller ofullständiga svar tills man gemensamt hittar rätt svar i klassrummet. Huvudsaken är att felaktiga svar inte ska dömas ut på något sätt. Istället ska principen att det inte går att finna rätt svar om man aldrig vågar ge felaktiga svar råda. Om en elev å andra sidan inte vet svaret, trots att hen rimligen borde kunna det, uppstår en liknande situation. Ska du låta okunskapen gå obemärkt förbi och låta frågan gå vidare till nästa elev? Jag brukar allt som oftast bli kvar en liten stund hos den elev som borde kunna svaret, men som av någon anledning inte kan det. «Vet inte» är för mig inget svar. Man kan inte gå genom livet och vara oengagerad och utcheckad i viktiga situationer. Och lektionerna är viktiga situationer. Ett felaktigt svar är en sak, men ett ursäktande «Jag vet inte» är bara lojt och leder inte processen framåt.

Under min gymnasietid hade jag en otäck historielärare som var känd för sina läxförhör. Om en elev inte kunde svaret så blev han kvar hos denne resten av lektionen och plågade hen med frågor på frågor om allt som eleven ifråga alldeles uppenbarligen inte hade en aning om. «Hen» förresten. Pojkarna tilltalades med efternamn och flickorna med förnamn. Om en flicka inte kunde svaret, så ackompanjerade han sitt förhör av henne med en stunds axelmassage. Vedervärdigt. Vem säger att skolan var bättre förr? Nåväl, åter till dags dato och frågan om elever som tycker att det är okej att dyka upp på en lektion utan intresse och utan att ha förberett sig. Jag brukar bli kvar vid sådana elever en liten stund. Det får aldrig bli dumt, men en subtil markering om att vi faktiskt gemensamt kommit överens om normer i undervisningen. Jag gör min del och eleven sin del. Att vi har ett gemensamt ansvar. Inte så att jag håller en moralpredikan för eleven framför klassen. Den behövs inte. Men några följdfrågor där jag coachar eleven med ledtrådar till rätt svar, eller i alla fall något svar, räcker långt. Av mig förväntas att jag är väl förberedd och proffsig på lektionerna. Denna förväntan är ömsesidig.

En annan aspekt av återkopplingen, som inte sällan går fel, är hur beröm och kritik hanteras. Samtidigt som konkret feedback är nödvändig för lärandet, blir den snart en belastning för elevens självförtroende om den inte leder till en förbättring i elevens kunskaper eller förmågor. Återkopplingen stödjer inlärningen genom att foga samman nya kunskaper med befintliga. Gradvis ökar elevernas kunskaper och därmed förståelse av ämnesområdet. Av dessa skäl är det av vikt att eleven faktiskt genom en rimlig insats kan uppnå det som återkopplingen avser. Det ställer krav på att feedbacken ska vara konkret och att ambitionen ligger på en rimlig nivå. Viktigt är att varje delseger firas! Man ska förvisso inte slösa med beröm i klassrummet, då devalveras dess betydelse för eleverna. Många elever motiveras av att deras goda insatser uppmärksammas inför kamraterna. Dessutom tenderar spontana och positiva uttryck som toppen, bra, underbart, fantastiskt är av stort värde för inlärningen. Dessutom förstärks det positiva klimatet i klassrummet av att läraren ger befogat beröm till enskilda elever eller till hela gruppen. Jag skulle vilja påstå att man definitivt ska berömma minst lika ofta som man ger en mer konstruktiv återkoppling. Varje steg framåt ska synliggöras genom att det firas. När framstegen synliggörs och firas bygger detta upp självförtroendet och med det kommer motivationen. Mycket vill ha mer.

Bra återkoppling är alltid uppnåelig. Följaktligen ska eleven kunna förväntas med en rimlig insats kunna uppnå det du önskar. Få saker är så motiverande som att efter en ansträngning nå lite längre, eller högre, än tidigare. Att få ett bevis på den egna förmågan. Samtidigt är få saker så effektivt demotiverande som att misslyckas gång på gång. Bra återkoppling är alltid målorienterad, det vill säga kopplad till de konkreta mål du satt upp för lektionen och som är tydliga och kända för alla elever. Det gäller alltså att formulera målen i undervisningen på ett sätt så att de utmanar men också uppnås, gång på gång. Och att det i stort sett aldrig händer att eleverna misslyckas med att nå målen. Skulle det hända, och det gör det, så ser bara till att ditt misstag med att spänna bågen för hårt inte upprepar sig till lektionen efter.

All feedback ska vara tydlig och ärlig, men den får inte vara tuffare än situationen tillåter. Två saker sker om du som lärare återkommande ger för tuff feedback. För det första kommer elevernas förtroende för dig snabbt att naggas i kanten. Du kommer att betraktas som hård och lite småelak. För det andra kommer lärandet hämmas av den för tuffa återkopplingen. Och dessa hämningar ligger gärna kvar hos eleverna och kan påverka din undervisning över lång tid. En god princip är att aldrig – och jag menar aldrig – ge tuff feedback till en enskild elev inför klasskamraterna. Däremot kan hård feedback ges i helklass om det sker sällan och om feedbacken är direkt kopplad till något viktigt. Exempelvis drar jag mig inte för rak feedback om jag tycker att klassen underpresterat på ett visst prov, i en situation där jag känner klassen väl och erfarenhetsmässigt vet att de kan betydligt bättre. Men denna återkoppling är avgränsad i tid och omfattning. Jag understryker vikten av kunskapen eller förmågan och fortsätter med att klargöra konsekvenserna av de dåliga prestationerna. Exempelvis är betyg och betygssättning något som intresserar de allra flesta elever. Jag avslutar med att klargöra exakt vad de kan göra för att rätta till sina dåliga resultat. En andra chans verkar starkt motiverande på många elever, är min erfarenhet. Alla kan ha en dålig dag. De förutsätter dock att de samtidigt vet att en tredje chans inte kommer att komma deras väg.

Negativ återkoppling som gäller en enskild elev, ska alltid utan undantag, ges mellan fyra ögon. Principen att kritik alltid ska ges i enrum, och beröm i plenum, gäller även i klassrummet.

Olika feedbacktekniker

Scaffolding är det engelska uttrycket för det inlärningsstöd som lärare regelmässigt ger elever eller elevgrupper med syfte att foga att aktivt hjälpa dem att foga nya kunskaper till gamla. Scaffolding är en metafor. På svenska betyder uttrycket byggnadsställning. Ett användbart begrepp ur svenskan är stöttning. Principen med scaffolding är att läraren gradvis tar bort den hjälp som eleven initialt behöver för att lösa uppgiften. Målet är att eleverna till slut ska kunna arbeta helt självständigt. Typiska sätt att ge ett sådant stöd är att ge ledtrådar eller i samtal knyta an till sådant som eleven redan känner. Egentligen handlar denna typ av återkoppling om de stödjande samtal som en lärare har med elever och elevgrupper varje lektion. Grunden är att som lärare snabbt identifiera vilka elever som behöver stöttning och att skräddarsy denna stöttning utifrån den enskilde elevens behov.

Feedback-slingor, eller feedback loops, är på ytan ett vanligt samtal mellan läraren och en eller flera elever, ofta en hel klass. Två saker gör detta samtal annorlunda mot en vanlig konversation. För det första har feedback-slingan ett enda syfte, nämligen att öka elevernas lärande. Det handlar inte om en allmän social dialog om vädret, fotboll eller hur man mår, utan dialogen har det uttalade syftet att stödja inlärningen. Om vi går tillbaka till min ungdoms elake historielärare så blir skillnaden tydlig. Han föreläste i monologform. Nästa lektion höll han regelrätta läxförhör, också dessa i monologform, det vill säga enligt principen fråga, svar, fråga, svar. Läsaren vill kanske invända här att ett läxförhör är en dialog, eftersom det krävs att läraren frågar och eleverna svarar. Men definitionen av en dialog är ett fritt meningsflöde, egentligen utan dömande eller värderande kommentarer, av idéer och åsikter. Min magister var inte intresserad av min åsikt eller mina funderingar, han var intresserad av rätta svar. Svarade man fel väntade helvetet i form av ett förlängt förhör och allmän förödmjukelse.

En feedback-slinga börjar ofta på samma sätt. I en föreläsning riktar läraren en fråga kring ämnet till en elev i klassen. Eleven svarar och får en följdfråga som svar. Läraren kanske stödjer eleven (och övriga klassen eftersom alla är lika involverade med ett talande exempel vartefter involverar läraren fler elever). Alla elever lyssnar, funderar och försöker hitta svaret. Några av de mest kavata räcker ivrigt upp handen, förvissade om att de funnit rätt svar. När frågan och kanske någon följdfråga besvarats så fortsätter föreläsningen. Detta gemensamma utbyte av tankar och idéer, där läraren med hjälper och ledtrådar försöker föra processen framåt, är en feedback-slinga. Själva definitionen av en feedbackslinga är att man fördjupar förståelsen genom att använda svaret från en fråga för att ställa nästa. Svaret på en fråga kan också användas som en ledtråd eller viktig kunskap för att nå svaret. Syftet är att synliggöra logik och sammanhang för eleverna, samtidigt som svaren egentligen kommer från dem hela tiden.

Ibland, exempelvis när läraren går runt i klassrummet medan eleverna arbetar med någon uppgift parvis, är bara läraren och en eller ett par elever involverade i slingan. Ibland, som i exemplet med föreläsningen ovan, är hela elevgruppen engagerad.

Några saker är kännetecknande för effektiva feedback-slingor, bland annat att dialogen går fram och åter mellan läraren och eleverna. Det blir ett utbyte av tankar och idéer. Men effektiviteten avgörs också av om läraren vågar framhärda och är rustad med både omdöme och tålamod. Att besvara en klurig och utmanande fråga tar ibland lite tid. Då gäller det att som lärare lita på elevernas förmåga och med olika medel få dem att närma sig svaret. Betänk att även om det slutligen bara är en elev som ger svaret, så befinner sig alla elever i samma tankeprocess samtidigt. Och det är just denna tankeprocess, sökandet efter svaret, som ger lärandet. Egentligen är ju processen betydligt viktigare än det rätta svaret på den enskilda frågan, eftersom processen bildar modell för hur man kan resonera för att nå ett svar på en fråga.

Sist men inte minst innehåller effektiva feedback-slingor uppföljande frågor, som ytterligare kan bearbeta, vrida och vända på och bearbeta det som diskuteras. Allt för att befästa inlärningen. Den typen av lärande som min historielärare erbjöd, auktoritära och dömande läxförhör, som skapade rädslor snarare än kunskaper, gav eleverna som bäst flyktiga kunskaper av tre skäl. Ett: rädda ungdomar lär sig sämre än trygga. Två: att nöta in mer eller mindre osammanhängande fakta utan underliggande förståelse gör kunskapen relativt värdelös. Sist, och kanske viktigast: få av de kunskaper som vi trots allt fick oss till livs, blev kvar någon längre tid i minnet.

Bara brottstycken överlevde hela vägen till långtidsminnet. Teknik med feedback-slingor är raka motsatsen till läxförhören. Eftersom eleverna är delaktiga och trygga, eftersom frågorna vrids och vänds och bearbetas, så kommer eleverna, allt annat oförändrat, lära sig mer på varje lektion. Och de kommer att komma ihåg betydligt mycket mer betydligt längre.

En annan teknik som ger effektivare återkoppling är att synliggöra resonemanget, tankegången, i en viss fråga. Processen bildar modell, en slags mall, för hur man kan och bör resonera inom ett visst kunskapsområde. Tankeprocesser bildar mönster och väcker associationer. En teknik är helt enkelt att be en elev som deltagit i en feedback-slinga att utveckla sina tankar. Eleven förklarar hur hen har tänkt, ut steg för steg. Metoden har flera fördelar. Att eleven får förklara hur hen har resonerat, steg för steg fördjupar förståelsen hos alla i klassrummet. Och den enskilda eleven som förklarar sina tankegångar, ser allt betydligt tydligare. Övriga elever som befinner sig mitt i reflektionen över problemet som diskuteras, ser plötsligt nya infallsvinklar. Läraren erbjuds en bra möjlighet att förstå hur eleverna upplever och tar emot hens undervisning. En möjlighet, för att ytterligare fördjupa förståelsen och processa kunskaperna, är att ifrågasätta det som eleverna gemensamt resonerat sig fram till.

«Är det verkligen så? Är ni verkligen säkra på det? Fundera över det en stund.»

På detta sätt uppmuntras eleverna att ta ytterligare ett varv i sina tankeprocesser och resonemang.

Sammanfattning Kapitel 18.

- *Kvalitativ återkoppling behöver svara mot vissa grundkrav, För det första ska återkoppling alltid vara tydlig, konkret och specifik.*
- *För det andra ska återkopplingen vara fokuserad på det man för tillfället vill justera, och inget annat.*
- *Generell feedback eller onyanserade yttranden skapar ingen god inlärning, tvärtom. Principen är att förändring liksom inlärning tar tid och sker bäst i små steg.*
- *För det tredje behöver kvalitativ feedback vara konsekvent och gärna repetitiv för att fungera.*
- *Det pedagogiska samtalet där feedbacken ges behöver löpa på i ett tempo som fångar elevernas nyfikenhet.*
- *Utöver detta behöver återkoppling alltid levereras i en positiv och uppbygglig anda, även om det handlar om något som inte fungerar.*
- *Gemensamma diskussioner (läs läxförhör) i helklass utan handuppräckning brukar öka intresset betydligt, i alla fall för stunden.*
- *Feedback ska alltid gagna den enskilda elevens lärande. Om en elev är blyg eller känslig så undvik att rikta frågan dit.*
- *Återkoppling bör ges enligt omedelbarhetsprincipen. Där och då när det händer.*
- *Det som den interaktiva undervisningen benämner återkoppling är i själva verket ett slags formativ bedömning.*
- *Normen i klassrummet bör vara att alla svar är välkomna, det är viktigare att försöka och svara fel, än att inte svara alls.*
- *Det är av vikt att eleven faktiskt genom en rimlig insats kan uppnå det som återkopplingen avser. Det ställer krav på att feedbacken ska vara konkret och att ambitionen ligger på en rimlig nivå.*
- *Varje steg framåt ska synliggöras genom att det firas. När framstegen synliggörs och firas bygger detta upp självförtroendet och med det kommer motivationen. Mycket vill ha mer.*
- *All feedback ska vara tydlig och ärlig, men den får inte vara tuffare än situationen tillåter.*
- *Negativ återkoppling som gäller en enskild elev, ska alltid utan undantag,*

ges mellan fyra ögon. Principen att kritik alltid ska ges i enrum, och beröm i plenum, gäller även i klassrummet.

- *Principen med scaffolding är att läraren gradvis tar bort den hjälp som eleven initialt behöver för att lösa uppgiften. Typiska sätt att ge ett sådant stöd är att ge ledtrådar eller i samtal knyta an till sådant som eleven redan känner.*

- *Själva definitionen av en feedbackslinga är att man fördjupar förståelsen genom att använda svaret från en fråga för att ställa nästa. Svaret på en fråga kan också användas som en ledtråd eller viktig kunskap för att nå svaret.*

Kapitel 19. Språkbruk

Egentligen borde detta kapitel om språkbruk komma först i boken, så viktigt är det. Effektiv undervisning börjar, och slutar, med språket och hur det nyttjas. Som huvudstrategi för undervisningsstöd är språkbruket en förutsättning för varje typ av strategi du väljer att nyttja i din undervisning. Ett skickligt språkbruk ger dig uppmärksamhet i klassrummet. Ett gott språkbruk förenklar och förtydligar för eleverna och skapar en djupare förståelse. Ett genomarbetat och precist språkbruk gör återkopplingen högkvalitativ.

Språkbruk, eller Language Modeling, som termen heter på originalspråket, definieras som:

> ... att skapa ett mer komplext språk och öka samtalsmängden hos barnen.
> (Beach 2014)

Om vi benar ut begreppet så vilar det på två fundament. Det ena är att läraren föregår med gott exempel i språkbruk och ordval, så att det språk som används i klassrummet ligger på ett för ämnet och elevernas ålder, optimal nivå. Det andra är att eleverna får så många möjligheter som möjligt att använda just detta språk som läraren nyttjar.

> Barns förmåga att navigera genom undervisningen och de sociala möjligheterna i ett klassrum är till stor del beroende av deras språkliga förmåga ... detta kräver i sin tur att lärare engagerar elever i konversationer som främjar specifika språkliga förmågor såsom socialt språkbruk och pragmatism, ordförråd, berättarförmåga ... I klassrum som erbjuder en hög nivå av språkbruk, konverserar lärarna med eleverna, ställer många öppna frågor, repeterar eller utvecklar deras svar och använder en variation av begrepp, inklusive avancerade ord som kopplas till det barnen redan känner ...
> (Pianta et al 2012)

Vinningarna med att inympa ett för ämnet och eleverna optimalt språkbruk i undervisningen är många. Med ett relevant språk får eleverna ett antal verktyg för att öka sitt lärande. Språket ger eleverna verktyg i form av begrepp och ordvändningar och andra sammansättningar som gör att de kan börja tänka kring ämnet på ett effektivt sätt. När eleven kan börja tänka mer effektivt kring ämnet så kan hen börja resonera med kamrater kring olika problemställningar, och med detta ökar den djupare förståelsen.

För att vara helt och absolut uppriktig, så är språkbruket som det definieras här en absolut förutsättning för effektivt lärande. Lärare som inte behärskar språket på en för ämnet och elevernas ålder skicklig nivå blir, alldeles oavsett hens övriga utförsgåvor, en i alla delar ineffektiv lärare. Effektiv undervisning förutsätter alltid ett effektivt språkbruk. Att inte behärska ett språk fullt ut ger alltid en nackdel i inlärningen. Jag har bott utomlands både som barn och vuxen. De utmaningar som jag ställdes inför som åttaårig pojke i en miljö där alla – jag menar varenda kotte – talade ett språk jag inte förstod ett ord av initalt, var på djupet omskakande. Som chef och ledare i ett antal olika länder under min yrkesbana, har jag ibland under högst förnedrande former fått erfara skillnaden mellan att behärska ett språk som infödd och försöka tillgodogöra sig det som vuxen. Skillnaden ligger i allt man upplever: i uppfattningsförmågan, kommunikationen, förståelsen, de finstämda sociala signalerna och att intuitivt kunna avkoda replikskiften också mellan raderna. Följaktligen förutsätter effektiv inlärning att eleverna behärskar språket.

Frekventa konversationer

Vad som avses med området språkbruk inom den interaktiva undervisningen är att konversationen mellan läraren och eleverna ska vara ständigt pågående. Inte en konversation i allmänhet, utan ett ämnesspecifikt samtal som karakteriseras av ett ömsesidigt deltagande och ett öppet klimat. Allt efter mottot: «att svara fel är alltid ett steg i rätt riktning». Klimatet ska vara bekvämt, fokuserat och nyfiket, men med en intensitet.

... Omfattande forskning påvisar att elever lär sig mer när de engageras i djupa och meningsfulla samtal kring innehållet ... Denna litteratur belyser vikten av att skapa en ömsesidig dialog, i motsats till de mer typiska klassrumskonversationerna där läraren ställer en fråga, eleven svarar, och läraren ställer en uppföljande fråga ... skiljer också mellan mer tillfälliga samtal i undervisningen och dialoger som karaktäriseras av ett målmedvetet frågeställande och sammanlänkande av idéer till ...
(Hafen et al 2014)

Den viktigaste faktorn när det gäller språkbruk är att konversationer ska vara ett frekvent inslag i undervisningen. Dessa dialoger kan ligga invävda som återkommande delar under en genomgång eller en föreläsning. Där det är lämpligt att göra en kort utvikning eller ställa en fråga för att öka förståelsen kan lärarens genomgång avbrytas som hastigast med en fråga riktad till en elev. Svaret åtföljs kanske av kompletterande frågor från läraren, kompletteringar från andra elever eller något annat som för samtalet vidare. Uppehåll i form av samtal under föreläsningar ska vara korta, maximalt en eller ett par minuter. Annars riskerar du att eleverna tappar den röda tråden i genomgången. Om eleverna är bekväma med ämnet i föreläsningen kan man gott hålla på ett par minuter. Om ämnesområdet är helt nytt, är det klokt att hålla sig till kortare samtal.

Konversationer av detta slag ska alltid ligga inplanerade som ett återkommande inslag i all undervisning. Att avsätta tio minuter eller en kvart till ett gemensamt samtal kring ämnet är en riktigt god idé. Om bara alla elever är intresserade och deltagande i samtalet, så främjar detta deras kunskapsinhämtning och utveckling på alla plan. Dessutom bör man varje lektion odla dialogen mellan eleverna genom att låta dem arbeta fokuserat i bikupor med olika djuplodande frågor kopplat till ämnet för dagen. Lika planerat kan det vara att eleverna efter bikuporna, i ett gemensamt samtal i hela elevgruppen, presenterar och bearbetar sina svar.

Det sätt som du behandlar och tar till dig svaret från en elev är avgörande för språkbruket och effektiviteten i din undervisning. Tidigare diskuterade vi den gamla förhörsmodellen som min historielärare använde: fråga-svar-fråga-svar. Detta är ingen konversation, än mindre en dialog, utan ett regelrätt förhör. Och förhör främjar aldrig lärande. En konversation definieras som:

Muntligt utbyte av känslor, observationer, åsikter eller idéer. (Merriam-Webster Dictionary)

En dialog å andra sidan ses ofta som en synonym till konversation, vilket enligt framstående forskare som professor Peter Senge vid Massachusetts Institute of Technology (MIT), inte är korrekt. En dialog är precis som konversationen ett utbyte av åsikter och observationer, men Senge skiljer mellan dialogformen och diskussionen. Diskussionen handlar om att presentera och försvara motsatta åsikter, inte sällan för att vinna diskussionen. Dialogen handlar om att utbyta åsikter, med frågor nå en djupare förståelse av varje åsikt. Vad Senge betonar är att dialogens syfte inte är ett dömande och värderande av motpartnerns åsikter och yttranden, utan handlar om att förstå denne på djupet.105 Någonstans i gränslandet mellan ett vanligt samtal, en konversation, och den mer djuplodande dialogformen, ligger det goda samtal som åsyftas i interaktiv undervisning. Om eleverna förväntas vara intresserade och engagerade i dessa konversationer, så förväntas av läraren att hen arbetar med betingade svar på vad eleverna säger. Här är ett förtydligande på plats. Betingningen, på engelska *contingent responding,* avser inte elevernas svar, vilket man skulle kunna tro, och dessutom i samma ögonblick få en association till Pavlovs berömda hundar. Nej, betingningen ligger hos läraren. Hur jag som lärare reagerar på svaret och för samtalet vidare ska bero på vad eleven svarar. Jag ska alltså intensivt lyssna på elevens svar och utifrån detta reagera med en följdfråga eller översvallande beröm eller en ledtråd eller ... Beroende på elevens svar så ska min reflex vara betingad.106 Eleven ger läraren en *conversational lead,* en ledtråd i samtalet, som läraren reagerar på och utvecklar på ett klokt och situationsanpassat sätt.

105 Senge 1990
106 Hadden 2015

Öppna frågor

Öppna frågor har i tidigare kapitel diskuterats uttömmande. De har sin givna plats här också, då öppna frågeställningar är en naturlig del av det sätt på vilket läraren leder sina samtal med eleverna. Hur? Varför? För- och nackdelar? Likheter och olikheter? Alla är de frågor som utmanar elevernas tänkande, provocerar fram nyfikenhet och intresse och leder till en fördjupad förståelse. Den viktigaste indikationen på att du är på rätt väg med din undervisning, är att du nu och då får intresserade och öppna frågor från dina elever.

Att öppna frågor ökar själva inlärningen beror på att svaret inte kan vara kortfattat och att det normalt kräver både reflektion, tankegångar i flera led och ett fungerande resonemang. Fördelen för läraren, sett ur en språkbrukssynvinkel, med öppna frågor som ett verktyg i samtalen är att eleverna blottlägger sina kunskaper, och ännu viktigare, sina tankegångar för dig när de svarar. Om du lyssnar intensivt på deras svar, så vet du hur du ska lägga upp undervisningen inte bara under de närmaste minuterna, utan också framledes. Om du exempelvis någon gång inte skulle lyckas nå de uppsatta målen med en elevgrupp under en lektion (vilket inte sällan händer oss alla), så är elevernas repliker och svar i respons till dina öppna frågeställningar den bästa indikatorn hur du bör förändra undervisningen. Om du lyssnar intensivt upptäcker du snart ifall du satt upp alldeles för ambitiösa mål för gruppen under en specifik lektion, eller om din redogörelse för en specifik del av stoffet helt enkelt inte nådde fram till eleverna. Djävulen sitter i detaljerna i elevernas svar på dina frågor.

Det finns några viktiga och användbara tekniker för att hantera elevernas svar på dina frågor i klassrummet. Ett är att repetera svaret, som för att ge det eftertryck och en ökad betydelse. Du visar därmed eleverna att du uppmärksammar en elevs svar och att just detta svar är viktigt. Att det är en nyckel till kunnande och ökad förståelse. Ett alternativ är att du ber eleven upprepa vad hen just sa. Implicit blir det också ett sätt för dig att berömma eleven inför klassen. Apropå beröm, så kan det vara på sin plats om det avgivna svaret har en nyckelfunktion i samtalet. Med detta menar jag inte att det behöver vara helt korrekt, bara att det är en god bit på vägen mot målet att besvara din öppna fråga om ämnet.

En annan teknik är att nyttja ett avgivet svar för att göra en utvikning kring svaret. Kanske koppla ihop det med saker och förhållanden som eleverna redan känner eller klargöra det med ett rykande aktuellt exempel. Sådana exemplifieringar och utvikningar skapar goda minnesbilder för eleverna där de sedan kan behålla ämnesområdets olika delar. Dessutom ger ett bra exempel läraren en möjlighet att öka relevansen för ämnet hos eleverna, vilket tidigare diskuterats som en av nyckelfaktorerna bakom effektiv undervisning. En tredje aspekt av denna teknik är att nyttja elevens svar till en djupdykning i någon enskildhet som på ett naturligt sätt kommit i dagen i och med elevens svar. Det som är viktigt att komma ihåg när man nyttjar dessa språkbrukstekniker är att utvikningarna ska hållas relativt korta, annars går den röda tråden i konversationen lätt förlorad. Stickspår av dessa slag gagnar förvisso lärandet, men det förutsätter att de används med omsorg och lite sparsamt. Annars riskerar eleverna att inte se skogen för träden. En god regel är att utvikningar ska förenkla, aldrig komplicera.

Tydliggörande av processer är ytterligare en effektiv teknik i konversationer i klassrummet. Tydliggörandet handlar om att verbalisera hur man tänker eller handlar i en specifik fråga.

«Jag börjar med att göra A ... fortsätter sedan med B därför att ... och avslutar med C i och med att ...», är ett urtypiskt format i klassrummet för att åskådliggöra hur en uppgift löses i flera steg.

Inte sällan gäller detta också uppgifter som har med tillvägagångssätt att göra, till exempel hur ett tal ska lösas i matematiken eller hur satsdelarna ska tas ut från en sats på tyska. Men detta verbala tydliggörande av processer kan också med fördel användas för att beskriva stegen i en tankeprocess.

«Uppgiften är att ... Jag observerade A så då blev min logiska slutsats att B eller C båda kan vara relevanta ... Dock väljer jag C över B då C har följande fördelar framför B, givet att A gäller ...»

Här beskriver läraren sin egen eller en elevs tankeprocess, steg för steg, för att nå fram till en viss lösning. Hen blottlägger egentligen en mall, en schablon, för resonemang kring en viss typ av frågor. Om uppgiften exempelvis är att fastställa vilka faktorer som bidrar till galopperande förluster i den globala biologiska mångfalden, så skulle en argumentation kunna se ut på följande sätt:

> Den viktigaste faktorn bakom förluster i den biologiska mångfalden globalt är jordens överbefolkning. På bara femtio år har befolkningen ökat med långt över 100 %, från 3 miljarder invånare kring år 1970 till dagens 7 miljarder. Detta har lett till en kraftig mänsklig expansion och habitatförluster ... Den näst viktigaste faktorn bakom förlusterna i den biologiska mångfalden är att den ekonomiska situationen i världen i genomsnitt har blivit bättre under perioden. En ökad välfärd kräver naturresurser ...
> (Watts 2019)

I exemplet ovan försöker jag verbalt visa på logiken i varje steg, med kvantitativa fakta och kvalitativa resonemang. Ofta blir komplexa sammanhang betydligt enklare för eleverna att förstå om läraren försöker nyttja logiska schabloner i form av orsakssamband, även om det innebär förenklingar av verkligheten. I detta exempel: naturresurser krävs för en ökad välfärd och naturresurser kommer från naturen. Detta innebär att varje ytterligare individ på vår jord (utöver de sju miljarder som redan bor här) behöver mat, värme och andra resurser från en planet med ändliga resurser. Resonemanget kan tolkas som en så kallad trade-off mellan en ökad befolkning på jorden och utvinningen av naturresurser som minskar den biologiska mångfalden. En annan tolkning är att om exempelvis jordbruket i världen effektiviseras så att man kan får högre avkastning per ytenhet, så motverkas denna effekt. Det som är givande för eleverna är att förstå att människans handlande för med sig konsekvenser. För det andra många problemställningar som rör människa och miljö är komplexa och att enkla svar ofta saknas.

Avancerat språkbruk

Avancerat språkbruk är ett begrepp som belyses inom den interaktiva undervisningen. Man menar att avancerat språkbruk är en viktig del av effektiv undervisning. Vad man menar med begreppet är att läraren ska använda ett språk som utvecklar elevernas lärande inom ämnesområdet. Genom att använda ett urval av centrala begrepp i samtalet med eleverna, så utvecklas deras språkbruk över tiden. Just uttrycket avancerat kan betraktas på lite olika sätt. Synonymer är högt utvecklad, sofistikerad, förfinad. Det handlar med andra ord om att utnyttja ämnets begreppskatalog. En god terminologi blir hörnstenarna i själva förståelsen, som diskuterats i tidigare kapitel. Märk väl, inom många av de ämnen som undervisas i skolan så skiljer sig begreppsapparaten något från delområde till delområde. Därför är nya begrepp (eller glosor inom språkämnena) absolut centrala för att nå varje form av progression i ett ämne. Bildning kräver omfattande kunnande och ett rikt ordförråd, helst på ett par språk utöver modersmålet. Högskolan ska vara kunskapens och bildningens högborg i vår värld. Skolan är vägen dit. Ergo: våra elever behöver kunna begreppen utantill.

Men samtidigt som språkbruket ska vara avancerat, så får det aldrig vara för högtravande, komplext eller akademiskt. Begreppen behöver vara tillräckligt lättillgängliga för att eleverna ska kunna nyttja dem i samtalen, och förståelsen av dem behöver vara entydig. Ett bra exempel på motsatsen, på dåligt språkbruk, är kanslisvenskan på vilken styrdokumenten för skolan är författad. Terminologin är säkert lättillgänglig och högst användbar för de byråkrater och specialister som på olika grunder författat dem. För oss utomstående, inte minst för eleverna och deras föräldrar, är språkbruket svårtolkat och mångtydigt, ibland till och med omöjligt att tolka, vilket gör att förståelsen går förlorad. Ord som översiktlig, utförlig, nyanserat skjuter förbi målet (eleverna) på ett olyckligt vis.

Språket som används i klassrummet och i undervisningen ska vara en i alla stycken god talad svenska, varken mer eller mindre. Den ska vara rik på ord, inte minst ämnesspecifika begrepp som är användbara i syftet att utveckla ett precist men nyansrikt språk som förmår både beskriva, analysera och resonera kring komplexa ämnen på ett för elevens lärande värdefullt sätt. Det goda språkbruket ska färga varje samtal, varje lektion. Lika viktiga som ämnesspecifika begrepp är den akademiska ordflora som blir vanlig i högskolan och i kurslitteraturen där, och som ofta kännetecknar det offentliga samtalet i media och så vidare. Både på svenska och på engelska finns det uppsättningar på några hundra ord som används flitigt över ämnesgränserna, i olika sammanhang. Egentligen är dessa begrepp viktigare att nyttja i klassrummet, än de ämnesspecifika. Då blir avståndet mellan gymnasieskolan och högskolestudierna betydligt kortare och övergången smidigare. Undan för undan fogas nya begrepp till gamla, på samma sätt som nya kunskaper fogas till gamla. På detta sätt blir lärandet lättare och begreppen tenderar att stanna kvar längre i minnet.

I min erfarenhet är den återkommande utmaningen med dessa konversationer att få igång flödet i klassrummet. Vissa grupper är väldigt lättarbetade och spontana medan andra är lite mer slutna och reserverade. Enligt min erfarenhet kan detta kan bero på en hel rad faktorer . Könsfördelningen i klassen skapar ofta olika klimat, där tjejer tenderar att vara mer mogna och öppna under de första gymnasieåren än många killar. Elevgruppens betygsmedian från grundskolan kan ge någon ledtråd, då studievana och högpresterande elever är mer självgående. Viktigast är nog hur de ser på varandra och lärarrollen. De mest slutna grupperna är ofta ambitiösa, men och har ett klimat av att man inte får svara fel, för då framstår man som mindre duktig. Någon form av grupptryck har uppstått. Jag menar att man, för att uppnå en effektiv undervisning, måste samarbete i lärarlaget för att råda bot på detta. Egentligen handlar det om att skapa ett öppet och positivt klimat i varje elevgrupp. Då existerar i egentlig mening inga felaktiga svar, så länge de är seriösa. Att handuppräckning ska undvikas är väl närmast självklart. Bra undervisning handlar om att alla elever ska delta och prestera tillsammans.

Sammanfattning Kapitel 19.

- *Den viktigaste faktorn när det gäller språkbruk är att konversationer ska vara ett frekvent inslag i undervisningen, invävda som återkommande delar under en genomgång eller en föreläsning.*

- *Den gamla förhörsmodellen fråga-svar-fråga-svar är ingen konversation, än mindre en dialog, utan just ett regelrätt förhör.*

- *Någonstans i gränslandet mellan ett vanligt samtal, en konversation, och den mer djuplodande dialogformen, ligger det goda samtal som åsyftas i interaktiv undervisning.*

- *Öppna frågeställningar är en naturlig del av det sätt på vilket läraren leder sina samtal med eleverna. Hur? Varför? För- och nackdelar? Likheter och olikheter? Alla är de frågor som utmanar elevernas tänkande, provocerar fram nyfikenhet och intresse och leder till en fördjupad förståelse.*

- *Den viktigaste indikationen på att du är på rätt väg med din undervisning, är att du nu och då får intresserade och öppna frågor från dina elever.*

- *Att öppna frågor ökar själva inlärningen beror på att svaret inte kan vara kortfattat och att det normalt kräver både reflektion, tankegångar i flera led och ett fungerande resonemang.*

- *Exemplifieringar och utvikningar skapar goda minnesbilder för eleverna där de sedan kan behålla ämnesområdets olika delar.*

- *En god regel är att utvikningar ska förenkla och förtydliga, aldrig komplicera.*

- *Avancerat språkbruk innebär att läraren ska använda ett språk som utvecklar elevernas lärande inom ämnesområdet.*

- *Avancerat språkbruk handlar om att utnyttja ämnets begreppskatalog. En god terminologi blir hörnstenarna i själva förståelsen, som diskuterats i tidigare kapitel.*

- *Samtidigt som språkbruket ska vara avancerat, så får det aldrig vara för högtravande, komplext eller akademiskt. Begreppen behöver vara tillräckligt lättillgängliga för att eleverna ska kunna nyttja dem i samtalen, och förståelsen av dem behöver vara entydig.*

Slutord

Min ambition med denna bok har varit att visa på vikten av god undervisning för ungdomars lärande och utveckling. För att hitta svaret har jag utgått ifrån elevernas och lärarens gemensamma arbetsplats: klassrummet. Lektionssalen där lärandet de facto sker – eller uteblir.

Om jag ska beskriva god interaktiv undervisning med bara ett ord, är det **meningsfullhet**. Meningsfulla relationer mellan eleverna och läraren skapar det ömsesidiga förtroende som är en av tre förutsättningar för lärande. Meningsfulla regler och normer i klassrummet skapar ett positivt, öppet och nyfiket klimat är den andra förutsättningen. En tredje förutsättning är att genom att ha höga förväntningar på eleverna och göra det som ska läras ut relevant och utmanande för dem, blir lärandet också meningsfullt. Ett typiskt kännetecken på meningsfullt lärande är att eleverna uppfattar undervisningen relevant, är de är fokuserade och att lektionen håller ett optimalt tempo. Annorlunda uttryckt är undervisningen meningsfull för eleverna.

Vad som sker i ett klassrum där undervisningen är effektiv är att det emotionella stödet, klassrumsorganisationen och undervisningsstödet interagerar och förstärker varandra. Genom detta uppstår en kraftfull synergieffekt som ökar lärandet hos eleverna, då de uppfattar allt som sker i klassrummet som meningsfullt.

I kapitel 3, Vägen till klassrummet, har jag beskrivit hur du systematiskt kan utveckla din undervisning till att bli mer effektiv. Nyttja innehållsförteckningen och sammanfattningarna som följer på varje kapitel i boken för att snabbt kunna navigera och finna de delar du vill utveckla hos dig själv.

Hör gärna av dig om du har några frågor eller synpunkter.

Källförteckning

Augustin J. (2018) *Här är skolorna världsbäst – succén har en mörk baksida*, Svenska Dagbladet.

Allen J., Gregory A., Mikami A., Hamre B., Pianta R., (2013). *Observations of Effective Teacher–Student Interactions in Secondary School Classrooms: Predicting Student Achievement With the Classroom Assessment Scoring System—Secondary*, PMC, US National Library of Medicine, National Institutes of Health

Beach B., (2014) *Going deeper into CLASS-Measure: Language Modelling*, info.teachstone.com.

Burenhult, G. (2002). *Det ofullkomliga djuret: kropp, själ och livsstil i ett evolutionärt perspektiv*. Stockholm: Natur och kultur

Claessens L., van Tartwijk J., Pennings H., van der Want, A., Verloop N., den Brook P., Wubbels T., (2016) *Beginning and experienced secondary School teachers self- and student schema in positive and problematic teacher-student relationships*, Teacher and Teacher Education, Eindhoven University of Technology.

Allen, J., Pianta, R., Gregory, A., Yee Mikami och A., Lun, K. (2011). *An Interaction-Based Approach to Enhancing Secondary School Instruction and Student Achievement, Science* [sciencemag.org]

Cook G., (2017). *Cracking the Popularity Code – Do you know the two types of popularity—and which is better for you?*, scientificamerican.com.

Elmore T., (2016) *Six Levels of Motivation in Students – New study reveals why college students aren't as motivated as they need to be*, Psycologytoday. com.

Engström U., (2017), *Norsk forskning: Tre faktorer för bra ledarskap i klass-rummet*, SVT Vetenskapens värld.

Gillies R., (2016) *Co-operative Learning: Review on Research and Practice*, University of Queensland, Australian Journal of Teacher Education.

Hadden S.,(2015) *What's Contingent Responding All About, Anyway?*, teachstone Inc, Teachstone.com.

Hafen C., Hamre B., Allen J., Bel C., Gitomer D., Pianta R., (2014) *Teaching Through Interactions in Secondary School Classrooms: Revisiting the Factor Structure and Practical Application of the Classroom Assessment Scoring System – Secondary.* Journal of Early Adolescence. University of Virginia.

Hafen, C., Hamre, B., Allen, J., Bell, C., Gitomer, D. Pianta, R. (2014). *Teaching Through Interactions in Secondary Classrooms: Revisiting the Classroom Assessment Scoring System – Secondary and Domains of Effective Teaching.* Curry School of Education, University of Virginia.

Hamre B., Pianta R., Downer J., DeCoster J.et al., (2013). *Teaching Through Interactions Testing a Developmental Framework of Teacher Effectiveness in over 4000 Classrooms*, Elementary School Journal, University of Chicago.

Hattie J., (2008). *Visible Learning – A Synthesis of over 800 Metaanalysises Relating to Achievement*, Routledge Publishing.

Hattie J., Zierer K.,(2018). *10 Mindframes for Visible Learning Teaching for Success*, Routledge Publishing.

Henrekson M, Wennström J., (2019). *Därför kan vi inte längre lita på PISA*, kvartal.se

Holmqvist A., (2017). *Nya planen för att stoppa skolstöket*, Aftonbladet.

Jank W., Meyer H., (2011). *Didaktische Modelle*, Cornelsen.

Linderoth J., (2016). *Lärarens återkomst*, Natur och kultur

Lärarnas Tidning, (2013). *verige rasar i PISA-undersökning.* Lärarnas Tidning [lararnastidning.se]

Löfgren E., (2019). *How do Sweden's Pisa results compare to other countries?*, thelocal.com

Nilholm C., (2013). *Det är dags att kritiskt granska John Hattie*, Pedagogiskamagasinet.se

O'Brien C., (2018). *Technology can hurt students learning, reasearch shows*, Irish Times,

Olsson E., (2017). *Norsk forskning: Tre faktorer för bra ledarskap i klassrummet*, Skolvärlden,

Pianta R., (2013). *Improving Impacts of Classrooms*, Melbourne Graduate School of Education Dean's Lecture, youtube.com.

Pianta R., La Paro K., Hamre B., (2008). *CLASS Classroom Assessment Scoring System , Dimensions Overview*, Paul H. Brooks Publishing Co Inc.

Pianta, R., Hamre, B. och Allen, J. (2012). *Teacher-Student Relationships and Engagement: Measuring and Improving the Capacity of Classroom Interactions.* Handbook of Reseach on Student Engagement. Springer Science+Business Media.

Pianta R., (2014). *The interaction between teacher and child is key*, Reading Rockets, youtube.com.

Riksdagen, *Lag om anställningsskydd (1982:80), (18–20 §§)*, riksdagen.se.

Riley T., (2017). *Just 100 companies responsible for 71 % of global emissions, study says*, The Guardian, Theguardian.com.

Riutzler K., (2018). *Cellphones in Classrooms Contribute to failing grades: Study*, ABC News.

Schermer G., (2019). *Resultat PISA – Internationellt* , Ekonomifakta.se

Schleicher A., Hallgreen T., (2015). *Country Note, Programme for International Student Assessment (PISA) Results from PISA 2015, Sweden*, oecd.org.

Senge P., (1990). *The Fifth Discipline, The Art and Practice of the Learning Organization*, Doubleday Publishing.

Skolinspektionen,(2016). *Skolans arbete för att säkerställa studiero*, Granskningsrapport, Skolinspektionen.se.

Skolverket,(2019) *PISA: en studie om kunskaper i matematik, naturvetenskap och läsförståelse*, skolverket.se.

Spiewak M., (2013). *Hattie-Studie, Es gibt keine pädagogischen Patentrezepte*, zeit.de, Zeit Online.

SKL, (2011). *Synligt lärande – presentation av en studie om vad som påverkar elevers studieresultat*, Sveriges Kommuner och Laandsting (SKL)

SVT Nyheter, (2019). *Skolor osäkra om våld – många händelser anmäls inte*, SVT Nyheter.

SVT Nyheter, (2017). *Skolforskare: Utveckla elevernas förmåga att tänka*, SVT Nyheter/ Vetenskapens värld.

SVT Nyheter, (2017). *Norsk forskning: Tre faktorer för bra ledarskap i klassrummet*, SVT/ Vetenskapens värld.

Severin T., (2014). *Transaktionsanalys*, Försvarsmakten.

Tuckman B., Jensen M.,(1977). *Stages of small group development revisited,* Group and Organization Studies.

Thurfjell K., (2019). *Skolministern: Ingen vill lära sig av Sveriges skola,* svd.se

Universitetskanslersämbetet, (2009). *Dåligt förberedda studenter utmaning för högskolan,* Universitetskanslersämbetet, UKÄ, newscision.com.

Uppsala Universitet, (2018). *Uppsala Universitets Pedagogiska program, Visioner för universitetets pedagogiska verksamhet och utveckling,* Uppsala Universitet.

UR Skola, (2018). Lärarummet: Hot och våld mot lärare, UR skola.

Vormbaum, (2012). *Fachdidaktik, Klafki der begriff der Bedeutung,* Universität Konstanz.

Watts N., (2019). *Human society under urgent threat from loss of Earth's natural life, Scientists reveal 1 million species at risk of extinction in damning UN report,* The Guardian, theguardian.com.

White A., (2009). *From Comfort Zone to Performance Management,* Researchgate.net.

Världsbanken, (2017). *The Class room Assessment Scoring System (CLASS), Sief Trust and Brief,* Program, World Bank IBRDA IDA, worldbank.org.